풍수지리 명사의

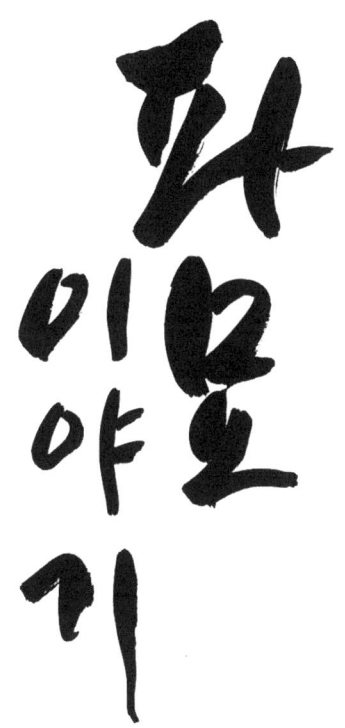
파묘 이야기

풍수지리 명사의
파묘 이야기

초판 1쇄 2024년 8월 15일

지은이 법승
펴낸이 김기창

디자인 **好文木** • 교정 교열 김시환 • 표지 캘리그라피 김경문

펴낸곳 도서출판 나비꿈
주소 서울 종로구 창경궁로 265 상가동 3층 3호
전화 02 741 7719 • 팩스 0303 0300 7719
홈페이지 wwww.lihiphi.com • 전자우편 lihiphi@lihiphi.com
출판등록 제300-2010-4호

ISBN 979 11 85429 27 4 (03180)

※ 값은 뒤표지에 있습니다.

풍수지리 명사의

파묘 이야기

법승 지음

나비다

머리글

파묘(破墓) 이야기를 왜 글로 남기는가?

인간이 한 세상을 살다가 죽으면 어디에 내다 버릴 수는 없으니 마지못해 땅에 묻는 것으로 알고 있다. 그리고 화장(火葬)을 하여 납골당에 모시거나 수목장(樹木葬)을 하거나 산이나 바다에 뿌리는 시대가 되었다. 개탄할 일이다.

이러한 행위는 장례의식(葬禮儀式)을 아주 잘못 알고 있는 것이다. 사람이 사망을 하면 아무것도 남는 것이 없다고 알고 있는데 그렇지가 않다. 인간이 사망을 하면 혼(魂)과 백(魄)으로 나뉜다. 시신(屍身)은 육탈(肉脫)이 되고, 영혼은 천상(天上)에 올랐다가 뼈에 깃들인다. 백(魄)인 육신은 인간에 근원 원소(元素)가 흙이기 때문에 흙으로 돌아간다. 그래서 인간의 죽음을 '돌아간다'고 표현한다.

흙속에 매장된 인골(人骨)에 영혼은 우주(宇宙)의 기(氣)와 산천정기(山川精氣)를 받아서 후손을 점지하여 내보내는 역할을 한다. 땅은 길지(吉地)와 흉지(凶地)가 있고, 상(上)·중(中)·하(下) 등급이 나뉜다. 조상을 모신 곳이 길지냐? 흉지냐?의 등급에 따라 태어나는 후손의 선천적(先天的)인 능력의 우열이 나뉘게 된다.

조상을 모신 곳이 길지에 상급이면 천재(天才)나 영재(英才)가 태어날 것이고, 흉지에 하급이면, 둔재(鈍才)나 기형아가 태어날 것이다. 이것은 모두 조상의 묘를 어떠한 곳에 모시냐에 따라 결정이 된다.

 이에 대한 근거는 유전자의 동기감응(同氣感應)을 전제로 알 수 있다. 조상이 편안하고 안락한 곳에 모셔져 있다면 후손들은 그 조상의 좋은 기운을 받아 행복한 삶을 살 것이요. 반면 조상을 땅기운이 나쁜 곳에 모신 후손들의 삶은 간난(艱難)할 것이다.

 우주(宇宙)에는 음양(陰陽)이 있어 인간은 아버지로부터 양을 받고, 어머니에게 음을 받아서 그 음양이 조화가 되어 인간이 만들어지는 것이다. 64괘(卦)의 신(神)이 결합되어야 인체가 온전히 완성되고, 완성된 인체에는 64괘의 신의 이름이 부여된다. 64괘의 신에는 상시신(常侍神), 팔괘신(八卦神), 구궁신(九宮神) 등이 있다. 그 중 상시신은 돌아가신 부모와 조상의 신(神)이다.

 왜 조상의 묘를 써야 하는가? 바로 묘지가 인간이 다시 태어나는 윤회(輪廻)의 장소이다. 인간의 원소가 흙이기 때문에 흙에서 발아(發芽)가 된 열매를 먹고 삶을 살다가 운명이 다하면 돌아가는 곳이 무덤 자리인 것이다. 그곳이 후손을 점지하고 잉태(孕胎)시키는 곳이다. 그래서 무덤이 윤회 장소이다.

 지금까지 삶이 곤란하였다면 운명을 바꾸는 곳이 조상 무덤이라는 것을 고민해 보아야 한다. 필자는 50여 년을 파묘(破墓)를 해보고 얻은 결과물을 글로 남기는 것이다. 조상이 죽었다고 죽은 것이 아니다. 육신(肉身)만이 흙으로 돌아갈 뿐이지 영혼(靈魂)은 죽은 것이 아니다.

2024년 여름 법승 합장

차례

머리글 4

1 삼혼칠백(三魂七魄) 13
2 삼혼(三魂)은 상령(爽靈), 유정(幽靜), 태광(台光), 7백(魄)이다 14
3 인간을 만들 때 64개의 신(神)을 몸에 넣었다 16
4 육십사괘(六十四卦) 신(神)의 이름 18
5 대라천(大羅天)에서 만든 인간 20
6 부처가 되라고 만든 사람 21
7 주역(周易) 8괘(卦)의 시초(始初) 23
8 풍수지리는 주(周)나라 시대부터 시작되었다 24
9 김철규·장용득 선생 27
10 실제 사례를 기술한다 29
11 용곡사 주지(住持)의 부탁 31
12 천장지비(天藏地祕)하고 유덕지인(有德知人)이라 33
13 탈신공개천명(奪神功改天命) 36
14 고관절 파괴 38
15 조상이 주는 병 40
16 장애는 모두 묘지에서 나온다 42
17 묘지 자리는 64괘(卦)의 신(神)을 모셔 놓은 자리 44
18 아들을 죽인 지관(地官) 46

19	조상신(祖上神)의 도움 없이는 자식이 없다	48
20	조상은 재물(財物)만 주는 게 아니고, 수명(壽命)과 명예(名譽) 그리고 권력(權力)도 준다	50
21	돌팔이 지관이 제일 무섭다	54
22	흙이 단단한 곳에서 인물(人物)이 나고, 부드러운 곳은 부자(富者)가 난다	56
23	명사(名士)와 돌팔이	58
24	도통(道通)으로 변신	62
25	천상(天上)에서 지리도사(地理道師) 하강	65
26	유전자로 환자를 치료한다	67
27	박사(博士)에게서 귀신(鬼神) 떼어 준 이야기	69
28	부적으로 생환(生還)시킨 이야기	71
29	수원 웰스기념병원	73
30	경희대학병원	75
31	풍수지리(風水地理)는 첨단과학이고 물리학이다	83
32	공원묘지(公園墓地)에 짐승 매장하듯 묻으면 어떻게 되나?	85
33	돌팔이 지관(地官)의 실수(失手)	89
34	돌팔이 지관 때문에 죽었다 살아나고, 사고로 예편(豫編)하였다	92
35	양택은 주역 팔괘이론이다	96
36	임금을 모시고 좌지우지(左之右之)하는 자리	98
37	땅속도 주인(主人)이 있다	100
38	윤회(輪回) 장소(場所)는 반드시 무덤이다	102
39	윤회(輪回) 장소의 차이점	104
40	시신(屍身)을 거꾸로 묻으면 거꾸로 죽는다	108
41	묘지(墓地) 자리의 분석	110
42	조상(祖上) 묘(墓)를 다 없애면 종자(種子)는 없다	113
43	내가 받은 육신(肉身)은 조상(祖上)의 분신(分身)이다	115
44	임금이 나오는 자리	117
45	반룡(蟠龍)자리 잡아준 이야기	121

46	쌀 3말이 세간 밑천이다	**124**
47	조상 묘가 망지(亡地)에 있으면 패가망신(敗家亡身)한다	**129**
48	사람이 존재하는 이상 풍수지리(風水地理)는 없으면 안 된다	**132**
49	묘지 땅에다 묻는 것은 다 미신(迷信)이다	**137**
50	양택(陽宅)에서 보아라	**139**
51	살림집도 지어 놓고 죽는 사람 있다	**144**
52	필자(筆者)가 존경하던 스님이 계셨다	**147**
53	제일 먼저 사람이 살아야 한다	**152**
54	돌팔이 지관에게 속지마라	**156**
55	30대(代)에 중풍환자(中風患者)	**162**
56	안성에서 있었던 일	**164**
57	용인고등학교 이사장(理事長)	**166**
58	용인 기흥 약사암에서	**167**
59	장로에게 있었던 일	**169**
60	아버지 초상(初喪)지내고 상문(喪門)	**171**
61	묘지(墓地)를 써주러 가서 죽은 사람 살린 이야기	**173**
62	조상(祖上)에 영혼주입(靈魂注入)이 안 되면 탄생(誕生)이 안 된다	**175**
63	사람의 출산(出産)과 사망(死亡)은 조상(祖上)의 몫이다	**179**
64	구안와사는 조상(祖上)이 준 병(病)이다	**184**
65	묘지(墓地)를 쓰는 원인(原因)은 조상(祖上)을 도통(道通)하는 데 있다	**186**
66	안성에서 묘(墓)를 옮긴 이야기	**192**
67	풍수지리(風水地理)는 물리학(物理學)이며 첨단과학(尖端科學)이다	**201**
68	미친 사람도 고친다	**205**
69	부자(富者)가 망(亡)한 이야기	**208**
70	성남에서 이장(移葬)해 준 묘	**214**
71	화성시 우정읍에서 지관(地官)이 사망했다	**218**
72	버려진 국반급 자리	**221**

73	대통령(大統領) 집무실(執務室)	224
74	영혼(靈魂)이 윤회(輪回)하는 자리 찾는 것이 가장 어렵다	227
75	유전자(遺傳子)를 바꾸어야 한다.	230
76	집에서라도 도(道)를 닦아라	233
77	이런 자리에 조상(祖上)을 모시면 자식(子息)이 없다.	238
78	우주(宇宙)의 원리(原理)와 무덤의 원리만 알면 사람을 살릴 수 있다	240
79	주역(周易) 8괘(卦)에는 우주와 사람의 원리가 있다	243
80	이 세상을 살고 좋은 윤회자리 찾아놓고 가는 사람은 도인(道人)이다	249
81	돌팔이가 대우그룹을 망(亡)하게 하였다.	254
82	우리나라 최고 큰 병원에서 퇴원당한 환자	256
83	눈이 썩어 들어가는 병	264
84	집 주위에 은행나무는 심지마라	267
85	묘지(墓地) 자리는 1자가 성패(成敗)를 가른다	269
86	묘소 근처 자연바위는 무섭다	271
87	필자가 묘를 쓰러 다니면서 보고 느낀 것	272
88	쌀 한말 짊어지고 나온 대천 친구	276
89	CT촬영으로 신(神)의 병(病)은 찾을 수 없다.	281
90	명당(明堂)자리의 특징(特徵)	284
91	해수관음(海水觀音)과 천상(天上)에 지리도사(地理道士)님을 받은 이야기	289
92	8대 보궁자리 찾은 이야기	294
93	자기 일생에 가장 무서운 것이 조상 묘다	300
94	망지(亡地)자리 피(避)하는 방법	303
95	발복(發福)이 되는 법(法)을 알려주겠다	309
96	양택(陽宅)을 설명한다	313
97	양택(陽宅)에서 한 사람을 더 보자	316
98	변호사(辯護士) 집이 흉가(凶家)가 되었다	318
99	청와대(靑瓦臺) 자리	320

100 복가(福家)와 흉가(凶家) 323

101 실화(實話) 325

102 삼합오행(三合五行) 326

103 음택(陰宅)에서 꼭 지킬 것 332

104 현무(玄武)에 대하여 341

105 내용맥(來龍脈)에 대하여 342

106 용(龍)이 묘지(墓地)의 근본(根本)이다 344

107 당판(堂板) 혈(穴)자리 349

108 당판(堂板)은 반드시 맥(脈)이 있어야 한다 351

109 승금혈(昇金穴) 352

110 간룡(幹龍) 지룡(支龍) 354

111 당판(堂板) 인목(印木) 357

112 방향(方向) 안배(案配) 360

113 금어대(金魚帶) 차는 자리 363

114 빈부(貧富)자리 364

115 모든 기(氣)는 바람을 타면 흩어진다 367

116 천혈(天穴)은 메마르고 건조(乾燥)하니 얕게 묻어라 369

117 수화(水火) 생기(生氣) 370

118 장사(葬事)를 지내는 이유(理由) 372

119 인간(人間)에 한계(限界)는 정해져 있다 373

마무리하면서 377

1

삼혼칠백(三魂七魄)

　사람은 음양오행(陰陽五行)으로 만들어졌다. 인간은 삼혼칠백을 가지고 있다. 삼혼칠백의 혼이 에델체의 끈으로 육신을 묶어서 칠백(七魄)을 사용하는 것이다.

　삼혼은 생혼(生魂), 각혼(覺魂), 영혼(靈魂)이다. 영혼(靈魂)은 육신이 아니라 육신에 붙어있는 칠백이 귀(耳)가 둘, 눈(目)이 둘, 콧구멍(鼻) 둘, 입(口)이 하나로 이들이 칠백이다. 그것이 혼백자다. 눈으로 보고, 귀로 듣고, 코로 맡아서, 입으로 말을 하여서 모든 것을 보고, 듣고, 맡고 그것을 영혼한테 전달하여 주는 역할이 칠백의 역할이다.

2

삼혼(三魂)은 상령(爽靈), 유정(幽靜), 태광(台光), 7백(魄)이다

    생존(生存) 시에는 이 네 개를 다 사용하다가 육신이 다 망가지면 죽음이고, 육신을 바꾸러 가는 곳이 소위 말하는 무덤이다. 상령은 죽기 전에 나간다. 조상에서 온 신(神)이다. 유정은 저승으로 저승사자가 데려가는 영혼이다. 태광과 칠백은 무덤으로 윤회(輪廻)하러 가는 것이다.
    저승사자가 유정을 데려가서 십시대왕에게 갖다 바치면, 십시대왕은 지존님들에게 보낸다. 사람을 만들 때 천체에서 빌려 온 영혼이라 사용을 다 하였으면 빌려 온 것을 다시 돌려주어야 한다. 돌려주는 영혼이 유정이다.
    옛날 사람들은 아무개가 돌아가셨다 하였다. 온 곳으로 다시 돌아갔다는 말이다. 맞는 말이다. 지존님들이 사람을 만들 때 음양(陰陽)을 남자와 여자에게 같이 넣어 주었다.
    오장(五臟)도 다 두 개씩이다. 생존 시에는 남자는 양(陽)부터 사용한다. 그러나 여자는 반대로 음(陰)부터 사용한다. 여자는 16세가 지나가면서 무극(無極)에 태(胎)가 형성되면서 양의(兩儀)를 받고 싶어 한다. 그 때가 사춘기이다.

　여자는 자기 몸에 있는 양(陽)이 발동이 된다. 그럼 남자가 그리워지기 시작하고, 남자도 반대로 16세가 되면 씨앗이 생겨서 자기 몸에 있는 음(陰)이 발동되기 시작한다. 남자는 합궁(合宮)하여 씨앗을 심어 줄 때 써먹고, 여자도 씨앗을 받아들여 씨앗을 번식시킬 때 사용한다.

3

인간을 만들 때 64개의 신(神)을 몸에 넣었다

동양학문의 뿌리가 주역(周易)이다. 주역에 64괘가 있는데, 이는 인간이 만들어 질 때 64괘(卦)가 부여됐기 때문에 그것을 바탕으로 만들어진 것이다.

1) 여자의 자궁(子宮) 안이 캄캄한 암흑인 무극(無極)이다. 무극에서 아기보에 해당하는 태극(太極)이 형성된다. 태극을 따라 양의(兩儀)가 붙는다. 양의는 두 개의 움직임이라는 말이고, 양(陽)과 음(陰)을 말하는 것이다. 정자(精子)인 양과 난자(卵子) 음의 만남이다.
2) 양의에 따라 팔과 다리인 사상(四象)이 생긴다.
3) 사상(四象)을 따라 8괘(卦)가 붙는다.
4) 8괘를 따라 16괘가 붙고,
5) 16괘에 따라 32괘가 붙는다.
6) 32괘에 따라 64괘가 붙는다.

64괘가 붙으면서 64괘가 신(神)의 명칭이 있다.

4

육십사괘(六十四卦) 신(神)의 이름

1) 팔괘신 2) 구궁신 3) 삼혼신 4) 칠백신 5) 원시신 6) 원기신 7) 원정신 8) 상시신 9) 중시신 10) 하시신 11) 태양신 12) 태음신 13) 노양신 14) 노음신 15) 소양신 16) 소음신 17) 주작신 18) 현무신 19) 청룡신 20) 백호신 21) 구진신 22) 등사신 23) 상초신 24) 중초신 25) 하초신 26) 좌안신 27) 우안신 28) 좌이신 29) 우이신 30) 좌수신 31) 우수신 32) 좌족신 33) 우족신 34) 구순신 35) 설두신 36) 아치신 37) 후롱신 38) 비두신 39) 수발신 40) 두뇌신 41) 간경신 42) 심경신 43) 비경신 44) 폐경신 45) 비경신 46) 포락신 47) 담경신 48) 소장신 49) 위경신 50) 대장신 51) 방광신 52) 제륜신 53) 골격신 54) 좌수신 55) 근락신 56) 맥락신 57) 기육신 58) 진액신 59) 혈액신 60) 내신신 61) 외신신 62) 피부신 63) 모규신 64) 과갑신, 이렇게 64괘의 신의 이름이 몸에 있다.

　남자는 양(陽)으로 61살까지 사용한다. 양을 먼저 사용하여 자식을 낳게 되고, 여자는 반대로 음(陰)을 먼저 사용한다. 음양의 결합으로 자식이 생기기 때문이다.

모규신은 머리카락을 말하는 것이고, 과갑신은 손톱 발톱신이다. 그런 것을 의식하고 61살에 내 몸에 있는 신(神)을 사용한 것을 감사하며 자축하는 것이 환갑(還甲)이다.

이후로 남자는 음(陰)으로 바뀌어 음으로 살아간다. 남자는 61살이 넘어 가면서 소심해지고 강한 마음이 약해지는 것이다.

반대로 여자는 음(陰)에서 양(陽)으로 바뀌는 것이다. 양의 기운으로 살아간다. 양은 음보다 강하기 때문에 양순하던 여자가 과격해지고 남자같이 거칠어지게 되는 것이다. 양의 시대를 사니까 남자보다 10년은 더 산다. 남자는 음의 시대를 사니까 몸도 쇠약해져서 여자보다 먼저 사망한다.

사람이 자기가 팔자(八字)에 타고난 대로 살면 128살을 살아야 자기 명대로 살다가 죽는 것이다. 그런데 왜 중간에 다 죽는가? 여기서 가장 큰 비중을 차지한 것이 유전자에 의한 병이다. 유전자라면 윤회 장소인 무덤에서 즉 조상 무덤에서 주는 병이 80%다. 가옥(家屋)에서 15%이고, 나머지 5%는 자기 몸에서 나는 것이다.

자기 몸에서 생기는 병은 스트레스, 질병, 무리한 노동, 술, 담배에서 온다. 조상 무덤에서 주는 병은 만 가지가 된다. 가옥에서 오는 병은 음양오행(陰陽五行)에 맞지 않게 가옥을 지었기 때문에 교통사고와 신장, 위장, 폐, 간장, 위, 방광, 심장 등 장기(臟器)의 병이다.

조상 묘지도 명당(明堂)에 모셨고, 집도 복가(福家)로 지어졌다면 100살은 무난하게 살 수 있다.

5

대라천(大羅天)에서 만든 인간

처음에 대라천에서 만들어진 인간들은 장수(長壽)를 하였다. 그런데 인간끼리 교접하여 사람이 생길 때마다 장애자와 단명, 그리고 만 가지 병이 생겼다. 그 원인이 사람이 죽으면 다시 윤회(輪回)하도록 잘 묻어주어야 하는데, 아무렇게나 짐승 사체를 묻듯이 하여서 그곳에서 발생하는 병이 80%라는 것을 사람들은 지금까지도 모르고 있다.

사람 몸에 음양(陰陽)의 원리로 2개씩 구성된 것들은 육신이 망가지면 바꿀 때 사용하라고 넣어준 것이다. 살아서 생존에 하나를 사용하고 윤회할 때 또 사용하라고 두 개를 넣어 준 것인데, 인간들은 그것을 모르고 있기 때문에 한 번 죽으면 다 죽은 걸로 알고 있는데, 두 번 죽어야 음양오행(陰陽五行)을 다 써먹고 죽는 것이다.

무덤에서 윤회하여 다시 한 번 사는 것인데, 그걸 모르고 있는 것이 인간이다. 그 이치를 알고 싶으면 조상의 유전자와 나의 유전자를 측정해 보면 될 것이다.

6

부처가 되라고 만든 사람

　　살아생전에 부처가 못되면 죽어서 육탈이 다 되면 도통(道通)을 하는 것이다. 대라천에서 그것을 알기 때문에 두 개씩 오장(五臟)에다 넣어준 것이다. 살아서 도(道)를 닦아서 도통을 하기 어려운 이유가 있다. 사람 몸이 백골이 되면 도통이 되는 것인데, 산 사람은 살과 근육으로 감싸져 육에 있는 신(神)을 유골로 한데 모으면 도통이 되는 것인데 도통이 그렇게 쉽게 되는 것이 아니다.

　　석가모니(釋迦牟尼) 부처님도 500번을 윤회하면서 도를 닦아서 부처님이 되셨다는데, 스님들이 도통을 못하고 죽는 사람이 99%다. 산 사람이 육탈을 다 시키고 육에 있는 영혼을 유골로 다 몰아넣으면 전도체가 되는 것이다. 전도체만 되면 도통한 것이다. 살가죽으로 덮어 놓은 영혼을 통일시킨다는 것이 얼마나 어려운 일인가?

　　그런데 대라천에서 내려주신 풍수지리 책(冊)으로 명당을 찾아서 법수에 딱 맞게 묘를 써 놓으면 그 시신은 도통(道通)할 수 있는 것이다. 사람의 유골이 명당자리에서는 3년이 되면 육탈된다. 육탈이 다 되면 육신에 있던 영혼들이 뼈로 다 집중이 된다. 황골(黃骨)이 된 유골은 도통으로 들어가는 것이다. 전도체가 모이면 산천정기(山川精氣)를 받을 수가 있는 것이다. 정기를 받을 정도가 되면 도통을 한 것이다.

명당에만 묻으면 도통을 한다. 도통한 조상신(祖上神)이 도와주는 것은 그 위력이 태풍이 불어 올 때 바다에서 밀려오는 파도와 같다. 어느 누구도 그것을 못 막는다. 그게 동기감응(同氣感應)이라는 것이다. 도통된 영혼은 삼천대천세계를 다 왕래하면서 천기(天氣)와 땅에 기운을 후손 중에서 자기와 유전자가 일치되는 자손한테 보내주는 것이 음덕(蔭德)이다.

사람이 죽으면 일반 사람들은 짐승 사체를 묻듯이 구덩이를 파고 시신을 마구잡이로 묻어 버린다. 그것은 더 큰 화근(禍根)이 되어 오기 때문에 대라천에서는 바로 주역 8괘를 만들도록 하였고, 주역 8괘가 천문학, 풍수지리학, 성리학 등의 학문의 바탕이 되었다.

7

주역(周易) 8괘(卦)의 시초(始初)

천상에는 성인을 낳게 하는 여신(女神)이 있다. 무생노모신이 여와를 낳고, 복희(伏羲)씨를 낳았다. 그 당시가 5,000년 전이다. 태호 복희씨를 큰 대륙에 낳았다. 복희씨가 자라서 선천팔괘(先天八卦)를 만들었고, 그 후로 하우씨가 후천팔괘(後天八卦)를 착안하였고, 문왕시대(文王時代)에 구궁팔괘(九宮八卦)까지 완성되었고, 주역 8괘가 완성되면서 동양철학에 근간이 되면서 그 당시에 성인들이 많이 배출되었다.

강태공(姜太公), 주공(周公) 등이 나오고, 춘추시대(春秋時代)에 대현(大賢)인 공자(孔子)를 비롯하여, 삼국시대(三國時代)에 여상(呂翔)과 송대(宋代)에 정이천, 장횡거, 소강절, 사마온공, 주자(朱子) 같은 분들이 나오면서 천문학(天文學), 지리학(地理學), 유학(儒學) 등 모든 분야에서 성현들이 역학 발전에 힘을 쏟아서 동양철학이 완성되었다.

동양철학을 서양에서도 받아들여 과학에 접목시키고 특히 물리학에서 획기적으로 발전시켰고, 오늘날 첨단의 인공위성까지 만든 것이다. 풍수지리는 물리학에 속한다.

8

풍수지리는 주(周)나라 시대부터 시작되었다

풍수지리는 주나라 시대부터 시작되어 춘추전국시대를 지나면서 획기적인 발전을 하였다. 지리학에 사적(史的) 바탕을 세운 것은 후한(後漢) 때, 청오자(靑烏子)가 『청오경(靑烏經)』을 창저(彰著)하면서 지리학으로서 학술적인 토대를 마련하였다.

우리나라는 삼한시대(三韓時代)인 고구려(高句麗), 백제(百濟), 신라(新羅)에 고유의 풍수인 자생풍수가 있었고, 통일신라 시기에 당(唐)나라에 선진 불교를 공부하러 간 입당승(入唐僧)과 유학생들이 풍수를 배워 왔다.

입당승들이 중국에 유학을 가서 일행선사(一行先師) 밑에서 공부하면서 일행선사의 제자인 장지라는 사람이 보고 있는 책을 어깨 너머로 쳐다보니 풍수지리책인 『금낭경(錦囊經)』이었다.

그 형기학(形氣學) 책은 위진남북조시대 진(晉)나라 곽박(郭璞)이 저술(著述)한 것으로 천자(天子)가 10족(族)을 멸하는 책이라 하여 다 거두어들여 소각시켰다.

천자시대도 지났고 일행선사가 읽어 보니까 논리가 정확하고 삼합이

론으로 풀면 수학공식처럼 답이 똑 떨어지게 맞게 저술된 형이상학(形而上學) 책이다. 천자가 풍수지리책을 만들 때 안 맞게 만들어서 항간에 퍼뜨린 책은 이기학(理氣學) 책이다.

천자가 곽박이 써 놓은 형기학(形氣學) 책을 읽어 보고 나라에서 누구든지 이 책대로 공부하고 명당자리 잡아 묘를 쓰면 천자자리를 빼앗아 가겠구나 생각하고 항간에 나돌던 책을 거둬들여 신하들을 시켜 소각시키고 자기만이 비단주머니에 넣어 잘 간직하였고, 자기만 보는 책이라 '비단 금(錦)'자에다 '주머니 낭(囊)'자를 붙여 『금낭경(錦囊經)』으로 이름이 지어진 책이다.

이 책이 어떻게 우리나라에 왔는가? 세상은 비밀이 없다고 중국의 어느 한 분이 그 책을 감추기 위해, 집을 짓고 담벼락을 수수대로 세워 엮어서, 황토 흙을 발라 방에 벽을 만들어 사용할 때라 『금낭경(錦囊經)』을 벽(壁)을 바를 때 같이 벽에다 넣고 흙으로 발라 버렸다.

시대가 흘러 천자시대도 지나고 손자 때에 그 집이 무너지게 되어, 다시 집을 개축하다 보니까 『금낭경(錦囊經)』이 나와 10족을 멸하는 책이 나왔다고 조정에다가 갖다 주지 못하였다.

불교가 중국에 들어와 한참 성할 시기에 큰 스님들이 대우를 받고 있었다. 그 당시에 일행선사는 큰 스님으로 추앙받을 때라 이 사람이 일행선사에게 책을 갖다 주면서 비밀을 지켜달라고 하여 일행선사가 그렇게 하겠노라고 하고, 책을 받아서 읽어 보니 풍수지리 책이었고, 스님들도 절을 지을 때는 필요한 책이라 일행선사가 공부하고 제자인 장지한테 전수시켰다.

장지가 공부하고 있을 당시에 전라도에 혜철스님이 중국에 유학을 가서 일행선사 큰 스님에게 공부하러 가서, 장지가 보고 있는 책을 어깨너머로 보니까 풍수지리책이었다. 우리나라는 그런 책이 없을 때라 그 책을 모두 필사(筆寫)하여 가져왔다.

그 책을 혜철스님이 공부를 하고 도선국사(道詵國師)에게 전수시킨 것이다. 도선국사, 원효대사(元曉大師), 보우대사, 나옹대사(懶翁大師), 무학대사(無學大師), 진묵대사(震黙大師), 서산대사(西山大師), 사명대사(四溟大師), 성원대사, 성지대사, 일지대사, 일이대사 등 불교계통으로 스님들에게 퍼진 책이 형기학 책이다.

또한 남중국에서 들여 온 이기학 풍수지리 책이 항간에 돌았다. 논리에 맞지 않게 사용하라고 천자가 유통시킨 책이다. 유교 계통으로 들어온 책이다. 정도전(鄭道傳), 맹사성(孟思誠), 남사고(南師古), 이지함, 윤참의, 박상의, 이의신, 이호연, 안정복(安鼎福), 정두경, 채성우, 성유정 등 여러 사람에게 전파되었다.

백성들의 손에 퍼진 것이 이기학이다. 시골은 거의 다 이기학 풍수다. 이를 근거로 묘지자리를 잡다보니 전부 잘못 된 묘지이다.

9

김철규·장용득 선생

　스님들 계통으로 퍼진 형기학(形氣學)은 절대 시중에 나오지 않았고, 2017년에 정년퇴임한 선생님들 몇분이 절에 들어가서 풍수 공부를 하였는데, 그때 형기풍수가 전파된 것이다. 김철규, 장용득 선생들이 서울에서 처음으로 고려대와 삼성전자에 가서 보여준 것이 시발이 되었다.
　고려대학교가 신관(新館)을 짓고 나서 학생들 데모가 처음으로 고대에서 일어났다. 김철규 선생이 신관의 문이 잘못 나서 데모가 일어난 것을 알고 다른 방향으로 옮겨 준 후로 고려대의 빈번하던 데모는 끝났다.
　김철규 선생이 당(唐)나라 양균송(楊筠松)이 저술한 양택서(陽宅書)의 이론을 바탕으로 기두점(起頭點)을 찾아서 출입문의 방향을 낸 것이 제일 잘 하였다고 본다.
　삼성전자가 수원에 최초로 TV공장을 지어 놓고 불이 나서 3일간 전소가 되었다. 그때는 자유당(自由黨) 시절인데 수원에 소방시설이 지금처럼 잘 되어 있지 않고, 소방차 겨우 20여 대 정도로 화성군까지 감당할 때였으니 장비도 좋지 않고 옛날 장비를 그대로 사용할 때라 불길을 잡지 못

해서 3일 동안이나 화재진압을 못하였다.

그 당시 장용득 선생이 수원에 가서 삼성전자 화재 터를 보고 출입문이 화재가 발생하는 방위로 문이 나서 화재가 났다고 이병철 회장에게 보고를 해 주어 그 뒤로 경희대 쪽으로 출입구를 바꾸었다. 이병철 회장의 생존시절이었다.

그러자 이회장이 대우그룹에서 생산한 승용차인 로얄을 한 대 사주고, 당시 월급으로 200만원씩 줄 테니 삼성이 건물을 지을 때마다 풍수지리 이론에 맞게 설계를 해 달라고 하여 자문을 해 주었으며, 그 후로 삼성그룹에 공장이나 빌딩 등 모든 건물에서 사고가 난 적이 한 번도 없었으며 삼성이 승승장구(乘勝長驅)하면서 발전하였다는 것이다.

풍수지리는 묘지만 중요한 것이 아니라 건물청사가 앉을 자리, 도읍지(都邑地), 시(市)가 들어설 자리 등 인간이 살아가는 공간에 유용하게 활용해야 하며, 심지어 학교에 정문이 잘못 나도 학생들이 공부를 하지 않거나 사망하는 것을 보았다. 그런데 공장(工場)은 수많은 직공(職工)들이 일을 하다가 죽을 수가 있으니 회사(會社)도 그 죽는 사람들 보상하여 주다가 망한 회사도 있다.

10

실제 사례를 기술한다

사람은 죽어 무덤으로 갈 때 풍수지리의 도움이 없으면 후손들이 잘못될 수 있다. 인간들이 수천 년 동안 느끼고 경험한 것이다.

서산, 태안에서 죽을 사람을 살리다 보니까 묘지를 많이 개장하게 되었다. 묘지를 파보니 분금재혈(分金裁穴)을 제대로 해준 자리가 하나도 없었다. 묘지마다 파보면 삼자불배합(三字不配合) 정자좌(正字坐)에다 그대로 놓고 묘를 썼다. 그러니 출세도 하기 전에 자식들이 많이 죽었다. 그런 못 자리를 잡은 사람이 학생들을 가르쳤기 때문에 서산, 태안, 당진에 지관(地官)들을 전부 돌팔이로 만들어 놓았다.

서산, 당진, 태안에서 아직까지도 국무총리 한 사람도 나온 적이 없다. 서산에 와보니 천하대명당(天下大明堂) 보궁자리까지 있었다. 그 보궁자리를 결코 내가 찾아서 절을 지었다. 대통령 나올 자리, 국무총리, 장관 등 나올 자리는 많이 있다. 필자가 볼 때는 대통령 나올 자리는 아직도 남아있고, 국무총리 나올 자리도 있다. 대법원장 나올 자리도 있다. 한국의 땅은 어디든지 인물이 안 나오는 자리는 없다. 자리는 있는데 못 찾아서 못 썼기 때문에 남아있는 것이다. 깊고 깊은 산중에도 혈이 있다고 『금낭경』에 나온다. 아주 평야지대 말고는 야산에도 다 있다.

　인간은 수천 년 동안 태어나고 죽는 것을 반복해 왔는데, 인류가 있는 한 풍수지리는 사람에게 그림자처럼 따라 다닌다. 인간이 자기 명(命)을 다하지 못하고 중간에 병들어 죽는 원인이 다 풍수하고 관련된다.

　풍수지리서에서 알려준 대로 묘지도 쓰고, 집도 짓고 살면 천수(天壽)를 다하고 행복하게 살다 죽는다. 그러니 굳이 풍수지리의 법을 어기면서 자기 고집을 피우는 것이 어리석은 짓이다.

　풍수지리는 우주(宇宙)의 원리(原理)를 사람을 살리기 위하여 일상생활에 적용하는 학문이다. 이것은 미신이 아니라 물리학에 속한다. 과학으로 보면 양자역학하고 거의 일치한다.

　도를 통하지 않고는 제대로 알지 못하는 학문이 풍수지리다. 반드시 도를 통하여야 사용할 수 있는 것이 또한 풍수지리다. 산신(山神)이 훼방을 못할 정도의 도를 수련한 사람이라야 실수 없이 제대로 보는 지관이 될 수 있다. 땅 속을 보는 도력이 없이는 실수하기 딱 알맞은 학문이 풍수지리다.

　필자는 묘를 써 주러 다니다가 그런 것은 수없이 많이 보았기 때문에 글로써 남기는 것이다. 이 책에 기술(記述)해 놓은 것은 필자가 실제로 겪은 것들이다.

11

용곡사 주지(住持)의 부탁

필자가 신례원에 용곡사 주지스님의 부탁으로 묘(墓)를 써 주러 가서 실제 있었던 이야기다. 용곡사 주지는 학교 동문이고 풍수지리학을 같이 공부했던 동문이다. 주지스님이 필자의 실력을 인정하여서 스님의 조상도 필자가 다 이장(移葬)을 해 준 일이 있다.

용곡사에 다니는 신도 집에 초상(初喪)이 나서 안내를 받고 예산군 광시면에 갔다. 상주 집에 도착하니까 높은 산으로 올라가자고 하여 따라 갔다. 생전에 처음 가보는 자리인데 이미 말뚝을 박아 놓고 줄을 띄어 놓았다. 아버지의 생전 유언이니 "이 줄을 띈 자리에 잡아주시오." 하고 상주가 말을 하기에 앞에서 언급한대로 책지관이 되어서는 안 된다는 말이 당장 여기에서 해당되는 경우였다.

이미 줄을 띄어놓은 자리를 보니까 물구덩이다. 그래서 상주에게 말하기를 "여기는 물구덩이로 이 자리에 고인을 모시면 아버님을 수장(水葬)을 하게 되는 것입니다." 하니까, 상주가 하는 말이 우리 아버지도 지관(地官)을 하셨는데, 돌아가시기 전에 이곳에 여러 차례 오셔서 고르고 골라

줄을 띄워 놓고, 유언한 자리라는 것이었다. 그러니 상주는 내 말을 안 듣고, 자기 아버지의 말을 더 믿을 수밖에 없었다.

그것은 어느 누구도 똑같을 것이다. 상주 입장에서 자기 아버지도 지관을 하다가 돌아가신 분이고, 더군다나 아버지 유언이라 하니까. 그래서 이 곳을 파서 확인을 해 보자고 하고 포크레인 기사에게 파 보라고 했다.

광중(壙中)을 내광(內壙) 지을 정도로 팠더니 아이들이 오줌을 누는 정도의 물이 나왔다. 필자가 상주보고 말했다. 이 정도 물이 나오면 몇 시간이면 광중에 반은 물이 찹니다. 그러면서 아버님을 수장을 시킬 것이냐고 되묻자, 그때서야 상주가 얼굴을 붉히면서 어떻게 하면 좋으냐고 하기에 아버지를 수장지내면 천하 망지에다 장사를 지내는 것이라 자식들은 다 병들어 죽는다. 이 옆에 내가 본 데가 있다고 말했다. 파낸 무덤은 그냥 흙으로 덮는 게 아니고 부적(符籍)으로 방편을 하고 그 옆에 가서 내가 보아둔 곳에다 줄을 띄우고 파라고 하였다.

봐 둔 곳을 파보니까 빙 둘러 돌 옹벽이 항아리 모양으로 생겼다. 그런 자리에 노란 황골 흙이 양명하게 가득 차 있었다. 그 흙을 파서 따로 옆에다 모아 놓고, 시신을 모시고 다시 그 흙을 넣을 생각으로 따로 모아 놓은 것이다. 이런 자리는 『금낭경(錦囊經)』에 나오는 큰 혈(穴)자리이다.

12

천장지비(天藏地秘)하고 유덕지인(有德知人)이라

"천장지비 유덕지인"란 말은 '천장(天藏)'은 하늘이 감추고, '지비(地祕)'는 땅이 비밀(祕密)로 하는 만석궁(萬石宮) 자리이다. 하늘이 감추고 땅이 비밀로 하는 자리는 만석궁 자리인데, 눈이 개안(開眼)이 안 되면 못 찾는 자리이다. 겉으로는 나타나 있지 않다. 그래서 찾지 못하는 곳이다. 땅을 파 보아야 알 수 있는 자리이다.

항아리같이 뺑 돌려 옹벽(擁壁) 돌로 된 곳이고, 그 항아리 같은 옹벽 안에는 노란 황골 흙이 양명하게 빛이 나고, 입으로 먹고 싶은 빛이 나는 흙이 가득 차 있다. 그 흙을 파서 따로 모아 놓았다가 하관시(下棺時)에 맞추어 시신을 안장(安葬)시키고 나서 모아 둔 흙으로 다시 메워야 한다. 만약 다른 곳에 흙이 들어가면 염(廉)이 생긴다. 그래서 속에서 파낸 흙을 다시 제자리에 넣는 것이다. 그렇게 일을 잘 마쳤다.

물론 상주한테는 당신네 집안에서 다음 해에 여기서 발복이 되는 사람이 갑부(甲富)가 될 것이다. 만석궁이면 쌀이 2만 가마이며, 돈이 순수입으로 들어오는 것이다. 년 간 순수입이 4백억이 들어오는 것이다. 그러면 갑부이다. 상주한테 귀 뜸을 해주고 왔다.

그 후 한주 만에 상주 집에서 전화가 왔다. 묘지가 명당에 써지면 동기간(同氣間)에 사이도 좋아지느냐고 물었다. 그래서 제일 먼저 동기간에 관계가 좋아지고, 그 다음부터는 산골에서 소리를 지르면 저 건너편에 부딪치고 다시 들려오는 메아리 소리같이 발복이 된다고 말을 해 주니까, 아주머니 한 분이 하는 소리가 그전에는 시누이와 올케가 서로 못 잡아먹어서 원수같이 지냈는데, 아버님 산소를 모시고 나서는 왜 그런지 시누이와 올케가 서로 못 도와주어서 안달이 날 지경이라고 이상하다고 하면서 산소를 잘 써서 그런가 하고 전화를 해 본 것이라고 말했다.

명당에 들어가면 발복이 온다. 그게 명당의 묘미(妙味)이다. 필자는 속발로 오는 자리도 여러 군데서 보았다.

현대과학이나 사람의 능력으로는 운명을 바꿀 수가 없다. 그러나 풍수지리를 이용하면 운명을 바꿀 수가 있다. 재작년에 윤석렬 대통령이 청와대를 버리고 용산(龍山)으로 대통령실을 옮긴 것에 대해 옛날 미신이라고 치부하는 것은 생각해 볼 문제이다.

미국의 백악관과 국무성이 풍수지리에 조금도 오차가 없이 정확히 잡아 놓았다는 이야기가 있다. 미국은 산으로 도로가 나도 산을 빙빙 돌면서 길을 내지 우리나라 모양 백두대간(白頭大幹)을 벌집 쑤시듯이 막 뚫어서 도로를 건설하지 않는다. 강원도가 물바다, 불바다가 되고 수많은 사람들이 피해를 보는 것은 백두대간을 함부로 훼손해서 일어난 재난이다.

간척사업의 일환으로 바다를 막고, 산에 능선을 함부로 뚝뚝 자르면 엄청난 재앙(災殃)이 온다. 박정희 대통령도 삽교천방조제 준공식하고 돌아가서 그날 밤에 피격(被擊)당한 것이다. 충남 서해안에 천수만(淺水灣)

A,B지구를 막고 나서 현대그룹 정주영 일가의 두 사람을 용궁(龍宮)에서 데려간 것이다.

대자연은 우주의 원리이고, 우주의 원리를 거역하면 그만큼 피해를 당한다. 필자가 사는 마을의 어떤 사람이 바다를 이백정보 막았는데, 막은 사람이 망하다시피 하였다가 살아났지만, 그 대신 마을 사람이 산신에 용(龍)의 머리를 건드려서 마을 사람 10명이 죽은 적이 있다. 그렇게 10명이 죽고 나니까 시끄러운 것이 사라졌다.

일부 정치인들은 방송에서 풍수가 미신이라고 말하는데, 풍수리지는 현대 과학으로도 풀지 못하는 깊은 물리학이 내재되어 있다. 풍수지리를 알고 싶으면 물리학에 양자학까지 깊이 들어가야 풍수지리를 조금 알 수 있다. 물리학에서 양자학까지 들어가면 영(靈)의 세계까지 들어간 것인데, 풍수지리도 개안이 되어야 땅 속에서 일어나는 오묘(奧妙)한 진리를 알 수 있다.

인간이 눈으로 땅 속에서 일어나는 기운을 예단하여 명당에서 나오는 '기(氣)'에 공력(功力)을 받아먹는 신(神)들의 식량인 '지기(地氣)'를 인간이 빼앗아 사용하는 것이 풍수지리이다. 고서(古書)에는 "탈신공개천명(奪神功改天命)"이라 기술(記述)되어 있다.

아무것도 모르면 가만히 있으면 중간은 가는데, 잘 알지도 못하면서 많은 사람들이 보고 듣고 있는 방송에다 대고 미신이라 하니 무지한 인간들이다. 명당자리라는 것은 『금낭경』에 무엇이라고 나오는지 알고나 있는지 모르겠다. 상상도 못할 어마어마한 구절이 담겨있다.

13

탈신공개천명(奪神功改天命)

『금낭경(錦囊經)』에 "탈신공개천명(奪神功改天命)"이라고 나온다. 해석하면 부처님은 보궁자리에서 기(氣)를 받아먹고 계시고, 그것보다 작은 명당에는 산신(山神)이 그 공력(功力)을 받아먹고 사는데, "산신이 받아먹는 공력을 인간이 빼앗아 활용하겠다."는 의미이다. 신의 공력을 인간이 빼앗아 활용한다는 뜻인데 이 얼마나 무서운 말인가?

그래서 명당자리에 들어가면 그 집안이 한번은 들썩인다. 사람을 죽게 하거나 재물로 손실을 보게 한다. 그래도 가만히 있어야지 그 복(福)을 받지 다시 묘지를 파내면 여러 사람이 우환(憂患)을 겪는다.

명당자리에 묘지를 쓰는 것은 모험(冒險)을 하는 것이다. 일단 명당에 써놓은 후에는 가만히 있으면, 들썩거리고 나서부터는 발복이 구름같이 몰려온다. 가만히 기다려야 한다. 명당자리 파내고 여러 사람이 망(亡)한 것을 보았다. 나도 아버지를 명당에 써 놓은 것을 파냈다가 자식들이 수십억을 내다 버렸다. 우리 외삼촌댁도 명당자리 파내고 쫄딱 망했다. 내 친구들도 그런 경우를 당한 것을 많이 보고 들었다.

신(神)의 공력을 빼앗아서 써놓은 묘지 자리는 파내면 나의 조상을 다 망가트리고 죽이는 것이다. 사람이 태어나는 것도 조상의 도움으로 태어나는 것이요, 사람이 죽을 때도 다 내 조상이 데려가는 것이다. 사람이 태어나는 것도 자기 조상이 점지를 해주지 않으면 안 된다.

간혹 자식이 없어서 산신한테 100일 기도드리고 자식이 생겨서 태어나는 경우는 산신의 자식(子息)이며, 산신 제자(弟子)라 항상 산신을 모시고 살아야지 산신을 모시지 않고 딴 짓을 하면 얼마 못가서 죽는다.

사람은 누구나 다 자기 조상이 점지하여 내보냈기 때문에 조상 묘지가 명당에 모셔져야 된다는 이론이 맞는 말이다. 왜냐하면 조상의 유전자와 나의 유전자가 일치되고 있다는 점이다. 그래서 조상이 점지한다는 말이 정확하다.

조상의 묘지 자리가 망지에 있어서 조상이 병이 들었다면, 그 자손들도 조상과 똑같은 병에 걸려 시달린다. 그런 병들은 조상이 점지하여 내보내는 자식이기 때문에 조상이 병든 부위와 똑같은 곳에 그의 자손도 병이 들게 된다.

14

고관절 파괴

　필자가 왜 이런 것을 남기느냐면 내가 실제로 겪었기 때문에 남기는 것이다. 우리 아버지 묘지를 세 번째 모시는데 감포를 할 때 상주가 꼭 보아야 한다는 것을 강조하기 위해 이렇게 말하는 것이다. 우리 아버지 묘를 쓰고 나서, 내 고관절이 교통사고로 부러졌고, 아내도 넘어졌는데 고관절이 부러졌고, 큰 누님도 넘어졌는데 고관절이 부러졌으며, 큰 형님도 넘어졌는데 고관절이 부러졌다. 그런데 묘한 것이 4명이 모두 오른쪽 다리의 고관절이 부러졌다.

　내가 경기도에서 충남으로 이사를 왔으니 조상의 묘도 충남으로 옮기려고 파 보았다. 당시 나는 아버지 묘에 물안개가 끼는 꿈을 꾸었다. 그렇다면 명당인데 왜 집안에 우환(憂患)이 자주 드는지 이상했다.

　이장을 하려고 개장을 하고 아버지 오른쪽 유골을 보고 깜짝 놀랐다. 다리에 오른쪽 다리뼈가 바뀌어 있었다. 둥근 원 뼈가 고관절 뼈인데, 그것이 무릎에 가 있고, 무릎 쪽에 있어야 할 뼈가 고관절 자리에 바뀌어 감포를 하였던 것이다. 아버지의 유골이 이렇게 위치가 바뀌었으니까 자식들 네 명의 고관절이 부러졌던 것이다. 그 다음부터는 면례(緬禮)할 때는 남의 묘이건 내 묘이건 뼈가 바뀌지 않게 유심히 확인한다.

15

조상이 주는 병

　이러한 사실로 미루어 보아 자식은 다 조상이 점지하여 내보내는 것이다. 지금은 아무것도 모르는 사람들이 벌초하기 귀찮다고 조상 묘지를 몽땅 파서 화장시켜서 바다나 산에 뿌린다. 그러면 그 집은 자손들을 점지할 조상이 없으니까 다 손(孫)이 끊어져서 본인이 죽으면 이 세상에 종자(種子)가 없는 것이다.
　사람이나 동물들은 죽음을 통해 윤회한다. 사람이 죽어 윤회할 때 묘지를 잘못 써서 짐승을 묻듯이 하여 오살(五殺)을 맞으면 무슨 병으로 죽는지 모르게 죽는다.
　재패(災敗)가 생기게 분금(分金)과 재혈(裁穴)을 잘못하여 묘지 자리를 쓰면 제아무리 큰 부자라도 하루아침에 쪽박을 찬다. 병패(病敗)에 걸리게 쓰면 병원에서도 못 고치는 병에 걸려 죽는다. 관재(官災)에 걸리게 써 놓으면 소송에 시달리고 교도소에 들어가서 산다.
　묘지라는 것이 그렇게 무서운 것이다. 내가 아는 사람이 있었는데, 영감이 죽고 나서 알거지가 되어 절에 와서 공양주(供養主)로 있다고 신세한

탄을 하고 있어서, 영감의 묘지가 어디에 있냐고 하니까, 서울 공원묘지에 있다 하여 그 곳에 가 보았다.

가보니까 구렁텅이에 묻어 놓았는데, 사역하는 사람들이 좌향(坐向)도 맞추지 않고 아무렇게나 죽은 짐승 묻듯이 매장(埋葬)을 한 것이었다. 묘지를 감정해 보니까 알거지가 되게 하여 묘지를 썼다. 딱하여 사역하는 인부들 품값만 마련하라고 하고 시골 공동묘지는 돈이 안 들어가는 데니까 인부 품값만 있으면 좋은 자리로 옮겨주겠다고 하였더니 절에서 비용을 주어서 좋은 자리로 옮겨 주었다. 그리고 2~3년이 지나고 조금 가세(家勢)가 펴서 서울로 갔다고 한다.

16

장애는 모두 묘지에서 나온다

　남자도 판사(判事)요, 여자도 전직 판사이다. 부부가 판사였다. 그런데 그 두 판사의 자식은 장애인이다. 두 천재가 모였으면 자식은 더욱 좋은 머리를 가진 아이가 나와야 하지 않은가? 이런 말은 누구나 똑같은 생각일 것이다. 그런데 왜 장애를 가진 자식이 나왔는가? 필자가 볼 때는 그 아이의 할아버지나 할머니가 공원묘지의 흉지에 묻혔을 것으로 본다.
　공원묘지에 묻혔으면 지관을 불러 묘를 쓰지 않았을 것이다. 사역하는 사람들의 손에 마구잡이로 짐승을 묻듯 하였을 것이다. 장애를 갖고 나왔다 하면 틀림없이 병패분금(病敗分金)의 근거로 본다. 그러니까 장애를 갖고 출생한 것이다. 필자의 말이 틀린지는 그 자식의 아버지를 불러서 조상 묘지를 가보면 답이 나올 것이다. 틀림없이 병패에 걸려 있을 것이다.
　사람들은 많이 배웠으면 자기가 배운 것만 내세울 것이고, 주역에 대한 공부는 안했을 것으로 본다. 만 가지 공부를 다 한 사람 같으면 학문 중에 가장 어렵고 이해하기 힘든 공부가 풍수지리다. 풍수는 수재(秀才)들이라도 도통을 못하면 어렵고 이해를 못하는 학문이다.

풍수지리는 만만한 공부가 아니다. 풍수지리를 공부하러 가보면 박사, 석사, 대학원생, 퇴임교원과 정년퇴직한 공직자들과 같이 많이 배운 사람들이 온다. 같이 공부를 하다보면 박사학위 받은 사람도 무슨 말인지 이해를 못하는 사람들이 있다. 풍수지리는 보이지 않는 땅 속에서 일어나는 것을 알아야 하는 학문이기 때문에 수련을 통해 경지에 올라서야 명당자리를 찾는 것이다.

머리 좋은 사람들은 풍수용어를 다 외우면 되지만, 책(冊) 지관은 실수를 많이 하기 때문에 책 지관은 인정을 안 해 준다. 왜냐하면 산신이 지관들 눈을 가려서 실수를 하게끔 하기 때문이다.

지금도 그런 사람들이 많이 있는데, 그 사람들이 묘지를 써 놓은 데를 가보면 명당의 바로 옆에다가 묘지를 썼다. 바로 그것이 산신이 눈을 가려 놓은 것이다. 그런 지관을 돌팔이 지관이라고 하며, 최소한 4~50년 경력과 도(道)를 닦아서 산신이 훼방을 못할 정도에 도가 트여야 올바른 지관이다.

실전에서 묘지를 많아 써 봐야 노하우가 쌓인다. 산에 막 들어가면 산에서 풍기는 서기(瑞氣)가 있다. 그 서기를 볼 줄 알아야 한다. 서기를 못 보면 만석궁 자리는 찾기 힘들고, 감추어 놓은 자리는 전부 대명당(大明堂)인데 명당을 찾기가 어려운 것이다.

17

묘지 자리는 64괘(卦)의 신(神)을 모셔 놓은 자리

    묘지 자리를 찾는 것이 그렇게 만만한 것이 아니다. 64괘의 신을 모셔 놓은 자리라는 것을 알아야 한다. 64괘의 신 중에 태양신, 태음신, 8괘신, 구궁신, 삼혼신, 청룡신, 백호신, 상시신, 현무신, 안산신 등 그렇게 무서운 신들을 모셔놓은 자리가 있다. 망지(亡地)에 들어가면, 그 높은 신들이 다 싫어 해서 그 여파로 후손들이 피해를 보는 것이다.

    묘지를 쓸 때는 비용이 좀 들더라도 꼭 명사(名士)를 불러서 써야한다. 풍수를 만만하게 보면 엄청난 화근을 맞이한다. 풍수는 정말 무서운 학문이기 때문에 깊이 있게 알아야 한다. 보이지 않는 땅속에서 일어나는 형화기정(形化氣情)을 파악하는 학문인데, 땅속에서 어떤 조화(造化)가 일어나는지 알 수 있는 사람은 명사나 도인밖에 없다.

    우리나라에 큰 인물이 나온 자리, 도읍으로 잡은 자리, 그런 자리는 누가 보아준 것인가? 역사를 반추(反芻)해 보자.

    신라에 도읍인 반월성(半月城)은 석탈해(昔脫解)가 잡았고, 고려 왕건(王建)이 출생하여 군왕이 되게 소점한 양택(陽宅) 터는 도선국사(道詵國師)가 잡아 준 것이고, 태조(太祖) 이성계(李成桂)가 창업을 하는데 절대적인 역할을 한 삼척에 준경묘를 가 보았는데, 그 자리도 역시 도력이 깊은 스님이 잡아준 자리였고, 조선의 도읍인 한양을 잡은 분이 무학대사(無學大師)이다. 동구릉 내(內)에 이성계의 건원릉(建元陵) 역시 무학대사가 잡아준 자리이다. 스님들은 도를 닦아서 산천을 보면 알아서 정확한 자리를 잡는 능력이 있다.

지관은 책 지관이 되면 안 되고, 그런 사람을 만나면 실패한다. 풍수지리의 핵심은 분금(分金) 재혈(裁穴)하는 것이고 파구처(破口處)를 무시하면 안 된다. 왜냐? 내가 아는 지관이 몇 사람을 죽이더니 나중에 자기 아들까지 죽이는 것을 보았다.

나침반(羅針盤)으로 좌향(坐向)을 세우고, 물이 빠져나가는 파구(破口)를 정(定)하는 방법인데, 꼭 지켜야한다.

- 사강기(四强氣)인 을신정계(乙辛丁癸) 좌(坐)에 사정맥(四正脈)인 자오묘유(子午卯酉) 파구(破口)를 만나면 인패(人敗)한다.
- 사순기(四順氣)인 갑경병임(甲庚丙壬) 좌(坐)에 사포맥(四胞脈)인 인신사해(寅申巳亥) 파구(破口)를 만나면 요수(夭壽)한다.
- 사장기(四藏氣)인 진술축미(辰戌丑未) 좌(坐)에 사태맥(四胎脈)인 건곤간손(乾坤艮巽) 파구(破口)를 만나면 백병(百病)이 난다고 한다.

18

아들을 죽인 지관(地官)

　　자기 아버지 묘를 옮겨서 잘 써 놓았다. 치산(治山)을 잘 해 놓았다는 것이다. 계좌(癸坐)를 놓았는데, 오파구(午破口)였다. 인패(人敗)못 쓰는 자리에 묘를 써 놓았다. 그 묘 앞에 커다란 바위 덩어리가 있다. 그런 바위가 묘지 앞에 있으면 압사(壓死)하여 죽는다고 풍수 고전(古典)에 쓰여있다.
　　교통사고로 아들이 사망하였다. 필자가 볼 때는 묘지를 쓰면 안 되는 자리에 묘를 썼다. 그래서 자식이 죽었다. 그 사람이 묘지를 써 준 우리 마을 사람도 죽었다.
　　또 한 사람은 그 사람을 데려다 묘지를 썼다가 죽다 살아나서 바로 묘지를 파서 옮겨서 살았다. 지관의 노임(勞賃)을 싸게 받는 사람을 선택하여 묘지를 썼으나, 사람 죽이는 지관임을 일반인들은 모른다. 비용이 싼 지관을 선택하면 재패(財敗)하거나 병들어 죽는다.
　　분금(分金) 재혈(裁穴)을 제대로 못하는 지관이 제일 무서운 지관이다. 허가받은 살인자이다. 땅 속에서 일어나는 것이기 때문에 근거가 없어서 허가를 받은 살인자이다. 그런 것을 알고 분별할 수 있는 사람들은 명사

(名士)들 밖에 없다. 아들을 죽인 지관은 자기가 잘못하여 아들을 죽인 것을 모르고 있다. 본인도 모르고 있는데 남들이 알 수 있을까?

19

조상신(祖上神)의 도움 없이는 자식이 없다

　사람이면 누구나 가지고 있는 삼혼칠백 중에 상령이 조상의 신(神)이다. 사람 몸에 64괘의 신중에 상시신이 조상신이다. 상시신 때문에 조상과 나와의 유전자가 일치되는 것이다. 사람이 죽기 전에 상령은 나간다. 조상신은 나가는 것이고, 상령이 나갔다고 사람이 죽는 게 아니고 치매(癡呆)가 온 것이다.

　유정은 천체에서 빌려온 영혼이라 사람이 죽으면 저승사자가 데려가는 영혼이다. 천상에서 빌려온 영혼이라 천상으로 다시 돌려주기 위함이고, 나머지 태광과 칠백이 무덤으로 가는 것이다. 후손에게 칠백을 다시 넣어주기 위해서는 꼭 칠백이 있어야 한다. 칠백은 귀가 두 개, 눈이 두 개, 콧구멍이 두 개, 입이 하나로 합쳐서 일곱 개이다.

　반야심경(般若心經)에 몸 덩어리인 '신위'와 눈과 귀와 코와 혀를 의미하는 '안이비설(眼耳鼻舌)'이 얼굴의 상(象)이라고 한다. 후손의 얼굴상이 잘 태어나기 위하여 칠백이 꼭 들어가야 한다. 태광은 영혼의 주입이다. 무덤자리가 명당일수록 육탈이 빨리되고, 육탈이 빨리되면 근육에 있던 영혼의 기(氣)는 유골로 뭉쳐진다. 유골만 남으면 전도체로 변하면서 산천정기인 우주에 기를 받아들이기 시작하는 것이다.

전도체가 되면 도통을 한 것과 같은 등급이다. 도통을 하면 산천정기를 받아먹고 사는 것이다. 또한 우주의 기(氣)도 받아 우주공간을 활보(闊步)하기도 한다. 그 영혼은 햇빛보다 더 빠르다. 밤에 도솔천까지도 갔다가 올 수도 있다.

유골이 명당에만 들어가면 다 도통(道通)이 된다. 도통한 조상 영혼의 묘지 좌향(坐向)이 자좌오향(子坐午向)을 놨다면, 삼합이론에 근거하여 원숭이(申), 쥐(子), 용(辰)의 해에 태어난 후손에게 도움을 준다.

사람의 영혼이 삼혼칠백인데 삼혼은 유전자가 후손의 세 사람에게 이어지고, 칠백은 도움 받은 후손의 그늘로 도움 받은 것이다. 세 사람은 100% 받고 있는 것이다. 자식이 5명 있다고, 5명이 모두 받는 것이 아니다. 삼합논리에 의거하여 세 사람밖에 못 받는다. 묘지도 명당이라고 수백 년 가는 게 아니다. 내룡(來龍)에 바위 1개씩 박힌 것을 30년으로 보는 것이다.

필자가 지금까지 잡아준 묘 중에서 270년 발복지, 즉 9대가 발복한다는 자리까지는 써 주었고, 군왕이 나올 자리는 두 군데 밖에 못 써 주었고, 만석궁 자리는 네 군데, 5천석 갑부자리는 두 군데, 그 외에 합참의장까지 나올 자리도 써 주었다. 지구상의 사람들은 몰라도 천상에 가면 천상에서는 알고 있다. 필자가 남을 잘되게 하여준 것이 천상에는 다 기록되어 있다.

20

조상은 재물(財物)만 주는 게 아니고, 수명(壽命)과 명예(名譽) 그리고 권력(權力)도 준다

밥 세 끼니를 먹을 수 있는 정도라면 조상 묘를 명당에 써야 한다. 자손들로써는 조상에게 할 수 있는 최고의 효도이다. 조상이 명당에만 계시면 장티푸스나 코로나 같은 전염병은 안 걸린다. 조상이 다 막아준 실화(實話)가 있다. 그래서 기록으로 남기는 것이다.

필자는 40~50여 년 동안 대한민국 팔도를 다 다니면서 망지만 찾아서 파가지고 좋은 자리로 옮겨주는 일만 하였다. 그래서 그 긴 세월동안 망지의 묘지를 필자만큼 많이 파묘(破墓)를 해 본 사람은 없을 것이다. 나는 묘지를 파묘하면서 일반인들이 보고 놀랄만한 묘지를 많이 보았다.

어떤 자리는 시신의 반쪽이 시커멓고 나머지 반쪽은 노란 것을 보았고, 어떤 묘지는 개장을 할 때 흙과 인골이 모두 검게 변하여 아무리 햇빛을 받아도 그 시커먼 속이 보이질 않아서 손으로 더듬어서 유골이 잡히면 꺼내서 수습을 한 것이 부지기수(不知其數)였다.

그런가하면 40여 년이 되었는데도 피부(皮膚)가 살아있는 사람모양으로 가슴도 처녀 때 모습으로 탱탱하고, 머리카락도 자라고 있어서 무서워서 보지 못할 정도였다. 조금도 변함없이 산 사람 같은 시신을 보았던 사람들이 무서워서 다들 도망가는 일도 있었다.

어떤 묘는 상체의 뼈는 깨끗한데, 하반신의 뼈는 새카맣게 된 것도 있었고, 삼십년이 되었는데도 바로 어제 매장을 한 것 같이 그대로인 것도 있었으며, 시신이 물속에 잠겨있는 경우가 많았다. 물이 차 있는 묘의 후손들을 조사해 보면 거의 십중팔구(十中八九)는 중풍환자가 있고, 온갖 내장(內藏)의 병으로 병원에서 살다시피 하는 경우를 보았다. 어떤 사람은 수전증이 걸려서 흔들고 다니는 사람도 있고, 구안와사가 와서 입이 옆으로 돌아간 사람도 있었다.

또한 어떤 묘를 파 보면 두골을 나무뿌리가 겹겹으로 감고 있는 모양의 묘도 있었다. 그런 묘의 후손들은 정신을 수습하지 못하고 미쳐서 돌아다닌다. 어떤 사람은 눈이 썩어 들어가는 사람도 있고, 어떤 사람은 장님이 된 사람도 있었다. 또 어떤 사람은 음식을 전혀 먹지 못하였다. 이렇듯 현대의학으로는 고치지 못하는 병에 걸린 경우가 많이 있었다.

필자는 망지에 있는 시체를 하도 많이 파서 좋은 곳으로 옮겨 주었기에 무슨 병에 걸렸구나 하면, 어느 묘지가 저 집에서 문제가 되는지, 그 묘로 인하여 저 사람이 무슨 병에 걸렸는지를 알아서 그 묘지만 파서 명당으로 옮겨주면 그 사람의 병은 자연스레 완치되었다.

공연히 병원을 다니며 쓸데없는 돈 버리지 말고 바로 필자를 찾아오면 암 같은 병은 다 고친다. 암보다 더 무서운 20일만 있으면 죽는다는 시한부(時限附) 인생의 사람도 살려놓은 사례가 있다.

병이 생긴 원리를 알고 그 원인을 고치니까 산 사람은 자연히 병이 고

처진다. 그 집에 암환자가 있다 하면 조상 묘지 중에서 암에 걸린 무덤이 있다. 그 무덤을 찾아서 명당으로 옮겨주면 그의 후손은 자연히 고쳐진다. 그래서 필자가 두 사람을 고친 것이다. 조상도 고쳐놓고 후손도 고쳐놓은 것이다.

반드시 어느 병이든 원인이 다 있다. 원인 없는 병은 없다. 쉬운 말로 유전자를 가지고 고치는 병이다. 환자는 손도 안대고 고치는 것이다.

앞으로는 그런 시대가 온다. 필자가 처음 시도하여 사람을 많이 살리고 있고, 병원에서 산소호흡기를 끼고 있는 환자도 감쪽같이 살려놓은 경우도 3명이나 있다. 호흡기를 끼고 사경(死境)을 헤매고 있었는데, 3일 만에 퇴원을 하였다. 병원에서는 자기들이 고친 줄 안다. 왜냐하면 나는 병원에 가지도 않고 병난 원인을 찾아 고쳐놓으니까 환자가 저절로 고쳐진 것이라는 걸 어느 누구도 모르는 것이다. 아는 사람은 필자밖에 없다.

중풍을 맞아서 누워있는 사람은 필자는 가보지도 않고, 그 풍을 맞은 이의 부인에게 말만 듣고 중풍을 맞게 한 묘를 찾아서 그 묘를 파서 흐트러진 그 묘지를 파서 유골을 제자리로 모아서 성심성의(誠心誠意)로 감포하여 좋은 자리에다 옮겨 놓으니까 한 달 만에 풍을 맞은 사람의 부인에게 전화가 왔다.

꼼짝도 못하고 있던 사람이 제 발로 걸어서 화장실을 갔다 온다고 신기하기도 하고 고마워서 전화를 한 것이라고 하면서 고맙다고 전화가 왔기에 따스한 물에다가 다리를 담그라고 일러준 일이 있다.

조상 묘가 망지에 있으면 전염병에 제일 먼저 걸린다. 여러 명이 탄 자동차가 사고가 나도 유독 조상이 망지에 있는 자손만 크게 다치거나 죽거나 한다. 사람을 점지하여 내 보내는 것도 조상이요, 죽어서 데려가는 것도 조상이다. 사람이 죽을 때 보면 전부 자기 조상이 데려간다.

반대로 명당에 조상 묘가 있다면 그 후손은 자기 수명(壽命)이 타고난 대로 다 살고 죽을 때도 고생을 안 하고 편안하게 죽고, 죽는 날 일진(日辰)을 보면 천상으로 올라가던지, 도를 많이 닦은 사람은 부처님 앞으로 가고 다시 사람으로 태어나는 사람도 있다.

조상 묘지가 망지에 있는 사람들의 죽는 날 일진을 보면 지옥(地獄)으로 떨어지거나 잡귀(雜鬼)가 되거나 귀신이 된다.

조상 묘지는 64괘의 신을 가지고 있는 사람의 64괘의 신을 모셔놓은 자리로 보면 된다. 아무렇게나 짐승 묻듯이 하면 흉(凶)함을 자기만 받는 것이 아니라 자식과 자손 대까지 받는 64괘의 신을 모셔놓은 신당(神堂)으로 생각하면 된다.

21

돌팔이 지관이 제일 무섭다

    필자는 묘지를 하도 많이 파보아서 돌팔이가 묘를 쓴 것을 다 알 수 있다. 묘를 개장하고 횡대(橫帶) 위에 패철(佩鐵)을 놓아보면 거의가 삼자불배합(三字不配合)에 맞춰서 시신을 모셨다. 그럼 그 집안은 재패(財敗), 관재(官災), 병패(病敗)가 나서 자식들이 하나하나 몇 년 사이로 다 죽거나 그 집안이 쑥대밭이 된다. 재물이 다 나가게 되고, 병패인 사람들은 암(癌)에 걸리거나 이름 모를 병으로 사망한다.
    돌팔이 지관들은 허가받은 살인자들이다. 돌팔이들이 말하는 것을 보면 대한민국에서 자기가 제일 잘 보는 지관이라고 떠들고 다닌다. 자기가 제일 잘 보는 지관이라고 거짓말을 하는 이들을 항상 조심해야 한다.
    명사일수록 입이 무겁다. 무불통달(無不通達)이 되지 않고서는 장담 못하는 게 지관인데, 자기가 제일 잘 보는 지관이란 사람들은 남의 집안 망해놓기 꼭 알맞은 사람이라는 것을 알아야 한다.
    땅속에서 조화가 일어나는 것을 인간이 안다는 것은 전부 사기꾼이다. 필자는 무덤으로 인하여 환자가 생기는 것을 고쳐주면서도 정작 내 자식은 못 고쳐서 저 세상으로 보냈는데 ,이는 땅속에서 조화가 얼마나 오묘한 지를 보여 주는 것이다. 오직 조상만이 그 조화를 알고 있다.

합장(合葬)한 묘를 파보면 옆에 있는 묘하고 거리가 10㎝ 정도로 나란히 광중(壙中)이 있다. 그런데 한군데는 물이 가득 차 있고, 옆에 있는 광중은 홍황자윤(紅黃紫潤)하고 깨끗하여 물이 하나도 없다. 불과 간격은 10㎝의 벽(壁)이다. 물이 넘어서 라도 들어 갈 것 같은데, 한쪽이 멀쩡한 것을 보면 참 신기하다. 땅속에 조화를 아는 사람이 어디 있겠는가?

묘지를 파 보고 흙이 다 노랗다고 모두 명당이 아니다. 흙에도 기(氣)가 들어있다. 기가 들어있는 흙은 양명(陽明)한 빛이 나며 흙을 씹어 먹어 보고 싶다. 흙에 기가 안 들어 있고, 그냥 색깔만 노랗다면 명당이 아니다. 그러한 자리에 시신을 모셨는데, 암에 걸려서 묘지를 파서 화장시켜 납골당에 넣겠다고 파보니까 흙 색깔은 노란 황골 흙인데도 시신이 썩은 모양은 시커멓고 물이 질펀하였다.

광중 안이 분가루를 뿌려놓은 것처럼 뽀얗고 유골이 노랗게 되어 있어야 한다. 좋은 자리는 유골에서도 빛이 난다. 그런 자리에 있으면 그 집안은 아픈 사람이 하나도 없다. 환자는 조상의 묘지에 흉함 때문에 생기는 것이다.

22

흙이 단단한 곳에서 인물(人物)이 나고, 부드러운 곳은 부자(富者)가 난다

　명당은 마사토에도 있고, 오색(五色)이 나오는 자리에도 있고, 황골 흙은 양명한 빛이 나야 한다. 기(氣)가 들어 있는 흙은 물기가 적고 흙이 밝게 보인다. 흙이 매우 단단한 곳이 있다. 그런데서 귀한 인물이 나오고 좀 부드러운 흙에서 부자가 난다.

　무턱대고 흙만 가지고 부자가 나거나 인물이 나오는 것은 아니고 국세(局勢)가 갖추어져야 한다. 당판은 오악(五嶽)이 된 곳이고, 부자가 나는 자리는 전(氈)이 아니라 순(脣)으로 되어야 하고, 현무(玄武) 주작(朱雀)이 뚜렷하여야 하며 안산(案山)에 부봉(富峰)이 있어야 하고, 좌청룡(左靑龍) 우백호(右白虎)가 교쇄(交鎖)되어야 하며, 안산이 일자문성(一字文星)이나 금계형(金鷄形)이나 일산형(日傘形)이 있으면 임금이 나오는데, 청룡에 귀봉이 붙어 있으면 남자가 나오고, 백호에 붙어 있으면 여자가 나온다.

　안산 꼭대기에 큰 바위가 있는 것도 좋지 않다. 그러나 바위가 족두리 모양이면 영부인이 나온다. 쌍태봉(雙胎峰)이 있으면 쌍둥이 자식이 나온다. 산세는 국세이고 오악(五嶽)이 분명하고 안산에 의자 같은 바위가 있으면 정안사(正案砂)라 임금이 나온다. 안산이 계곡의 골짜기 모양으로 주름치마를 널어놓은 형상이면 현군사(懸裙砂)인데, 이름 모를 병에 걸릴 자리이니 묘지를 쓰지 마라. 당판 묘지자리에 바위가 있으면 장님이 나온다.

23

명사(名士)와 돌팔이

　명사를 만나면 그 집안에 운명(運命)이 바뀐다. 한 사람만 잘살 수 있는 게 아니라, 한 문중이 다 같이 잘살며 큰 명예(名譽)와 감투를 쓴다. 명사들은 명예가 우선이다. 시대를 막론하고 그 시대에 날리던 지관이라면 명예 하나 남기고 가는 것이 목적이다.
　명사가 써 주는 자리는 최하 무해지지(無害之地)라도 써주기 때문에 그러한 무해지지만 들어가더라도 중소기업 사장 노릇은 한다. 명사는 파구처(破口處)와 법수(法數)를 정확히 맞추기 때문에 하자가 없다.
　그러나 돌팔이 지관은 파구처와 법수를 정확히 모른다. 그러니까 자기 아들을 죽이고도 자기가 죽인 것을 모른다. 그런 사람이 지관이라고 남의 묘지를 써 주면 집안을 쑥대밭으로 만들어 놓고도 자기가 망하게 한 지도 모른다.
　필자의 절 신도였던 부동산을 하던 고창사람이 있었는데, 묘지 쓴 자리를 가보니 쓰면 안 될 자리였다. 주산(主山)의 내룡(來龍)도 없고 평평한 밭 같은 곳이었다. 그런데다 묘를 쓰면 부인을 얻는 대로 나간다. 실제 그 집에 3형제 중에 막내만 연애 결혼하여 딸 하나를 낳았으나 이혼하였고, 위에 형들은 60대 중반까지 결혼을 못하고 총각으로 있다. 묘지 자리의 위력이 대단하였다.

처음에 필자가 묘지에 가보니 네 반상이 모두 물이 들었고, 풍살(風煞)도 맞은 상태였다. 세상에 이런 망지에다가 조상의 묘를 쓰고 엄청 고전하였겠다고 하니까, 형은 63살이 되도록 총각이라고 하였다. 아버지는 돌아가시고 어머니만 모시고 산다고 하였다.

너무나 딱하여 같이 부동산을 하는 사람에게 "묘지를 옮겨주어야지 저 상태로 그냥 놓아두면 저 집은 영원히 절손(絶孫)이 될 것이다. 아직 나이가 있으니 개장을 하여 화장시켜서 좋은 자리에 모시면 여생(餘生)이라도 잘 살 수 있게 만들어 주자"고 하여, 부동산을 하는 여자 사장이 인부와 포크레인 비용을 부담하여 주어서 파보니 할아버지 묘는 물이 가득 차 있었다. 물이 다 빠져나가야 작업을 할 수 있기에 부적(符籍)을 묻어서 세군데 묘지의 물을 다 빼냈다.

물이 다 빠져서 작업하기는 좋았다. 그런데 아버지, 할아버지는 물이 가득 찼던 자국이 있었다. 할머니 묘를 파보니 그 묘지는 팔요풍(八曜風)을 맞아서 새까맣게 되어 보기도 흉하였고, 그동안에 그런 묘지 때문에 죽지 않은 것이 천만다행(千萬多幸)이었다.

새까만 유골을 수습하여 박스에 담아 가지고 와서 화장을 해서 공동묘지에 미리 보아둔 자리가 있었는데, 다행히 명당자리여서 그곳에 정성껏 모셨다. 7~8개월이 지나서 신도의 얼굴이 피어나기 시작했다. 몸도 좋아져서 다시 생기(生氣)를 찾았다.

묘지자리는 64괘의 신을 모셔 놓은 자리인데 조상들이 얼마나 고역을 당하였을까? 뼈가 새까맣게 되었으니, 그 조상이 화탕지옥에서 얼마나 고생을 많이 하였을까? 막내아들이 그래도 대범하게 결단을 내렸기 때문에 조상한테는 최고의 효(孝)를 실천한 것이다. 큰일을 결정할 때 대범하여 조상들을 지옥에서 구해냈으니 얼마나 잘한 일인가? 조상들이 무척 좋아했을 것이다.

용케 필자를 만난 것이 그 사람은 큰 행운을 만난 것이다. 운명을 바꾸어 놓았으니 앞으로는 운명이 바뀔 것이다. 필자는 자신 있게 말한다. 내가 묘지 써준 사람들은 안 되는 사람이 없다. 거의 다 잘 살고 있다.

서산에서 아들이 2명인데 큰 아들은 이혼(離婚)하고, 작은 아들은 탈영(脫營)을 하여 군대서 찾아오고 난리가 난 집이 있었다. 탈영신고를 하였으면 작은 아들은 영창(營倉)에 갔을 것이다. 그러나 중대장(中隊長)을 잘 만나서 집으로 찾아왔기 때문에 영창을 안가고 귀대(歸隊)하였다. 망지에 있던 그 집 조상 묘지를 속히 파서 옮기고 나서 둘째 아들은 무사히 제대(除隊)를 하였고, 맏아들은 이혼을 하였다가 다시 합쳤고 집안이 잘 풀리고 있다.

그 사람은 집안이 팔난(八難)이 나서 풍파가 걷잡을 수 없이 일어났었는데 바람을 잠재우고 자식들이 모두 자기자리로 돌아왔다. 그 집은 우환이 끓던 집이었는데, 지금은 편안해져서 살 것 같다며 필자의 절에 착실한 신도가 되었다.

묘지만 잘 앉으면 운명(運命)이 바꾸어지는 것이다. 왜 그렇게 조상에 관심을 가져야 하나? 사람에게 64괘의 신 중에 상시신이 있고, 인간의 영혼에 3혼 7백에는 상령이 있다. 자손들은 조상으로 부터 분신(分身)으로 떨어져 나와서 후손에는 반드시 조상의 신이 내재되어 있는 것이다. 상령이 바로 조상의 신이다. 그 근거로는 유전자 검사를 하면 DNA가 조상과 일치한다.

24

도통(道通)으로 변신

　조상에서 후손은 분신(分身)으로 나온 것이기 때문에 조상의 영혼을 간직하고 있다. 없다면 조상으로부터 나온 자손이 아니다. 호박씨를 심으면 호박이 열리고, 수박씨를 심으면 당연히 수박이 열리는 것이다. 사람도 조상의 몸에서 나왔기 때문에 조상에 유전자와 당연히 일치하는 것이다.
　나하고 가장 가까운 혈액이 조상이었기에 조상 묘를 명당에 쓰는 것은 바로 내가 도움을 받기 위함이다. 조상이 죽은 것이라고 인식하고 있지만 영혼은 죽는 게 아니다. 육신만 바뀌는 것이지 영혼은 7천 년 간다. 영혼이 없어지는 것은 아니다.
　자식이 없는 영혼들도 우주공간에는 그물망같이 얽혀 있다. 그것은 내가 이야기하는 것이 아니고 부처님말씀이다. 불공(佛供)을 드릴 때 첫 구절 다음으로 "시방삼세 제망찰해 상주일체 불타야중"라고 하는데 시방삼세는 전생, 이생, 내생을 말하고, 상주는 우주공간 안에 있는 조상이다. 조상에 영혼이 그물망처럼 얽혀 있다는 말이고, 그 안에까지 부처님은 계시다는 말이다.

명당에 조상을 모시게 되면 명당은 시신이 육탈 되면서 전도체로 변하면서 도통한다. 전도체가 되면 도통을 한 것이다. 도통한 영혼의 위력은 대단하다. 산천정기를 받는 것은 물론이고 우주공간 천체의 기(氣)까지 받을 수 있는 것이 도통이다.

　　부처님과 산신들이 명당에 '기(氣)'인 공력을 받아먹고 사는 것이다. 높은 신들이 받아먹고 사는 그 공력을 빼앗아 인간이 활용한다는 자리가 명당의 혈(血)이다. 『금낭경(錦囊經)』에 "탈신공개천명(奪神功改天命)"이라는 구절이 있다.

　　명당자리는 산천정기가 모여서 솟아 나오는 곳이다. 명당은 29도(度)의 온도(溫度)가 계측된다. 그 온도에 의하여 유골이 전도체로 변하는 것이다. 명당자리는 흙바닥이 박환(剝換)이 된다. 박환이 된 곳은 풀이나면 죽는다. 그래서 풀이 살지 못하니까 양명한 흙만 있다. 그것을 박환이 되었다고 한다.

　　명당자리는 22가지의 특징이 있다. 명당이 아닌 땅에 있는 것보다 그런 특징이 있다는 것이다. 명당자리는 천지조화(天地造化)로 만들어진 곳이다. 만들어 진 곳을 찾는 것이 명사이다. 국세가 갖추어 졌어도 시체가 안장되는 자리는 당판(堂板)인데, 만석궁 자리나 5천석 갑부자리는 전부 감춰놓았다. 그런 자리는 표면에서 나타나 있지 않고, 개안(開眼)이 된 사람만이 찾는 자리이다. 돌팔이 지관은 찾을 수도 없거니와 찾은들 법수(法手)를 제대로 못 찾아 써서 명당만 버려 놓기 때문에 도인(道人)들만 찾아 쓰게끔 만들어 놓은 곳이 명당[血]이다.

　　명사(名士)를 찾으려면 지관(地官)을 만나 그에게 물어보아라. 만석궁 자리 몇 개나 잡아서 써 주었나? 아니면 오천석짜리는 몇 개나 찾아서 써

주었나 묻고, 반룡자리는 몇 개를 찾아 썼나? 라고 물어보고, 합참의장 자리는 몇 개나 잡아주었나? 문의하여 그런 자리 몇 개씩 다 써 주었다면 명사 축에 들어가는 사람이다. 그런 사람이 써주면 무해지지(無害之地) 자리는 써 준다. 무해지지 자리만 들어가도 한평생 삶은 편안하다. 그런 사람은 우선 정확한 파구처에 정확한 법수를 찾아서 정석대로 써 주기 때문에 명사를 불러 쓰면 아무런 하자가 없다.

25

천상(天上)에서 지리도사(地理道師) 하강

　명사(名士)라고 떠드는 사람들 치고 거부(居富)가 나오는 만석궁(萬石宮) 자리를 4곳 이상 잡은 사람이 드물다. 필자는 오천석 갑부가 나오는 자리 2군데 써 주었고, 임금님 나오는 자리 2군데 써 주고, 합참의장 나오는 자리 1군데 써 주었고, 국무총리 나오는 자리 한 군데 써 주었고, 그 외 판검사, 도지사 나오는 자리는 많이 잡아주었다.

　풍수지리는 땅속에서 일어나는 형화기정(形化氣情)으로 시신이 평안한 상태의 자리를 찾는 것인데, 땅속에서 일어나는 것을 어떻게 알고 찾겠는가? 신(神)의 공력이 없이는 안 되는 것이다.

　필자도 내 눈으로 땅속을 보고 찾는 것이 아니라 한국에서 두 번째도 싫고 첫 번째로 최고의 지관이 되게 해달라고 무인도에서 10년, 계룡산에서 10년, 적상산에서 10년 기도 끝에 천상에서 지리도사님이 내려오시고, 바다에서 해수관음보살(海水觀音菩薩)이 필자에게로 들어와 그분들의 도움을 받은 것이다. 지금 필자의 용궁(龍宮)에 모셔 놓은 돌부처님이 해수관음보살이다.

그래서 필자는 장례 후 진행하는 생장(生葬)은 얼마하지 않고, 죽어가는 사람 살리는 일만 하였다. 나는 조상의 유전자를 가지고 사람을 살리는 일을 30년 째 하고 있다. 환자가 찾아 오면 그 사람의 사주를 물어보고, 어떤 조상의 묘로 병이 난 것인가를 찾아서 조상부터 고쳐놓으면 환자는 저절로 낫는다.

26

유전자로 환자를 치료한다

묘지를 보고 그 집 조상이 무슨 좌(坐)를 놓았는지를 분석(分析)하면 그 조상이 무슨 병에 걸렸는지를 알고, 그 조상이 걸린 병을 고쳐놓으면 그 후손은 병이 저절로 다 고쳐진다. 환자를 그렇게 고치는 것이 나만의 비법(祕法)이다.

묘지가 중상운(重喪運)에 해당되어 파지 못할 때는 묘지 근방 6군데에 부적(符籍)을 써서 묻어 놓으면, 산소호흡기를 끼고 사경(死境)을 헤매고 있던 사람도 살아나서 퇴원을 한다. 필자가 처방을 하여 주고도 신기하게 느낄 때가 많이 있다.

나의 몸에서는 법력(法力)의 '기(氣)'가 나온다. 그 법력의 '기'로 부적을 써서 묘지에다가 묻어 놓으면 묘지에 물이 가득 찬 것도 단 십 분이면 다 빠져나간다.

아파트나 빌딩을 보면 지하로 2~3층을 파고 들어갔기 때문에 고층건물의 10층 꼭대기까지도 수맥(水脈)이 돈다. 그 수맥도 부적으로 최고 높은데서 잡으면 밑에 지하실까지 수맥이 다 잡힌다. 이것 또한 어느 누구도 하지 못하는 방법을 필자는 갖고 있다.

　유전자(遺傳子)를 가지고 사람을 살리니까, 환자는 병원에 있다. 묘지는 여기 산에 있다. 그 집 조상 묘에 처방(處方)을 하여 놓으면 환자는 병원에서 병이 다 완쾌되었다고 퇴원한다. 환자를 보지 않고도 병이 치료되어 퇴원한다. 너무나 신기한 첨단과학을 이용한 것이다.

　조상의 병을 고쳐 놓으면 자손의 병이 치료되는 것이다. 그 이유가 무엇이냐 하면 조상에 유전자를 가지고 고치는 고차원의 방법이기 때문이다. 사차원 세계에서 환자를 고치는 것이다. 아무리 중환자라도 조상의 병을 치료하여 고칠 수 있는 것이 나의 노하우이다. 세상 사람들이 필자를 몰라서 못 오는 것이지 방송에만 나왔으면 많은 사람을 살렸을 텐데, 너무나 안타까운 일이다.

　나 같은 사람이 이러한 능력을 사장시키고 있으니, 상문(喪門)이 걸려서 죽는다고 데굴데굴 구르는 사람도 부적 한 장만 태워 먹이면 언제 그랬었느냐고 툭툭 털고 일어난다. 이렇듯 신기하게도 즉시 30분 안에 감쪽같이 살려 놓으면 기뻐하면서도 다른 사람한테는 알리지 않는다. 사람들은 자기만 고치면 되지 무어라 남까지 알리냐고 일체 소문(所聞)도 안낸다. 참 매정한 사람들이다.

27

박사(博士)에게서 귀신(鬼神) 떼어 준 이야기

　박사학위를 받고 신약(新藥)을 연구하여 개발하는 사람이었는데, 애석하게도 아내가 죽어서 시신을 공원묘지에 매장하였다. 그 부인이 사용하던 장롱, 화장대 등 그런 물품을 하나도 버리지 않았는데, 그러다 보니 그 물품에 아내의 영혼(靈魂)이 깃들어 있었다.
　그 박사가 술을 먹고서 잠을 자면 고인(故人)이 된 아내의 영혼이 빙의(憑依)되어 미친 사람처럼 행동하고 몸이 아파서 여러 날을 앓았다. 그래서 필자가 부적을 써 주었고 그것을 태워서 먹고 나서 아내의 빙의된 영혼이 떨어져 나갔다. 그런 후 부인이 사용하던 물건을 한 개도 남기지 말고 소각(燒却)해 모두 없애라고 하였는데, 박사가 그렇게 한 후 빙의가 치료되었다. 그 후 고맙다는 인사를 하였다.
　귀신 붙은 것을 떼서 버리는 일은 부적 한 장만 태워서 먹이면 귀신이 혼비백산(魂飛魄散)하여 없어진다. 그 이유는 부적에 부처님의 법력(法力)이 들어 있어서 귀신이 가장 무서워하는 것이다. 다른 이들이 써 놓은 부적을 가지고는 이러한 효과가 없다. 부처님의 '기(氣)'와 천상에 지리도사님의 '기(氣)'가 합쳐져 그렇게 무서운 도력(道力)이 나오는 것이다. 내가 해주고도 신기하게 느끼는 경우가 많았다.

28

부적으로 생환(生還)시킨 이야기

　서울에 있는 대형병원 중환자실에 입원해 있던 환자가 있었는데, 태안에 있는 조상 묘지에 부적 6장을 묻어 놓으니까, 사경을 헤매던 사람이 멀쩡하게 퇴원을 하였다는 소리를 듣고 참 너무나 신기하다는 생각을 하였다.
　부처님과 천상의 지리도사님의 도력(道力)이 참으로 대단하다는 생각을 하였다. 환자는 만나 보지도 않았는데, 환자의 병이 치료되어 퇴원하여 왔다는 것이 너무나 신기하였다.
　그 마을에서는 송장(送葬)이 마을로 들어와서는 안 된다고 트랙터로 마을 입구를 막아놓고, 또 다른 길도 경운기로 막아 놓았다는 것이다. 한 마을에서 수십 년간 함께 살았던 사람이 죽어서 시신으로 돌아온다고 그런 짓을 했던 것이다.
　그것은 인간으로서는 도저히 해서는 안 될 행위를 한 것이라 그랬는지 하늘이 내려다보고 천벌(天罰)을 내려서 시신이 온다는 날짜에 트랙터와 경운기로 마을길을 막은 두 사람은 천벌을 받아 즉사(即死)하였고, 송장으로 온다는 사람은 멀쩡하게 살아서 왔다.

　이것은 신문이나 방송에서 대서특필(大書特筆)로 다룰 화젯거리였는데, 마을사람들이 언론에 보도되는 것을 염려(念慮)하여 쉬쉬하며, 바로 못된 놈들 두 사람을 장례(葬禮)를 치른 일이 태안의 어느 마을에서 있었던 실화(實話)이다. 그 생사를 헤매던 환자를 감쪽같이 그 집 묘지에 부적 6장을 묻어서 생환(生還)시킨 장본인이 필자였다.

29

수원 웰스기념병원

　도(道)를 닦는 도인들은 나보다는 남이 먼저 잘 되라고 축원을 하여 주고 살리는 일을 한다. 나는 18세부터 84세가 먹도록 내기 한번 한 적이 없고, 대수술을 8번 받을 때마다 오늘 수술은 필자가 최후의 수술을 받는 날이니 부처님이 도와주시지 않으면 내가 이 절집에 다시 올지 장담(壯談)을 할 수 없어서, 수술 전에 부처님의 가피(加被)로 수술이 잘 되어 다시 부처님의 수발을 들 수 있게 해달라고 기도(祈禱)한 것이 두 번밖에 없다.
　그 두 번 부처님에게 부탁할 때는 부처님이 병원에 오셔서 해수관음은 허공에 떠 계시고 해수관음 밑에 아기동자 두 분이 있었다. 필자가 수술하고 나서 몽원이 풀릴 때는 수술한 자리가 엄청 아팠다. 그 때 동자 한 명은 목탁(木鐸)을 치면서 염불을 하고 있고, 다른 동자는 수술한 다리를 주무르고 있었다. 목탁소리에 잠이 깨어 눈을 떠 보니 부처님은 허공에 떠 계셨다. 필자가 위급하다 보니 부처님을 친견(親見)하였구나 싶었다.
　정신을 차리고 주위를 둘러보니 간병인이 잠을 안자고 앉아 있기에 왜 잠을 주무시지 않았느냐고 물으니까 이상한 소리가 들려서 잠을 잘 수가 없었다고 말하는 것이었다. 그 간병인은 예수를 믿는 사람이었다. 아침에 일어나니까 내가 있던 병실이 8개의 침상이 있는 공간이었는데, 함께 생활하던 환자분들이 밤새도록 목탁치고 염불하는 소리를 다 들었다고 하였다.

내 이야기를 들은 간병인들이 대단한 도인이 오셨다고 스님 가실 때 차비하라고 2만원, 3만원 모아준 돈이 16만원이나 되어서 너무나 고맙게 받았고, 부처님이 나를 위해 벌어준 돈이니까 부처님께 올리면서 부처님 참 고맙습니다 라고 인사를 하였다. 그 병원이 수원에 웰스기념병원이었다.

30

경희대학병원

　웰스기념병원에서 있었던 이야기도 화젯거리였고, 또 서울 상일동에 경희대학병원이 있는데, 거기서 또 화젯거리가 있었다. 수원웰스기념병원의 외과의사가 서산시 대산에 있는 보건소에서 공중보건의(公衆保健醫)로 근무했던 의사였다.
　수원웰스기념병원에 초보 의사로 와서 내 다리 염증수치가 제로가 되어야 수술을 할 수 있는데, 제로가 되지 않고 염증수치가 1만 되어도 수술을 못한다고 경희대병원 원장님이 말씀하신 것을 의사들은 의대를 다닐 때 다 공부를 하였을 텐데, 왜 수원에 웰스기념병원 외과 담당의는 왜 나의 염증수치도 간과하고 수술을 하였을까?
　웰스기념병원에서 수술을 한 후에 퇴원을 했는데, 몸이 으슬으슬 춥고 떨리고 몸살이 나서 도저히 참을 수 없기에 택시를 대절하여 다시 수원에 웰스기념병원을 찾아갔다. 외과의사가 보고 내가 죽게 되었다고 수술하고 나서 내가 왜 이렇게 되었냐고 물었다. 주사바늘로 넓적다리를 찌르니까 곪아 뭉쳐있던 고름이 뻗쳤다. 간호사는 그걸 보더니 도망(逃亡)을 갔다. 그때는 의사도 당황하였다. 아이코 큰일 났네 하고 항생제(抗生劑) 주사만 놓고 큰 병원으로 가야 한다고 말하고 우왕좌왕(右往左往)하며 어찌 할 바를 모르고 있었다.

그때 문득 필자의 판단에 처음부터 병원을 잘못 왔구나, 돌팔이 의사한테 와서 수술하고 죽게 되었구나 생각하고 아들한테 전화를 하였다. 고관절(股關節)에 대한 한국 최고의 권위자가 누구인가 빨리 알아보고 그 병원으로 연락해 놓으라고 하였다.

아들한테 전화가 오기를 고관절 의사로서 한국 최고의 권위자가 경희대학교병원 원장 유명철 박사라는 것을 확인하고, 전화를 하였는데 통화가 안 된다고 하면서 며칠이고 통화를 해 보겠다고 하여 필자는 병원에서 응급조치(應急措置)만 받으면서 기다리고 있었다. 다방면으로 알아보니 외국 세미나에 갔고 곧 돌아온다고 하여 마침 귀국 날 전화를 하여 통화가 되었다.

일단 상일동 강남경희대병원에 가서 입원부터 하라고 하여 경희대병원을 찾아가서 입원을 하였다. 원장을 만났다. 원장님 말씀이 원장한테 직접 치료를 받으면 특진료가 하루에 삼십만원씩 들어간다고 하기에 특진료 드릴 테니 살려만 달라고 하였다. 원장이 제일 처음으로 염증수치부터 재보라고 하여 수치를 재보니 135의 염증수치가 나왔다.

원장이 염증수치를 보고 깜짝 놀라면서 수치가 135라니 어디서 수술을 하였냐고 하여 수원웰스기념병원서 하였다고 하니까 몸에 염증(炎症)이 있는데, 아무리 급해도 염증을 제거한 후에 수술을 해야 하는데 염증이 있을 때 수술을 하면 부작용이 생긴다고 하였다.

염증이 있을 때 칼을 대면 화약창고에다 불을 붙이는 거와 같다고 하면서 사람을 죽이려고 이런 짓을 하였나 하면서 그날부터 항생제 주사만 놓고 약을 한 움큼씩 먹게 하였다.

한 10일 쯤 주사(注射)를 맞고 약(藥)을 먹다가 염증수치를 재보았다. 135에서 133로 떨어졌다. 2는 낮추었다. 계속하여 주사와 약을 먹었다. 21일 째 가서 다시 염증수치를 재보니 133 그대로였고, 수치는 떨어지지 않았다. 그날 염증수치를 보더니 내 재주로는 고치치 못하겠으니 퇴원을 하라고 하였다.

이제는 퇴원하여 죽을 날 만 기다리라는 소리로 들렸다. 염증수치가 133이면 일어나지도 못할 정도의 몸이다. 아들한테 전화를 하였다. 올라와서 퇴원 수속을 밟아 달라고 하였다. 그 말을 하고 침대에 누워 있다가 깜박 잠이 들었다. 꿈에 우리 법당(法堂) 부처님이 나타나시더니 빨리 절에 와서 느릅나무 뿌리와 껍질을 삶아 먹으라고 알려 주었다.

잠이 깨어서 가만히 생각해보니 필자가 동의보감(東醫寶鑑)에서 늑막염(肋膜炎)에 고름을 말리는 데는 느릅나무가 제일이라는 구절을 본 기억이 났다. 지금 몸에 고름 잡힌 것이 늑막염과 같은 증상이었다. 느릅나무는 내가 필요할 때 써먹으려고 2주(株)를 절에 심어 놓은 지가 20년이 되었다. 퇴원 수속을 밟아 병원비를 지불하고 서산 절집으로 왔다.

절집으로 와서 창고 문을 열어 연장을 꺼내 느릅나무를 자르고 뿌리도 캐서 사과박스로 두 박스를 담아서 필자가 살았던 집으로 갔다. 그곳은 화성시 우정읍 주곡리였는데, 거기서 느릅나무를 삶아서 먹기 시작하였다. 하루에 세 번씩 먹었다. 한 40일 먹다가 보니까 내가 스스로 혼자서 일어날 수 있었다. 하도 답답하고 시원한 공기를 접하고 싶어서 하루는 지팡이를 가져오라 하여 지팡이를 짚고 일어나 보았다. 꼼짝도 못하였던 몸을 추슬러 일어나서 나가 바다에서 불어오는 바람을 마주 대하니 정신(精神)이 맑아졌다. 그렇게 한참을 있다가 집에 돌아오곤 했다.

한 10일을 더 먹다가 염증수치가 궁금하였다. 지팡이를 짚고 경희대학병원을 찾아갔다. 염증수치를 재어보니 35가 나왔다. 100이 없어진 것이다. 그 순간 용기가 샘솟았다. 느릅나무를 계속 먹으면 나도 살 수 있겠구나 라는 희망의 불씨를 보았다.

경희대 간호사들이 그 수치를 보고 깜짝 놀라면서 원장님도 20일 동안 수치를 떨어뜨리려고 온갖 처방을 다 하였어도 못 떨어뜨린 것을 어떻게 떨어뜨렸냐고 기뻐하며 느릅나무를 더 열심히 달여먹어서 수치를 제로로 만들어야 수술(手術)을 할 수 있다고 했다.

그 날 이후 필자도 용기가 생겨서 느릅나무를 정성들여 달여서 먹었다. 1달 후에 경희대병원에 다시 가서 수치를 측정해 보았다. 그 때는 0.7이 나왔다. 이제는 수술을 하여도 되냐고 전영수교수하고 상의를 했는데, 아직은 수술을 못한다는 것이다. 나의 다리는 몹시 아팠다. 너무나 다리가 아프니까 하루라도 빨리 수술을 하고 싶었던 것이다.

전교수가 이 상태에서는 수술을 못하고 굳이 하려면 수술한 부위에 수수팥떡 모양의 인공보조물(人工補助物)을 넣는 수술을 1차로 하고, 삼 개월 후에 염증수치가 제로가 되면 다시 수술을 하면 된다고 하여 그럼 그렇게라도 해 달라고 하였다.

내가 다리가 너무 아프니까 당장이라도 안 아픈 다리를 갖고 싶었던 생각이 아주 잘못이었다. 그래서 1차 수술을 하였다. 내 다리에서 먼저 수술한 것이 염증에 녹아서 뼈가 들락거리게 되었다는 것이다. 교수가 그 다리를 보고는 세상에 이 다리를 가지고 어떻게 살았냐고 엄청 고생을 했겠다고 말하며 수술을 마치고 삼 개월을 기다렸다.

　삼 개월 후 다시 재수술에 들어갔다. 수술을 하고 났는데, 기억력이 다 없어졌다. 몸에 주사약이 그렇게 나쁜 것이었다. 뇌세포(腦細胞)가 다 죽은 것이었다. 과거 기억이 하나도 나지 않았다. 내가 엄청 잘못한 것이다. 차라리 수술을 하지 말고 느릅나무를 한 달만 더 삶아 먹었으면 0.7의 잔여 수치도 다 없애는 생각을 못한 것이다.

　그 수술을 한지 1년이 되니까 또 다시 염증이 많이 생겨서 젓꼭지 부분에 콩알같은 것이 생겼다. 그것을 눌러보면 아팠다. 이상하였다. 서산에 서부파출소 지서장이 자기 부인이 흑석동 중앙대학병원 마취과장을 잘 알고 있는데 자기 부인 갈 때 같이 가서 검사(檢査)해 보자고 하여 같이 갔다.

　마취과장 덕분에 즉시 검사를 하였다. 교수가 나의 젓꼭지를 만져보다가 유방암(乳房癌)이라는 것이었다. 내가 교수에게 남자가 무슨 유방암이냐고 하니까 교수가 웃으면서 여자는 5천명 중에 남자는 50명의 환자가 나온다고 하기에 내 몸에 염증이 많아서 유방암에 걸렸나 보다 생각하고 날짜를 잡아서 수술을 하였다.

　그 놈의 염증이 온 몸에 퍼져서 유방암까지 걸렸던 것이다. 삼년 후에 또다시 수술을 하게 되었다. 또 경희대병원을 찾아갔다. 전영수교수를 찾았다. 교수가 보더니 이번에 수술을 하게 되면 다리를 자를 데가 없어 무릎에다 무릎 반을 잘라내고 무릎부터 고관절까지는 쇠로 연결하여야 하니까 우리나라에서는 그렇게 큰 수술이 처음이라 철도공장에다 주문제작 하여야 한다면서 교수도 고민을 하다가 한번 시도해 보자고 하여 다시 수술날짜를 잡았다.

그런데 주물공장에서 내 다리에 쓸 기물(器物)을 못 만들어서 날짜가 연기되었다. 교수가 나보고 수술날짜를 잡으라고 하였다. 우리나라에서 45㎝나 되는 쇠를 박는 고관절 수술은 처음이라 수술날짜를 나보고 잡으라고 한 것을 보니 교수도 고민을 한 것 같았다.

수술을 하러 가는 날 부처님계신 법당에 가서 기도를 하였다. '부처님 저는 또 대수술을 받으러 가게 되었습니다. 이번에는 내 무릎을 자르고 무릎서부터 고관절까지는 쇠로 뼈 대신 연결한다니까 이번 수술은 대단히 큰 수술이고 우리나라에서는 처음 시도되는 수술입니다. 내가 죽을지 살아올지 모르는 수술입니다. 부처님이 내가 수발하여 드리는 것을 원하시면 수술할 때 오셔서 수술이 잘 되고, 안 아프게 하여 주십시오' 하고 부처님에게 인사드리고 수술하러 서울 경희대병원으로 갔다.

수술시간에 맞춰 수술실로 들어갔다. 그런데 잠을 깨고 보니 전에 내가 입원했던 병실 침대로 다시 와 있었다. 그런데 아프지도 않고 수술을 하지 않은 것 같아서 왜 수술을 안 하고 원래 내가 사용했던 침대로 다시 왔느냐고 하니까 간호사들이 수술을 하였다는 것이다. 수술을 하였는데 왜 안 아프냐고 물었다. 지난번에는 8시간 30분이 걸려 수술하고 중환자실에 들어가서 삼일동안 죽다 살아났는데, 이번에는 뼈를 자르는 대수술을 하였는데도 5시간 만에 끝나고 중환자실도 안가고 바로 일반 병실로 왔으니 이상한 생각이 들었는데 수술을 집도한 전영수교수가 왔다.

교수가 오더니 "수술 날을 좋은 날 잡았나 봐요." 하기에 "내가 복덕(福德)날로 잡았어요." 하였더니 자기도 대수술을 수월하게 하였다고 하면서 편안히 쉬라고 하고 갔다.

그 후 내가 깜박 잠이 들어서 꿈을 꾸었는데, 비몽사몽(非夢似夢)간 우

31

풍수지리(風水地理)는 첨단과학이고 물리학이다

　풍수지리는 현대 과학으로도 알아낼 수 없는 깊이가 있다. 왜냐하면 영혼(靈魂)을 다루고 윤회(輪回)를 다루며 땅속에서 일어나는 형화기정의 뜻을 어떠한 원리로 설명하겠는가? 육탈이 되면 유골로 영혼이 다 몰려서 전도체로 변하여 영혼이 도통되는 것을 현대과학으로 풀어낼 수가 없다.
　땅속에서 피어나는 좋은 기(氣)를 받는 곳이 명당(明堂)이고, 그 명당의 기를 유골이 이용하여 신동(神童)도 나올 수 있고, 부자와 고관대작이 나올 수 있다. 그런 자리는 도인이면 자리를 찾을 수 있고, 일반 사람은 찾을 수 없다.
　왜냐하면 땅속에 다 감추어 놓아서 땅을 파 보아야 알 수 있는 자리이기 때문이다. 겉으로 나타나 있으면 찾기가 쉽겠지만 만석궁 같이 좋은 자리는 겉으로 드러나 보이는 것이 없다. 땅속 깊숙이 감춰놓았기 때문에 눈이 열린 지관한테만 보이고 도(道)를 통하지 않고는 찾지 못하는 자리이다.
　무지(無知)한 사람들은 풍수지리가 미신(迷信)이라고 한다. 미신이란 의

미는 이치에 맞지 않는 논리를 미신이라 하는데, 풍수지리는 삼합논리(三合論理)로 정확하게 맞아 떨어진다.

예를 들어 국세와 음양오행, 그리고 오악(五嶽)이 다 맞는 자좌(子坐)의 도반급 자리에 묘를 쓰고 30~40여 년이 되었다면, 원숭이(申), 쥐(子), 용(辰)띠에 태어난 자손 중에서 유수의 대학과 대학원을 졸업하고, 행정고시나 사법고시에 합격하여 고위직 공무원이 된 사람이 반드시 나온다. 이처럼 풍수지리는 수학공식처럼 사람의 영혼이 3혼(魂) 7백(魄)이라 3합 논리를 적용하면 공식에 정확하게 들어맞는다.

천자(天子)가 나오는 자리도 있고, 성현(聖賢)이 나오는 자리도 있다. "상통천문(上通天文) 하달지리(下達地理)" 즉 "위로는 하늘에 무늬와 통하고, 아래로는 땅에 이치에 도달한다."는 뜻을 알면 천기와 지기가 음양배합(陰陽配合)이 되고 오행(五行)이 조화(調和)가 되어 일어나는 원리이다. 인간은 소우주(小宇宙)이다. 음양오행의 원리로 64괘의 신을 갖고 있는 존재가 인간이다.

인간을 만드는 원소(元素)는 지구에 흙과 산천정기에 무한하게 있고, 지구의 자연에 조화로이 만들어진 것을 찾아내어 신들이 받아먹고 사는 공력을 인간이 빼앗아서 인간이 활용하는 것이 풍수지리다.

그래서 명당은 "하늘이 감추고 땅이 비밀로 하여 놓은 곳"이다. 땅속에 감추어져 있는 것을 찾는 것이라 첨단의 물리학이라는 것이다. 도통하고 꼭 결부(結付)되기 때문에 책 지관은 대혈을 찾지 못하고 표면에 나타나 있는 자리인 도반급 이하 향반급 밖에 못 찾는다.

32

공원묘지(公園墓地)에 짐승 매장하듯 묻으면 어떻게 되나?

　지금 우리나라 곳곳에는 공원묘지가 있다. 그 곳에는 공터를 버리기 아까워서 구렁텅이이건 망지이건 포크레인으로 작업을 하여 평평하게 만들어 놓고, 줄 맞추어서 좋은 자리건 망지건 들어오는 대로 순서(順序)에 따라 인부들의 손에 의해 매장(埋葬)을 한다. 그럼 십 중에 팔구는 망지에 들어가는 것이다. 왜 망지냐면 장비를 동원하여 혈 자리건 구렁텅이건 구분이 없이 작업을 하여 못쓰게 만들어 놓은 자리가 되기 때문이다.
　그럼 어떠한 현상이 일어나는가? 재패(財敗), 병패(病敗), 관재(官災), 오살(五殺) 등을 맞아 고난을 겪게 된다. 멀쩡한 사람이 잠을 자다가 죽기도 하고, 교통사고가 나거나 병패가 닿으면 뇌성마비, 소아마비, 수족을 전혀 쓰지 못하는 병, 눈이 썩어 들어가는 병에 걸리는 등의 장애(障碍)를 가진 후손이 태어난다.
　뿐만 아니라 풍살을 맞으면 집안이 쑥대밭이 되어 버린다. 회사에 취업하면 모함으로 실직(失職)하게 되고, 또 다른 회사에 취업을 해도 묘하게 꼬여 다툼으로 회사를 또 그만두게 된다. 아무리 생각하여 보아도 이해할 수가 없고, 아무리 좋은 일을 하여도 도리어 몇 사람의 모함으로 법정에서 재판까지 벌이게 된다.

또한 자손들이 고치지 못하는 병에 걸려서 사망하는 현상이 일어나고, 자손이 태어나면 기형아, 장애아로 출생하니 그 집안은 자손에게 문제가 일어나는 인패(人敗)와 재산이 파산(破産)에 이르는 재패(財敗)까지 겪게 되어 풍비박산이 나는 것이다. 근심과 걱정이 떠날 날이 없고 집안은 우환으로 바람 잘 날이 없다. 사는 게 사는 게 아니고 지옥에서 사는 것 같은 삶이다.

인간은 즐거움과 편안함 속에서 살아야 하는데, 항상 불행과 불안 속에서 살아가니 삶이 아니라 지옥 속에 삶을 살고 있다. 이 원인이 어디서 생긴 것인가? 묘지가 세 반상만 망지에 있으면 5대(代)가 고생 속에서 허우적거리며 살고, 명당이 세 군데만 있으면 그 집은 5대가 발복 속에 부귀(富貴)와 영화(榮華)를 누린다. 이렇게 하늘과 땅 사이에서 조상 묘지를 어느 곳에 모시냐에 따라 희비(喜悲)가 교차(交叉)하는 삶을 산다.

조상을 짐승 사체 묻듯 하거나, 구렁텅이에 죽은 흙을 쓸어 모아 묻은 곳이면 집안이 불행하게 된다. 조상의 시신은 짐승 죽은 것을 묻듯 하지 말고 사람 몸에 누구나 다 같이 갖고 있는 육십 네 개의 신을 명당에 모셔서 내생(來生)에는 현생(現生)보다 더욱더 행복한 사람으로 태어나기를 기원을 해 본다.

묘지는 64괘의 신당(神堂)을 모셔놓은 자리로 보아야 한다. 함부로 아무데나 묻으면 다음 생애는 상상도 못하는 불구(不具)와 장애자로 태어나면 본인도 불행하지만 부모의 가슴에 못을 박는 일이다.

　부처님 말씀에 '자업자득(自業自得)'이라 하였다. 다 부모들이 뿌려놓은 자업인 것이다. 조상들의 묘를 후손들이 좋은 명당자리를 찾아서 모셨다면 부모들의 행복과 자식들의 행복 또한 오는 것을 왜 생각하지 못하고 조상들의 유택(幽宅)을 함부로 써 버리고 나서 그 업보(業報)를 받는 것을 누구에게 한탄하리오. 자기가 뿌려놓은 업보는 자기의 일생일대(一生一代)에 가장 큰 과오이다.

　그래서 천상에서 다음 생은 더욱 행복한 삶을 살아보라고 주역 8괘와 풍수지리 서적을 내려 주어, 책에 쓰인 대로 사람을 만들 때, 오장(五臟)에 64괘 신의 이름으로 다 넣어준 대로 음양오행과 좌청룡(左靑龍), 우백호(右白虎), 주작(朱雀), 현무(玄武) 그리고 오악(五嶽)으로 형성된 당판에 안장시킨다.

　그리고 작국(作局)에 맞춰, 사강기(四强氣)인 을(乙), 신(辛), 정(丁), 계좌(癸坐)에 사정맥(四正脈)인 자(子), 오(午), 묘(卯), 유(酉)의 파구처(破口處)를 만나면 손재(損財)가 난다는 이론을 명심하고, 사순기(四順氣)인 갑(甲), 경(庚), 병(丙), 임좌(壬坐)에 사포맥(四胞脈)인 인(寅), 신(申), 사(巳), 해(亥)를 만나면 자손이 요수(夭壽)한다. 사장기(四藏氣)인 진(辰), 술(戌), 축(丑), 미좌(未坐)에 사유맥(四維脈)인 건(乾), 곤(坤), 간(艮), 손(巽)을 만나면 자손에게 백병(百病)이 난다.

　앞에서 기술한 이론을 참고하지 않으면 재패(財敗), 사망(死亡), 병패(病敗)가 발생하니 꼭 지켜야 한다. 일을 당하고 후회하지 말고 사전에 꼭 지켜야 한다.

　돌팔이 지관들이 이 내용을 잘 모르고 묘를 써서 엄청난 파장을 일으킨다. 작국(作局)이 풍수에 생명인데 작국을 잘못 알고 묘를 써서 재패, 사망, 병패가 일어나게 하니 자신이 없으면 꼭 명사를 불러서 묘를 써야 문제가 없다.

33

돌팔이 지관(地官)의 실수(失手)

음택(陰宅)은 장씨네 묘지였다. 산을 사 가지고 열반상을 써 놓았는데 필자가 "이 묘지를 써 놓고 초상났겠네요? 망지자리를 왜 사가지고 묘를 썼느냐고? 이곳으로 이장(移葬)을 하고 사람이 죽었지요?"하고 물으니, 그렇다고 하였다. 그래서 이 자리에 그냥 놔두면 당신네 집안에 흉한 일만 자꾸 일어나니 자리 좋은 곳을 매입하여 다시 옮기라고 말을 해 주었다.

그런 후 어느 날 장씨가 땅이 나온 곳이 있는데 함께 가서 자리를 봐 달라기에 가보니 좋은 자리였다. "바로 이 자리를 사시오, 참 좋은 자리입니다." 그랬더니 바로 장씨가 매입하여 이장을 할 날과 묘지를 써 달라기에 택일(擇日)을 하여 열반상을 써 주었다. 자리가 좋았다.

써 주고 나서 장씨가 땅도 많이 매입하고 잘 되었다. 그 후 집안 사촌들도 어렵게 살았는데, 묘지 열반상을 옮긴 후 사업이 번창하여 서산에 주택까지 한 채 샀다고 한다. 두 집이 망지(亡地)의 선영을 길지(吉地)로 옮긴 후 부자가 된 이야기다.

그런데 장씨 사촌이 사업이 잘되어서 부유해지고 나서 성격이 괴팍해져 주변 사람들에게 함부로 하고 지관에게도 고약하게 하여 전부 적(敵)을 만드는 것이었다. 필자도 그 집 종중묘지를 써주는데 못되게 굴며 포악한 행동을 하였다.

그 당시 모친이 암에 걸려 투병 중에 있을 때였다. 그러면서 자기 모친이 돌아가시면 묘를 써야하니까 종중산에 모실 계획이니 미리 묘 터를 잡아 주었으면 좋겠다고 하여 묘지 터를 석회(石灰)로 잡아 놓고 이 다음에 모친이 돌아가시면 지관을 따로 안 불러도 되게끔 법수(法數)에 맞춰서 작업을 해 주었다.

분금(分金)과 재혈(裁穴)까지 정확하게 맞춰놓은 자리이니 그냥 쓰면 되는 곳이다. 바로 돌아가실 줄 알았던 모친이 10여 년을 더 사시고 돌아가셨는데, 마침 동네에 돌팔이 지관이 있었다. 그 사람에게 의뢰를 하니 잡아놓은 자리가 좌향(坐向)이 잘못되었다고 그 곳을 걷어 내고서 삼자불배합(三字不配合) 절명좌(絶命坐)로 좌향을 썼다. 모친을 모신 후 2년도 안되어 그 장씨 사촌이 병이 들었는데 암에 걸린 것이었다. 암에 걸려 너무 고통스러우니까 자기 아파트 옥상에 올라가 떨어져서 자살을 하였다. 장씨하고 함께 차를 타고 묘지 터를 보러 가는 도중 그 소식을 들었다.

필자가 옆에서 동승(同乘) 중에 나온 말이 묘지를 잘못 써서 자기 엄마가 데려가는 것이라고 하니까. 장씨가 말하기를 필자가 미리 잡아주었던 자리를 그 지관이 보고 좌향을 바꿔 놓았다고 하며 파헤치고 삼자불배합좌인 정간좌(正艮坐)로 놓았다고 하기에, 삼자불배합은 자식을 죽이는 좌향이라 2년 안에 자식이 죽은 것이라고 말해 주었다.

자식 죽은 묘도 그 돌팔이 지관이 썼으니, 모자의 묘지가 삼자불배합에 다 해당이 되니 앞으로가 더 문제이다. 그 집 자손들이 얼마 안 가서 또 초상(初喪)이 날 것이다. 돌팔이는 사람을 다 죽이고 재패, 관재, 병패를 다 나게 한다. 그렇게 무서운 것이 묘지의 좌향을 잡는 것이다.

지금 우리나라에서 사업이 망하고 사람이 병들고 죽는 것이 모두 돌팔이 지관들 손에 결단이 나니 허가받은 살인자들이다. 공원묘지 인부들이 패철을 가지고 분금재혈을 제대로 맞춰 묘지를 써 주는 곳이 있는가? 짐승 죽은 것 묻듯이 하여서 그렇게 잘되던 사업도 하루아침에 망하고 병이 드는 것이다.

특히 암(癌)은 전부 조상(祖上)이 주는 병(病)이다. 관재가 생기고 하는 것이 묘지를 잘못 쓴 후 그런 일이 일어난 것이다. 이 세상에서 제일 무서운 이들이 돌팔이 지관이다.

34

돌팔이 지관 때문에 죽었다 살아나고,
사고로 예편(豫編)하였다

　어떤 사람이 선몽(先夢)을 받은 자리가 좋아서 자기 아버지 묘를 그 자리로 옮겼다. 옮기고 치산(治山)도 잘 하였다. 필자에게 와서 자랑을 하고 자기네 묘지에 가보자구 하여 나를 데리고 간 것이다. 가서 국세(局勢)와 혈장(穴場)을 보니 참된 혈(穴) 자리는 쏙 빼놓고 밑으로 가장 나쁜 망지인 기(氣)가 하나도 없는 곳을 찍어서 바로 1m 옆에다 혈 자리를 두고도 망지에다가 썼다.

　좌향(坐向)은 축좌(丑坐)를 놓았다. 필자가 패철을 놓아보니 정미파(丁未破)가 먹은 자리인데 축좌를 놓았다. 법수에 안 맞게 놓았다. 정미파면 자좌를 놓아야 하는데, 왜 축좌를 놓았냐고 물었더니, 곤신파(坤申破)라 축좌를 놓았다고 하기에, "곤신파면 좌선수(左旋水)가 되었으면 놓을 수 있는데, 여기는 우선수(右旋水)가 되었기에 축좌를 못 놓지요. 여기는 정미파인데, 정미파에 축좌를 놓으면 절손(絶孫)과 패가(敗家)가 우려되고 있으며, 혈자리도 안 썼기 때문에 당신은 자손이 끊어져서 자식을 얻고자 묘를 쓴 것이, 반대로 자식이 있어도 자식을 죽이는 자리로 썼습니다. 사유축(巳酉丑)생의 자식이 있으면 그 사람이 문제가 생겼을 것입니다."

하니까 자기 아들이 뱀띠인데 소령(少領)에서 중령(中領)으로 올라갈 무렵에 사고가 나서 예편(豫編)을 당했고, 자기도 죽다 살아났다고 하였다. 그러면서 묘지를 다른 곳으로 옮기겠다고 하기에, 이 자리는 어느 지관이 써 주었느냐고 묻자, 아무개 지관이 썼다고 했는데. 그 사람은 내가 알고 있는 돌팔이 지관이었다. 그 사람은 자기 아버지 묘도 잘못 써서 아들이 교통사고를 당하여 사망하였다. 그렇게 2년 전에 죽었는데 자식이 왜 죽었는지를 지금까지도 모르고 있다.

우리 마을 사람도 그 사람이 묘지 세 반상을 옮겨주고 그 옮긴 사람이 죽었다. 그래서 그 사람이 옮겨준 자리를 가보니 천하망지(天下亡地)에 썼다. 그런 사람인데 또 사람을 죽일 뻔하였다. 자기네 묘지도 계좌(癸坐)를 놓았는데, 오파(午破)를 먹은 자리이니까 자기자식이 죽었다. 자기 아들이 사유축(巳酉丑)생이었을 것이다. 사유축(巳酉丑)생이 있으면 100% 죽는다. 사망 원인이 전순(氈脣) 밑에 커다란 아주 큰 바위가 있었기 때문이다. 『금낭경(錦囊經)』에는 전순자리에 큰 바위가 있으면 교통사고로 압사(壓死)하여 죽는다고 기술되어 있다. 그렇게 무서운 것이 풍수지리이다. 그 지관도 삼자불배합에 안배를 놓았을 것이다. 삼자불배합에 놓고 쓰면 자식을 죽이는 것이다.

임좌(壬坐)나 자좌(子坐)는 동궁(同宮)이라 좌선(左旋) 작국(作局)에는 어느 분금(分金)에 놓고, 우선(右旋) 작국에는 어느 분금에 놓아야 하는 것이 문제인데, 동궁이 무엇인지도 모르고, 작국을 놓는 법도 모르고, 자좌(子坐)라면 정자좌(正子坐)에다가 놓으니까 자식이 죽은 것이다. 계축(癸丑), 간인(艮寅), 갑묘(甲卯) 등 이렇게 다 동궁으로 사용하는 방법도 모르고 있는 것이다.

충남 일대는 다 삼자불배합(三字不配合)에 놓고 썼다. 필자가 충남에서 면례(緬禮)를 하여 줄 때 횡대(橫帶)를 걷어 내고, 시신을 패철로 분석하여 보면 전부 불배합(不配合)이었다. 그리고 불배합에 놓으면 자식이 죽는다는 것을 모르고 있었다.

그런 사람들이 40~50여 년간 지관이라고 다녔으니, 얼마나 많은 사람을 죽이고 재패(財敗)와 병패(病敗)를 냈겠는가? 돌팔이 바로 그 사람들이 허가받은 살인자이다. 피도 안내고 살인을 하는 것이다.

지관 몸값 싸게 받는 사람들이 그런 지관이다. 싼 지관 쓰다가 식구 다 죽이고, 집안 망하는 생각은 안하고 있다. 피도 안내고 살인하는 것을 모르고 있기 때문에 그런 사람들이 계속 묘지를 쓰는 것이다.

지관 자신도 모르고 있고, 지관을 부르러 가는 사람도 돈까지 줘가면서 우리집안 망하게 하여 줘서 고맙다고 인사(人事)를 깍듯이 하는 것을 보면 불쌍하게 보인다. 내가 그래서 이 책을 쓰는 이유이다.

『명심보감(明心寶鑑)』에 "인생불학(人生不學)이면 여명명야행(如冥冥夜行)"이라 하였다. 무슨 뜻이냐면 "사람이 배우지 않으면 캄캄한 밤중에 길을 가는 것과 같다"는 것이다.

옛날에는 7년 대한(大旱)에 먹을 것이 없어서 살기가 매우 어려웠다. 그때는 고기도 못 먹어보고 배가 고파 항상 먹는 타령을 할 때이다. 예전에는 라디오도 없고 캄캄한 암흑세계에서 살 때 시골에서는 마을에 마실을 가는 방이 따로 있어서 그 집으로 저녁이면 몰려가서 옛날이야기나 하고 살 때다. 겨울밤은 길고 길어서 밤 8~9시만 되면 죽 한 그릇 먹은 것이

소화(消化)되어 배가 고파서 밤에 남의 집 닭을 잡아 먹곤 하였다.

어느 마을에 장님이 살았는데, 그 장님 집으로 저녁마다 놀러갔다. 저녁에 출출하니까 저 옆 동네에 가서 닭서리를 해서 볶아먹자고 하면 이구동성(異口同聲)으로 눈짓을 하여 가면서 장님도 같이 먹을 거냐고 물어보면 장님도 동참하겠다고 하였다. 장님 당신은 캄캄한 밤에 주인이 나타나면 도망치지 못하니까 여기 방에 있으라고 하고 우리들이 가서 닭서리를 하여 올 테니까 닭볶음탕 끓여오면 여기서 먹기나 하라고 하고 몇 명이서 나갔다.

그 당시 장님은 닭을 십여 마리 키워서 달걀을 내어 팔아 근근이 먹고 살 때였는데, 밤에 나가서 장님네 닭을 잡아서 볶음탕을 끓여 가지고 들여와서 장님에게 먹으라고 하였다.

닭은 양계장(養鷄場)하는 집에서 잡아왔다고 하였다. 장님은 자기네 닭을 잡아서 볶은 것도 모르고 닭서리를 하여온 것을 잘 먹었다며 고맙다고 하였다. 바로 풍수를 모르는 사람이 장님과 다름없는 것이다. 장님이니까 자기 집 닭인지도 몰랐던 것이다. 일반인들이 돌팔이 지관에게 속는 것은 장님과 다를 바가 없는 것이다.

35

양택은 주역 팔괘이론이다

국회의사당을 풍수지리적 관점에서 보면 "양수양파(兩水兩破)는 골육상쟁(骨肉相爭)이 난다"고 고서에 쓰여 있는 자리에 있다. 여의도(汝矣島)가 한강 가운데에 있어서 한강물이 흘러가다가 섬을 만나 물길이 갈라지면서 뒤로 흘러 빠지니 국회의사당에서는 한강이 말라서 없어질 때까지 당파(黨派)싸움이 이어질 건물이다. 조선이 500여 년간 당파싸움으로 망했는데, 그 역사를 이어받기 위하여 여의도에다 의사당을 지어 놓은 사람은 어디 있는가?

옛날부터 도읍지나 궁궐은 주역팔괘(周易八卦)의 이론에 정확하게 맞아야 한다. 미국이 백악관이나 국무성은 풍수지리에 한 치의 오차도 없이 지었다고 한다. 한 나라의 궁궐이나 종합청사 같은 건물은 반드시 주역팔괘에 꼭 맞도록 지어 그 건물의 기두점(起頭點)을 찾아서 음양오행에 맞게 출입문을 내야 한다. 반드시 출입구(出入口)를 내는 자리는 음양오행에 맞게 내야 사건사고가 없다.

우리나라 청와대는 마당이 학교 운동장 만하게 하였고, 문도 제대로 못냈다. 거실은 남자고 마당은 여자이다. 청와대처럼 마당을 그렇게 크게 해놓으면 여자부터 죽고, 나중에는 남자까지 죽거나 옥살이를 하는 형상이다. 그래서 마당은 건물의 1.5배로 만들고 담을 쌓아 건물의 음양오행을 맞추고 기두점(起頭點)을 찾아서 대문을 내는 것이다.

아무것도 모르는 사람들이 풍수지리를 미신이라고 하는데 풍수지리는 우주의 원리를 주역 8괘로 풀어놓은 물리학에 속한다. 그리고 첨단과학이다. 풍수지리를 알고 보면 사람 또한 소우주(小宇宙)로 본다. 왜냐 사람의 몸이 음양오행으로 되어 있고 오장(五臟)에 64괘의 신을 가지고 있는 것이 사람의 신체이다. 그래서 윤회할 때는 산에도 사람같이 음양오행이 다 갖추어진 곳이 있다. 그런 곳에다 시신을 모셔 놓으면 육탈이 되면서 도통(道通)을 하는 것이다. 사람의 시신이 흙속에 들어가서 육탈이 다 되면 전도체(傳導體)로 변하면서 도통이 되는 것이다.

사람은 누구나 다 같다. 누구나 전도체로 변하면서 영혼이 유골로 다 뭉쳐져서 도통이 되는 것이다. 살아있는 사람이 도통하기가 어려운 것은 살가죽으로 덮여 있어서 도통이 어려운 것이다. 육탈이 다 되면 쉽게 도통이 된다.

36

임금을 모시고 좌지우지(左之右之)하는 자리

　　돌팔이가 써 준 묘 자리로 인해 아들은 진급에 실패하고, 아버지는 죽다가 살아났다. 그 자리를 버리고 다른 곳으로 이장을 하였다. 그 자리는 국유지라 버린 곳이다. 파묘자리 위로 가보니 9대가 발복하고 270여 년간 발복지이다. 입수(入首)가 정돌취기(正突聚氣)하였고, 좌우로 선익사(蟬翼砂)에 삼태귀(三台鬼)가 붙은 보기 드문 대명당이었다. 삼태귀 바위가 하얗게 때가 벗겨진 곳이다.

　　하얗게 때가 벗겨진 바위는 산천정기가 통하고 있다는 징조(徵兆)이다. 삼태귀 자리이고 내룡(來龍)은 정확하게 갈지(之)자로 꺾여 내려왔고 그 꺾인 내룡의 바위가 5개가 박혀있다. 합쳐서 도합 8개이다. 바위만 가지고도 1개를 30년을 보는 것이다. 그러면 30×8=240년이고, 당판을 30년을 보는 것이다. 합쳐서 270년을 보면 1대를 30년으로 기준 잡아보면 9대가 발복을 하는 자리이다.

　　당판은 파보니까 노란 황골 흙에 양명한 빛이 나는 자리이다. 그렇게 좋을 수가 없고 조부(祖父)를 써 놓고 아버지 어머니 자리를 파보니 돌 옹벽으로 둘러진 항아리 같았다. 만석궁(萬石宮) 자리였다. 그곳에 여섯 반상을 써 내려 왔다. 정말 똑 떨어지는 명당자리였다. 그렇게 좋은 자리는 필자(筆者)의 생전에 처음 보았다.

좋은 자리는 하늘이 낸 사람만이 들어가는 자리이다. 일반인이 들어가기에는 아까운 자리다.

그런 대명당에 들어가면 한번은 들썩거린다. 왜 그런 일이 일어나느냐면 산신과 부처님들이 대명당의 기(氣)를 받아먹고 사는데 그 공력을 인간에게 빼앗겨 화(禍)가 나서 재물로 손해를 보게 하거나 무엇으로건 한번은 심통을 부린다. 그래도 꾹 참고 견뎌야 한다. 그러면 그 다음부터는 엄청난 발복이 온다. 명당자리는 그런 일이 비일비재(非一非再)하게 일어난다.

전게(前揭)한 바와 같이 『금낭경(錦囊經)』 구절에 "탈신공개천명(奪神功改天命)"이라는 말이 있다. "산신이 받아먹고 있는 자리를 사람이 빼앗아서 인간이 공력을 받아서 사용한다." 하여 산신이 화가 나서 한번은 들썩거리게 만드는 것이다.

명당자리는 반드시 그런 일이 있다. 그래서 "명당자리 들어갈 사람은 3대(代)가 적선(積善)을 하여야 들어갈 수 있다."고 한다. 내 욕심만 가지고 들어가면 결국은 파내어지게 만들고 그곳에서 못 배긴다고 하는 전해오는 전설이 있는데, 실제로 그런 일이 있다.

37

땅속도 주인(主人)이 있다

　필자의 친구 할아버지가 지관이었는데, 자기가 죽으면 들어갈 자리에 터를 미리 잡아 놓았다가 돌아가신 후 유언(遺言)대로 사전에 준비된 자리에 안장시켜드렸다. 그런데 3년이 채 안되었는데, 친구의 동생이 죽었다는 것이다.
　전에는 무슨 일이 일어나면 무당에게 가서 물어 보았다. 그 집도 무당을 찾아가서 젊은이가 별안간 왜 죽었냐고 물어보니까 무당의 말에 할아버지의 묘지를 잘못 써서 사망했으니 그 묘지를 파서 다른 곳으로 옮기라고 하였다.
　이장을 하려고 파묘를 해 보니까 3년도 안되었는데 벌써 육탈이 다 되어 백골(白骨)의 상태였으며, 골안개가 자욱하게 끼어 있었다고 한다. 그런데 그 묘지를 이장을 하고 재산 손실을 많이 보았다고 한다.
　명당자리는 그렇게 들썩거린다. 그래서 그냥 놓아두었어야 한다. 명당이라는 곳은 3대를 적선하여야 차지할 수 있는 자리이다.
　사람이 묘지를 쓰는 원인은 윤회(輪回)를 하기 위함인데, 일반인들은 윤회 장소를 모른다. 죽으면 그만이다. 죽었으니까 아무데나 그냥 놓아둘 수 없어서 보이지 않는 땅속에다 묻어놓는 것으로만 알고 있고, 그 외에 윤회의 장소라는 것은 알지 못한다.

필자가 윤회 장소라 하면 나보고 미친 사람이라고 한다. 그러나 실제로 윤회 장소라는 것은 이제까지 지구촌(地球村)에 있는 사람들이 몰랐다 치더라도 이제는 온 지구촌에 사람들이 알아야 할 때가 왔다. 언젠가는 누가 밝혀야 할 때가 있을 것이다. 다만 내가 먼저 알리는 것일 뿐이다.

부처님은 인간도 윤회한다고 말씀을 하셨다. 구체적인 내용은 밝히지 않았지만, 필자가 우주(宇宙)의 원리(原理)인 풍수지리를 접하여 보니까 윤회의 장소가 무덤 자리라는 것을 알고 최초로 밝히는 것이다.

38

윤회(輪回) 장소(場所)는 반드시 무덤이다

    내가 아는 이상 밝혀야 될 때가 왔다. 왜냐 사람 몸에 누구나 다 가지고 있고, 조물자(造物者)가 사람을 만들 때 이미 윤회 장소까지 다 밝혀 놓았는데, 사람들이 그 과정을 심도있게 파헤쳐 보지 않고 오늘날까지도 사람이 죽으면 보이지 않게 흙속에다 묻어 놓으면 끝이라고 알고 있다. 땅속은 인간이 다시 윤회하는 장소이고, 인간이 다시 태어나는 원소(元素)가 지구의 흙이라는 것을 아무도 모르고 있는 것이다. 또한 윤회 장소는 남자건 여자건 사람의 뱃속 오장(五臟)에 다 넣어주었다. 이미 사람을 만들 때 넣어준 것을 이제까지 알지 못하였다.
    동양철학에 이미 밝혀놓았다. 무극(無極)이 사람의 몸속이다. 여자의 자궁(子宮) 안이다. 무극은 캄캄한 암흑이다. 무극에서 태극(太極)이 형성된다. 태극이라는 곳은 아기가 살 수 있는 집이다. 아기의 태(胎)이다. 태극이 생기면 태극을 따라 양의(兩儀)가 따라 붙는다. 양의라는 것은 남자의 정자(精子)는 양(陽)이고, 여자의 난자(卵子)는 음(陰)이다. 이것을 주역(周易)에서 양의라 한다. 양의에서 사상(四象)이 생기는 것은 정자와 난자가 결합되면서 아기의 몸에 팔다리가 생기는 것과 같다.

　사상은 8괘를 만든다. 음양에 따라 오장(五臟)과 육부(六腑)가 생긴다. 8괘를 따라 16괘가 생기고, 16괘를 따라 32괘가 생기고, 32괘를 따라 64괘가 다 생기면 인간이 완성된 것이고, 오장육부(五臟六腑)에 신(神)의 이름이 다 정해진다.

　남자는 양을 가지고 살고, 여자는 음을 가지고 살다가 61살이 되면 가장 약한 신(모발신, 피부신, 과갑신) 3개를 빼고 61개 신만 가지고 살게 되는데 이때가 환갑(還甲) 혹은 회갑(回甲)이다.

　남자는 음(陰)의 시대로 들어가니까 여자같이 소심해지고 거친 성격이 죽어서 여자한테도 꼼짝 못하고 산다. 반대로 여자는 음으로 살아왔기 때문에 양을 받아서 아기도 만들어 냈으나 61살이 되면 양(陽)을 가지고 살 때라 양은 아기를 못 갖는다. 그러니까 양을 받아드리는 시기는 끝나고, 이제는 양으로 바뀌어 살아가게 되었으니 여자들이 61세가 넘어가면서 좀 사나워지면서 남자같이 강해진다. 양의 시기라 그렇다. 양은 강하기 때문에 여자가 남자보다 10년은 더 오래 산다. 이것이 우주(宇宙)의 원리(原理)이다. 오대양(五大洋) 육대주(六大洲)나 오장육부나 똑같은 원리다. 그래서 인간이 소우주(小宇宙)다.

39

윤회(輪回) 장소의 차이점

사람의 오장(五臟) 안에 있는 64괘 신의 이름은 윤회 장소를 찾는 이름이다. 사람의 몸에 있는 이름 그대로 산에서 그렇게 갖추어져 있는 곳에 시신을 매장하면 윤회한다고 넣은 것이다.

그 이름이 첫째 음양(陰陽)이다. 여기서 태양신(太陽神)이 있다. 이것이 양(陽)이다. 음양신(陰陽神)이 달이다. 이것이 음(陰)이다.

다음으로 현무주작(玄武朱雀)이다. 현무(玄武)는 조상(祖上)이고, 주작(朱雀)은 안산(案山)이다. 주산(主山)에서 형성되고 또 8괘의 신이 있고, 구궁신(九宮神)이 있고, 좌청룡(左靑龍), 우백호(右白虎)가 있다. 좌청룡은 남자고, 우백호는 여자다. 산에 가서 사람이 누워있으면 머리가 현무라 하고 풍수용어로는 주산이다. 주산에서 밑으로 연결된 것 중 오른손은 백호이고, 왼손은 청룡이다. 오른쪽 다리는 외백호, 왼쪽다리는 외청룡이다.

오악(五嶽)이란 말은 사람에 오장육부(五臟六腑)이다. 이것이 당판(堂板)이다. 묘를 쓰는데 시신을 안치하는 자리가 오장육부자리다. 묘를 쓸 때 풍수용어가 64괘 신의 이름처럼 풍수의 법수에 맞추는 내용의 이름과 같다. 묘지 자리가 정확하게 크게 윤회되는 장소의 이름이 풍수로서는 태조(太祖), 중조(中祖), 소조(少祖), 주산(主山), 내룡(來龍), 입수(入首), 좌청룡, 우백호, 안산, 조산, 외청룡, 외백호, 당판, 전순, 득수(得水), 거수(去水), 작국, 선익과 당판 깊이에 피토(皮土), 단토(單土), 혈토(穴土), 내광(內壙)이 있고, 청룡백호는 교쇄(交鎖), 안산에는 부봉(富峰), 문필봉(文筆峰), 일자문성(一字文星), 금계형(金鷄形), 횡대형(橫帶形), 아미사(蛾眉砂), 비주사(飛走砂). 독봉산(獨峰山), 현군사(懸裙砂), 화형산(火形山), 규봉(窺峰), 귀봉(貴峰)이 있으며, 당판(堂板)의 이름은 와혈(窩穴), 겸혈(鉗穴), 유혈(乳穴), 돌혈(突穴)이 기본 4대 혈형(穴形)이고, 혈속에서 연화부수혈(蓮花浮水穴), 비룡상천혈(飛龍上天穴), 승금혈(昇金穴), 반룡혈(蟠龍穴), 매화낙지혈(梅花落地穴), 복호혈(伏虎穴), 사두혈(蛇頭穴), 금계포란혈(金鷄抱卵穴) 등 감춰놓은 생긴 모양으로 분별하는 혈이 있다.

만석궁 자리, 오천석 자리, 땅 속에 다 감춰놓은 돌관 혈자리가 있다. 오천석 갑부혈은 땅속 광중(壙中) 안에 세사(細沙)모래가 40㎠ 넓이로 6자 정도가 깔려있고, 만석궁 자리는 땅속에 항아리 모양의 돌이 옹벽(擁壁)으로 둘러쳐 박혀있었고, 그 가운데는 양명한 황골 흙이 가득 차 있다. 땅속에 토란(土卵)이 박혀있다. 알 모양의 둥근 바위가 묻혀있다. 여기에 나온 혈자리는 필자가 다 써본 자리이다.

토란이 나온 자리는 장호원에서 써 보았고, 만석궁 자리는 화성에서 두 군데, 예산 광시에서 한군데, 오천석 갑부자리는 지리산 노고단과 서산 양길리에서 썼다. 돌관이 박힌 자리는 전곡에서 두 군데 잡았고, 승금혈 자리는 서산 팔봉면, 복호혈은 용인과 팔봉 어송리에서, 만석궁 자리는 화성 고주리, 서산 차리, 예산 광시에서 썼으며, 우정 서리실에서는 반룡자리를 썼다. 여기에 언급한 자리는 필자가 직접 쓴 자리이다.

    반룡(蟠龍)자리는 흙속 2치 깊이가 백토 흙으로 원을 그려놓았다. 원을 그려 놓은 대로 파보니까 빙 둘러서 옹벽(擁壁)으로 되어 있었다. 그 옹벽 안에 빛이 나는 양명한 황골(黃骨) 흙이 가득 차 있었다.

    만석궁 자리는 다 옹벽으로 되어 있고, 빛이 나는 양명한 황골 흙이었으며, 오천석 갑부자리는 고운 모래가 40㎝ 간격으로 땅속에 박혀 있었다. 광중 내광 깊이에 천연적으로 깔려 있었다. 땅 속에 천연적인 돌관이 박힌 곳도 양명한 빛이 나는 황골 흙이 가득 찼다.

    복혜혈 자리도 역시 같은 흙이다. 또한 천연적인 돌관이 박혀 있었다. 승금혈 자리도 양명한 빛이 나는 황골 흙이었다.

    사람이 윤회하는 장소는 특별한 조화(造化)로 되어있다. 위에 혈자리를 나열해 놓은 것은 필자가 다 써 본 자리인데, 땅속에 조화로 만들어진 자리가 너무도 신기하였다. 내 눈으로 목도(目睹)하면서 놀랐다.

    사람을 윤회시켜주는 자리가 신비(神祕)하기 짝이 없으니 사람이 그런 장소에서 태어나면 특별한 인재가 나올 것이고, 물리학자가 나올 자리고, 거부와 임금이 나올 귀한 자리였다. 땅속에 이런 희귀한 장소가 있는 것을 보고 사람이 윤회하는 장소가 무덤 자리라는 것을 확신하면서 이 사실은 필자가 세상에 알리는 것이다.

    천상의 지리도사님이 필자에게 오셔서 나를 가르친 것이고, 땅속에서 일어나는 조화까지 모두 보여주신 것이다. 도시혈(逃屍穴)이라고 시신이 도망가는 자리도 보여 주고 30년 만에 3m 정도 시신이 이동하는 자리는 대천 죽의면 은포리에서 보았다.

    시신의 상태가 반쪽은 노랗고 나머지 반쪽은 새까맣게 된 것도 화성

우정읍 호곡리에서 보았고, 머리 두골은 노랗고 두골 밑으로는 새까맣게 변한 것도 보았다. 한 금정(金井)만 올려서 시신을 모셨으면 명당자리이기에 올려서 다시 써 주었고, 그런 자리는 장안면 이화리에서 만났다.

200년 내지 300백년 된 유골이 손가락 발가락 잔뼈까지도 누렇게 된 채로 조금도 손실된 것이 없이 그대로 깨끗하게 보존이 잘 된 것도 있었다. 땅속에 그렇게 엄청 좋은 자리가 있는 것을 여러 군데서 보았다. 유골이 오래도록 보존이 잘 된 집에 내력을 살펴보면 부자로 잘 살고 있어 온 지가 오래되었고, 더욱더 부를 쌓고 있다는 것을 알았다. 유골이 단 50여 년도 안 되어 다 삭아서 없어진 집은 집안이 파산지경(破散地境)이었고, 자손들도 교도소에서 살다시피 한다.

꼭 사람 몸에 넣어준 대로 현무, 주작, 좌청룡, 우백호와 오악을 갖춘 당판에 혈이 유혈(乳穴)이건 돌혈(突穴)이건 와혈(窩穴)이건 겸혈(鉗穴)이었던지 자기 몸에 넣어준 대로만 묘 자리를 찾아서 써 주면 사주(四柱)를 잘 타고 나오는 사람이 된다. 일명(一名) 개운술(開運術)이다.

윤회 장소가 국반급 자리에 써 놓았으면 윤회한 사람이 임금으로 태어나고, 도반급 자리에서는 도지사 장관이 되고, 거부자리에서 윤회하면 거부가 나오고 윤회 장소에 따라 그대로 윤회가 되니 묘 자리 좋은 데 찾아서 모시기 바란다.

40

시신(屍身)을 거꾸로 묻으면 거꾸로 죽는다

사람의 유골, 즉 시신을 거꾸로 묻어 놓은 자리는 자식이 막내부터 거꾸로 죽으면서, 96세 먹은 분이 맨 나중에 죽는 것을 서산 성리 마을에서 보았다. 풍전저수지 쪽으로 머리를 두었고, 다리는 산꼭대기를 보게끔 묘를 썼다. 정말로 희귀하게 시신을 묻어 놓은 자리였다.

예전에는 그 집이 떵떵거리며 시장에서 제일 높은 이층집을 짓고 정육점을 하면서 잘 살았다. 그 집안 아버지의 묘지를 옮기면서 유골이 흙속에 무엇을 넣었는지 시신하고 흙이 콘크리트가 되어 있었다. 그 집이 망하여서 묘지를 옮겨달라고 하여 옮겨주는데, 먼저 옮긴 자리가 나빠서 그 집이 쫄딱 망했다. 그래서 다시 옮기게 되었는데 유골을 보니까 흙하고 같이 콘크리트가 되어 있었던 것이다. 단단하게 굳어서 깨뜨릴 수가 없었다. 그래서 할 수 없이 좋은 자리를 찾아서 그대로 써줄 수밖에 없었다. 필자가 수백 기(基)를 옮겨주었어도 그런 시신상태는 처음 보았다.

필자는 생장을 50여 년 동안 20여기 정도 써 주었는데, 좋은 자리로 이장을 해주면 죽어가던 사람도 살아났다. 필자는 그런 일 만 50년 동안 하였다. 어느 묘로 인하여 무슨 띠로 태어난 사람이 병이 들게 되면, 망지에 있는 묘를 파서 좋은 곳으로 옮겨주면 환자는 바로 살아났다.

왜 그렇게 되는가? 흙속에는 사람을 만드는 기(氣)와 사람의 살이 될 수 있는 영양분이 다 들어 있다. 온도와 습도와 영양분이 돌 줄기의 기(氣)와 합쳐서 뼈가 되고 뼈로 영혼이 뭉쳐지게 되는데 이러한 현상은 흙속의 상태에 따라 사람이 천차만별(千差萬別)로 생기는 것이다.

산 밑에 흙이 다르고, 산꼭대기의 흙이 다르고, 산 중턱에 흙이 다르다. 흙도 우렁질이 있고, 마사토가 있고, 황토가 있고, 백토가 있고, 사질 흙이 있으며, 색깔도 빨간 흙, 검은 흙, 백토 흙, 양명한 흙, 빛이 나는 흙, 황골 흙, 모래가 많이 섞인 사질 흙 등 여러 가지가 있다.

땅속에서 더운 기인 생기(生氣)가 얼마큼 흙하고 조화(調和)를 이루느냐에 따라 명당이 정해진다. 흙만 가지고 명당자리라고 떠들어 대는 지관을 만나면 그 집안 망해놓기 알맞은 사람이다.

왜냐면 명당자리는 22가지의 특징을 지니고 있기 때문이다. 땅속을 파보면 아이들이 입는 무지개 모양같이 5가지 색동저고리 옷과 같이 시루떡 모양으로 켜켜이 오색으로 된 흙 자리도 있고, 어떤 자리는 하얀 백토인데도 시신이 타거나 물이 드는 경우도 있다.

41

묘지(墓地) 자리의 분석

　　마사토는 물은 안 든다. 그러나 법수(法手)를 못 맞추면 염(廉)이 든다. 가장 중요한 것이다. 꼭 작국(作局)은 분금재혈(分金裁穴) 뿐만 아니라 분금재혈을 못 맞춰놓으면 명당도 흉지(凶地)가 된다. 왜냐하면 분금재혈은 풍수의 생명(生命)이다. 분금재혈을 못 맞춰 놓으면 염이 든다.

　　염(廉)에는 5가지가 있다. 수렴(水廉), 목렴(木廉), 화렴(火廉), 모렴(毛廉), 충렴(蟲廉)이 있다. 그 중에서 가장 나쁜 것이 화렴이다. 화렴이 들면 집안이 쑥대밭이 된다. 두 번째가 미라 냉혈(冷穴)이다. 다음으로 수렴이다. 수렴이 들면 중풍(中風), 내장병(內臟病)이 발생하고, 충렴도 같이 든다. 여하튼 광중(壙中)에 염이 들면 만 가지 병이 다 드는 것이기 때문에 염이 안 드는 곳을 찾아야 한다.

　　제일 중요한 것이 분금재혈이다. 분금재혈을 못 맞춰놓은 삼자불배합에 쓴 묘지는 만 가지 염이 다 들면서 자식들이 많이 죽는다. 어쨌든 염이라는 것은 묘지에 들었으면 후손들이 병원에 가서 살다시피 한다.

　　묘지가 명당에 있으면 만 가지 병도 없고 장수(長壽)한다. 전염병(傳染

病) 즉 장티푸스, 코로나 같은 병도 조상이 다 막아준다. 전쟁터에 가도 조상이 유도하여 총알이나 지뢰밭을 피하게 만든다.

자기 명(命)대로 살지 못하고 병에 걸려 죽는 것은 전부 조상이 주는 병이다. 조상이 자식한테 주는 병으로 조상에 무덤이 우렁질이면 수렴이 든다. 수렴이 들면 조상이 먼저 중풍에 걸린다. 자손은 유전자에 의하여 자연히 중풍이 온다.

조상의 묘지 두개골 속에 나무뿌리가 들어가면 조상이 먼저 정신질환(精神疾患)에 걸린다. 다음으로 자손이 걸린다. 자손이 다 걸리는 것이 아니고, 그 묘지에 좌향(坐向)이 자좌(子坐)를 놓고 묘를 썼으면, 그 집에서 신(申), 자(子), 진(辰)년에 태어난 자식이 있다면 그 사람이 걸린다. 만약에 자식 중에 신(申), 자(子), 진(辰)생이 없다면, 손자(孫子)들 중에서 신(申), 자(子), 진(進)생이 정신질환자가 생긴다.

나무뿌리가 두뇌(頭腦)에 실핏줄을 막고 있으면 구안와사에 걸린다. 두개골(頭蓋骨)에 돌이나 나무뿌리가 차면 자손 중에 머리가 아픈 환자가 나온다. 염(廉)이 많이 차면 점점 까물어치기 시작하다가 나중에 정신병(精神病)이 심하게 되어 미쳐서 돌아다닌다.

만(萬) 가지 병이 조상하고 다 연관이 되어 있다. 이런 병 저런 병 안 걸리게 조상 묘지를 다 파서 화장(火葬)을 시켜서 바다나 산에다가 뿌려버리면 자손들 병도 없고 깨끗할 거 아니냐고 그렇게 하는 사람들이 지금은 많이 생겼다. 그럼 그 집에 병도 없고 편안할까?

그런 집을 조사하여 보았다. 10명이면 10명이 다 자손(子孫)이 끊어졌다. 그게 맞는 말이다. 사람 몸에는 64괘의 신(神)이 있는데, 그 신 중에 상시신이 있고 삼혼칠백(三魂七魄)을 가지고 있는 것이 인간인데, 상령, 유정, 태광 7백중에 상령이 조상의 영혼이다. 식물(植物)들은 열매가 매달려 그 열매가 다시 씨앗이 되지만, 사람은 그런 열매 대신 영혼(靈魂)과 육신(肉身)에 붙어있는 상시신이 사람의 씨앗 즉 사람을 만드는 씨앗으로 보면 된다.

42

조상(祖上) 묘(墓)를 다 없애면 종자(種子)는 없다

　씨앗을 몽땅 불태워 없애면 자연(自然)의 종자(種子)가 없어졌으니, 후손(後孫)이 생길 수가 없다. 여자의 씨앗이 있어서 혹 여자는 태어날 수 있으나 남자는 없다. 딸은 남의 식구(食口)라 내 직계 손(孫)으로 보지 않는다.

　사람의 윤회 장소는 무덤에서 이루어지는 것이다. 조상에 영혼(靈魂) 주입(注入)이 안 되면 자손은 둘 수가 없다. 그 집 자손은 조상 묘지 당판이 명당이고, 안산이 아미사이면 엄마 아버지가 미인이 아니어도 자식들은 전부 미인이다. 조상의 묘지에 화복(禍福)은 전부 안산이 만들어 주는 것이다. 사람이 생겨날 때 성교만한다고 생겨나는 것이 아니라 산천정기를 받아서 만들어지는 것이다. 사람이 만들어지는 원소는 전부 산천정기와 우주의 원리이다.

　태양이 없으면 사람도 못 만든다. 태양의 아주 작은 방사능을 받아서 심장(心臟)이 뛰는 것이다. 사람의 심장을 만들기 위하여 화성(火星)한테 심장과 소장(小腸)을 빌려온 것이다. 사람의 오장육부(五臟六腑)가 전부 최초 지존님들이 사람을 만들 때 천체에 태양, 달, 별들을 지키는 성군(星君)들이었다. 그 성군들한테 사람의 오행이 들어 있는 것을 천체에서 빌려와서 만든 것이다.

사람의 인체(人體) 속과 똑같이 만들어 놓은 것이 컴퓨터이고 인공위성이다. 모든 것의 근본 밑바탕은 조상이다. 조상은 뿌리다. 조상을 불태워 다 없애버리면 그 집은 살아있는 자들만 죽으면 종말(終末)이 온다. 그래서 옛날에 제일 무서운 형벌이 무엇인지 아는가? 임금이 내리는 부관참시(剖棺斬屍)이다.

부관참시는 죄인의 집에 가서 윗대 조상 묘지까지 전부 찾아서 몽땅 파서 전부 태워서 동서남북으로 뿌려버리는 제일 무서운 형벌이다. 역적(逆賊)질한 사람한테 내리는 형벌이었다. 그 집 종자를 없애는 형벌이다.

그런데 지금은 사람들이 자신들 스스로 부관참시를 하고 있다. 우리 마을에도 그런 사람이 있다. 자기 조상을 몽땅 파서 화장시켜서 산에다가 다 뿌렸는데, 그 분의 나이가 89세이고, 자기 아들이 65세인데 자식이 없다.

아버지가 조상의 종자를 다 없앴으니까, 자식이 자손을 가질 수가 없는 것이다. 당연히 종자가 끊어졌다. 지금은 자기가 죽으면 제사지내줄 사람도 없으니 자기도 죽으면 화장시켜 선산에다가 뿌리라고 자식에게 유언(遺言)하였다고 한다. 조상하고 무슨 원수(怨讐)를 진 것이 있어서 종자를 없애는지 모르겠다. 이제는 땅도 하나하나 다 팔아서 없애고 있다.

43

내가 받은 육신(肉身)은 조상(祖上)의 분신(分身)이다

경기도 화성에서 있었던 일이다. 그 사람의 아버지가 아파서 수원 빈센트병원에 입원하여 있다가 병원에서 암(癌)이라고 못 고친다고 산소호흡기 끼고 있었는데, 호흡기를 빼면 바로 죽는다고 묘지 쓸 준비하라고 연락 받고 그 아들하고 동생이 필자한테 연락이 왔다.

묘지자리를 잡아달라고 해서 가 보았다. 가서 모실자리를 다 보고 상주(喪主)될 사람보고 자네 조부모 묘지가 어디 있냐고 물었다. 저쪽에 있다고 하기에 할아버지 묘지에 가 보자고 하였다. 그 묘지에 가보니까 그 묘지가 탈(脫)이다. 그 자손한테 할아버지 묘지에 이상이 생겨서 자식을 데려 가려고하니 할아버지 묘를 먼저 옮기게 하였다. 그랬더니 "이 산소 잘 잡은 것으로 여러 사람들이 말을 하고 있는 데요." 하기에 이 묘지로 인하여 자네 아버지가 병이 들었으니 이 묘를 파보면 놀랄 일이 있을 것이라고 하고 왔다.

그런데 이상하게도 초상(初喪)이 난다는 집에서 연락이 없었다. 며칠이 지나고 그 사람 아버지가 상태가 호전되어 산소 호흡기를 빼게 되었고,

그 집에 99세가 되신 할머니가 있었는데, 그분이 사망하였다고 하였다. 자식은 살아나고 할머니가 별세(別世)하신 것이다. 그 때 연락이 왔다. 그 할머니 묘를 써달라고 하였다. 그래서 할머니 묘를 쓸 때 할아버지 묘도 파서 옮기는 것이 좋다고 하니 문중회의를 하였다. 돌아가신 할아버지 묘로 인하여 자식이 암에 걸렸다고 하니 궁금하니까 한 번 파보자고 하였고, 어차피 할머니 묘 쓸 때 같이 옆에 쓰면 되니까 하고 할아버지 묘를 파기로 하였다.

묘지를 개장(開場)하고 시신을 수습하려고 사역(使役)하는 사람이 광중에 들어가서 횡대를 드러냈는데, 갑자기 소리를 지르면서 광중에서 뛰어 나왔다. 무슨 일인가 하고 가보니까 광중에 뱀이 돌아다니고 있었다. 포크레인 기사에게 뱀을 죽이고 나서 횡대를 벗겨내라고 하고 유심히 관찰을 해보니 자식이 간암에 걸린 근거를 찾을 수 있었다.

울 통나무를 잘라서 덮은 묘지였는데, 세 번째 횡대(橫帶) 가운데가 부러져서 통나무 부러진 끝이 시신의 가슴을 찌르고 있었다. 그래서 다시 새로 감포하여 할머니 옆에 모셔드리고 나서 상주가 될 뻔한 사람의 아버지가 감쪽같이 살아났다. 그 후 한 달 뒤에 빈센트 병원에서 간암으로 판정받았던 부친이 살아서 필자에게 자기를 살려주어서 고맙다고 인사를 하였다.

여기서 결론이 나온다. 사람을 점지하여 내 보내는 것도 조상이요, 죽을 때 데려가는 것도 조상이라는 것을 알았다. 내 몸에 상시신이란 영혼이 조상이라는 것을 실감나게 느꼈다.

44

임금이 나오는 자리

경기도 동두천에 만복사라는 절이 있다. 그 절의 주지(住持)의 부탁으로 동두천을 가게 되었다. 만복사 절을 창건(創建)한 할머니의 딸이자 신도인 여자가 있었다. 그 여자의 남편이 포천농협에서 상무인지 전무인지 기억이 가물가물한데, 농협의 간부였음은 틀림이 없다.

그 당시에 88올림픽을 하기 위하여 동두천에 공설운동장을 만드는데, 그 진입로에 여자의 시댁 묘지가 있었다. 그런데 동두천 시청에서 공설운동장에 진입 도로를 만들려면 그 시댁의 묘를 이장하여야 한다고 이장신고가 들어와서 그 묘를 이장하기로 하였다.

다행히 시댁이 6·25 전쟁 나기 전에 전곡에 자기네가 살던 곳이 정전(停戰) 후 그 곳이 비무장지대로 책정되어 철거(撤去)를 당했으나, 땅은 등기상(登記上) 그대로 있어서 묘지를 쓰는 것은 중앙정보부를 통하면 가능했다.

그 땅주인이 중앙정보부에 연락하여 조상 묘를 쓰겠다고 승낙(承諾)을 받아 전곡 비무장지대에 묘를 쓰기로 결정하였다. 그 주인이 산(山)일을 하는데 지관 3명을 불러서 묘지 2기(基)를 옮기려고 하였다.

지관이 많으면 서로 잘났다고 싸워서 묘를 제대로 쓸 수가 없다. 그래서 필자가 지관 2명과 합의를 했다. 여기서 일을 하는데 주관자가 없으면 각자 자기가 옳다고 할 것이 분명하니, 이장 묘 하나를 놓고 어떠한 지를 정확하게 맞추는 사람을 주관자로 세우자고 하자, 동두천에 사는 지관은 자기는 자신이 없다고 가버리고 전라도에서 온 지관하고 내기를 하였다.

전라도 지관은 이렇게 좋은 자리를 왜 파냐고 파지말자고 하였고, 필자는 자리에 약간의 물이 나오는 자리이기 때문에 옮겨야 한다고 하였다. 파보니 나오는 물이 많지는 않지만 질퍽질퍽할 정도였다. 전라도 지관이 인정을 하여 내가 주관자가 되었다.

시신(屍身)을 감포하고, 위로 올라가서 말뚝을 박아놓고 줄을 띄우고, 여기는 마구 파서 광중(壙中)을 깨뜨리면 안 되는 자리이니 살살 긁어내라고 하였다. 한 40전 깊이로만 파는데 돌관 모양의 테두리가 보였다. 조금만 긁어내고 보니 완전한 사각 모양의 돌관이 박혀 있었다. 그 안에는 노란 황골 흙이 영롱한 빛을 내고 있었는데, 씹어서 먹고 싶은 흙이었다.

첫 내광(內壙)을 잘 다듬어서 시신을 모셔놓고, 그 밑으로 가서 또 자리에 줄을 띄워 거기도 살살 긁으라고 하였다. 파다가 보니까 그 곳도 돌관 모양이 박혀있었다. 그 자리도 흙을 따로 파서 모아놓았다가 시신을 모시고 그 흙으로 잘 덮어서 매장하고, 국세를 둘러보니 용(龍)이 주산(主山)에서 내려와서 엎드렸다가 다시 기복(起伏)이 된 자리였는데, 혈(穴) 덩어리는 동구릉에 이성계 묘지인 건원릉(健元陵)보다 더 좋은 자리이고, 좌청룡(左靑龍) 우백호(右白虎)가 두 겹으로 감싸주었고, 안산(案山)에는 일자문성(一字文星) 귀봉(貴峰)과 부봉(富峰)이 서 있고, 조산(朝山)까지 여러 개의 봉우리로 감싸주었다.

앞은 넓은 벌판인데 물 나가는 구멍이 안 보였다. 그래서 파구처(破口處)도 교쇄(交鎖)하였다. 자세히 보니 그곳은 저멀리 개성 땅의 봉우리에서 오는 기운까지 받아먹는 자리였다. 내 생에 처음 그렇게 좋은 자리를 써보았다. 전라도 지관이 두 반상 다 써놓은 것을 보고 어디서 도사(道士) 분을 모셔왔다고 자기네 집 가서 산소자리 잡아달라고 하기에 당신이 지관인데 왜 이런 자리 못 잡아 보았냐고 물으니 자기도 이런 자리는 처음 본다고 하면서 많은 것을 배우고 간다고 하였다.

그는 필자가 두 군데 혈이 맺힌 자리를 찍어서 파는 것을 보고 많은 지관을 상대하여 보았지만, 당신 같은 사람은 처음 보았다고 하였다. 이런 곳은 천상에서 지리도사님이 내려 오셔서 찍어주는 것 같은 느낌을 받았는데, 진짜 천상에서 지리도사님이 내려오신 것 같다고 했다.

그 묘를 다 써놓고 저녁을 먹고 나니까 어두워서 만복사를 찾아가서 자게 되었다. 만복사 절집에서 자는데 꿈을 꾸었다. 꿈속에서 옛날 궁궐(宮闕)로 보이는 곳에 임금님이 구슬이 주렁주렁 달린 면류관(冕旒冠)을 쓰고 앉아 계셨는데, 신하 같은 사람들이 한 300명 정도가 임금님에 큰 절을 하는 것을 보고 꿈에서 깨었다.

아침에 일어나서 보니 그 꿈이 너무나 선명(鮮明)하고 또렷하였다. 앞으로 그 묘의 후손 중에서 대통령이 나오겠구나 생각했다. 만석궁 자리도 4군데나 써주고 꿈을 안 꾸었는데, 전곡에서 묘를 써주고 그러한 또렷한 꿈을 꾸었다. 88올림픽 전에 써 준 것이니까 35년이 되었다. 그런데도 지금까지 그 때 꾸었던 꿈이 생생하다. 필자가 죽기 전에 그곳에서 대통령이 나왔으면 좋겠다. 그 곳에서 나오는 대통령이 남북통일을 시킬 것이다. 왜냐하면 개성의 땅기운까지 오롯이 받은 자리였으니까.

45

반룡(蟠龍)자리 잡아준 이야기

　화성시 우정읍 서리실 마을에서 반룡자리 잡아준 이야기다. 그 자리는 수성 최씨네 종중산(宗中山)이었다. 그 종중산 밑에는 묘지가 20개나 된다. 100여 년의 세월이 지났어도 반룡자리는 못 찾은 것이다.

　후배 최씨와 산을 다 돌아다니고도 자리를 못 찾았다. 해가 넘어가서 어두워졌는데, 산꼭대기에서 언뜻 서기(瑞氣)가 보여 그 곳에 가보자고 하고 가서 서기가 비친 자리에 나무를 꺾어서 꽂아놓고, 어두워서 안보이니 내일 밝은 때 와서 보자고 약속(約束)을 하고 각자 헤어져 집으로 왔다.

　다음날 다시 서리실로 갔다. 나무를 꽂아놓은 데를 가서보니 소나무들이 주위에 있었는데 크게 자라지는 못하고 마디가 짧고 줄기는 요리조리 굽었다. 밑동은 굵고 키는 짧지만 아주 야무지게 자란 것으로 보아 땅은 혈(穴) 덩어리였다. 밤이었지만 나무를 꽂아놓은 자리가 정확히 혈 자리였다.

　포크레인 기사에게 혈 주변을 긁어보게 했다. 겉흙만 살짝 벗겨보았는데, 희한한 무늬가 보였다. 둥글게 원을 그리며 흰 가루를 뿌려놓은 것처럼 흰 테두리가 있어서 최씨와 참 이상한 것을 보았다고 이야기하고, 테두리 안 부분만 파보라고 하였다. 그랬더니 그 테두리대로 뺑 둘러서 옹벽(擁壁)이었다.

그 자리를 파놓으니까 최씨들이 대종계(大宗契)와 소종계(小宗契)가 나뉘어 싸움이 났다. 서로 자기네 가까운 조상을 그곳에 모시겠다고 하는 것이다. 그래서 최씨에게 여기 다른 곳에서 파 온 조상 중에 항렬(行列)이 가장 높으신 분이 몇 대조냐 물으니 오대조(五代祖)가 가장 높은 분이라고 하여 그럼 5대조 어른을 이곳에 모시면 대종계와 소종계가 모두 다 같이 발복이 올 텐데 왜 싸우냐고 하니까, 소종계의 후손 중에 특무상사 출신이 나한테 와서 하는 말이 지관이면 산소나 잘 써 주면 되지 왜 남의 집에 와서 감 놔라 배 놔라하느냐고 하였다.

그래서 필자가 5대조 제일 높으신 어른을 모셔야 대종계고 소종계고 다 도와주시지 않겠습니까? 하니까 그럼 5대조를 모실꺼냐고 하기에 최씨에게 일러 벌써 5대조를 반룡(蟠龍)자리 광중에 모셨다고 하니까 그럼 잘 했다고 하면서 지관님 미안하다고 사과(謝過)를 하였다.

반룡자리에 용사(用事)를 하고 풍수교수님에게 최씨가 전화를 하였다. 우리들이 야산 꼭대기인데 서기를 보고 자리를 잡았는데, 하얀 테두리가 땅속에 박혀서 이상하다고 그 테두리대로 팠더니 옹벽이 있었고, 양명한 황골 흙이 가득차서 그 황골 흙을 따로 모아두었다가 하관(下棺)시키고 다시 그 흙으로 채웠다고 하면서 그런 자리가 어떤 자리냐고 여쭈었다.

그 마을 이름이 무엇이냐고 묻기에 '서리실'이라고 말씀드렸더니, 금구렁이가 서리서리 똬리를 틀고 앉아있는 반룡자리라고, 그거 누가 잡았냐고 교수님이 재차 물어서 김용찬하고 최씨하고 같이 잡은 거라고 하니까 대단하다고 칭찬을 하셨다. 자기도 지금까지 그런 자리를 잡아보지 못하였다고 하면서 열심히 하여 개안(開眼)이 되어야 그런 자리를 잡는 건데 제자들이 그런 곳을 찾는 것을 보니까 보람을 느낀다고 하셨다.

46

쌀 3말이 세간 밑천이다

　해방(解放) 전 이야기다. 이웃마을의 연안 김씨 집안에 5형제 중에 둘째 아들이 있었다. 세간 밑천이 쌀 3말밖에 없는 사람이었는데 키가 190cm에 인물도 좋았다. 그가 후(後)에 거부(巨富)가 되었는데 원인은 명당자리 묘 3기가 있었다.
　김씨의 둘째 아들은 빌어먹어도 서울에 가서 빌어먹겠다고 무작정 쌀 3말을 걸머지고 그 마을에서 발안까지 30리(里)를 걸어 갔다.
　발안에서 쌀을 팔아서 차비를 마련하여 무턱대고 서울로 갔다. 그 당시에는 서울역 건너편의 세브란스병원 앞이 서울역 시외버스 터미널이었다. 그 김씨가 발안에서 버스를 타고 서울역에서 내렸다. 서울역은 생전 처음이라 가본들 아는 사람도 없고 깡촌 사람이 서울에 와보니 막막하였다.
　해는 저무는데 배는 고파서 무작정 식당(食堂)에 들어가 내가 청소(淸掃)부터 온갖 심부름을 다 할 테니 밥만 먹여달라고 하였다. 그런데 그 식당은 일본사람이 운영하는 곳이었다. 일본인 사장이 김씨를 보니 체격도 좋고 일도 잘 할 것 같아서 우선 밥 한 그릇을 먹여 놓고 일을 시켰다.

　김씨는 밥을 먹여주는 것만이라도 고마워서 죽을 힘을 다해 열심히 일을 하였다. 사장이 며칠 동안 김씨의 일거수일투족(一擧手一投足)을 관찰하는 것을 알아채고 식당에서 쫓겨나면 갈 곳도 없고 서울에 대해서도 아는 게 없으니 열심히 일만 하였다. 일본인 사장이 나가라는 말을 안 하니까 김씨는 더욱 열심히 일을 하여 일본인의 눈에 들었다.

　1년이 지나 2년이 지나도 나가라는 말이 없어 3년을 버티면서 식당을 경영하는 방법을 다 배우게 되었다. 옛말에 "서당개 삼년이면 풍월을 읊는다.[堂狗風月]"는 말이 있다. 3년이 되니까 인근 남대문시장에서 식재료를 구매해오는 것까지 알게 되었다. 다만 음식을 만드는 기술만 몰랐다 뿐이지 식당에서 일하는 사람들에게 월급(月給)을 주는 것까지 몽땅 배웠다.

　당시 정세가 급변하여 일본이 히로시마와 나가사키에 원자탄을 맞고 항복을 하였다. 우리나라는 해방이 되었고 일본인 사장은 일본으로 돌아가게 되었다. 돌아가면서 서울역의 큰 식당을 김씨에게 주고 갔다. 김씨는 밥만 얻어 먹다가 큰 식당이 굴러들어 왔으니 하루아침에 부자가 되었다. 해방이 되니까 전국에서 서울로 상경(上京)하는 사람들이 서울역 광장에 인산인해(人山人海)를 이루었다. 김씨는 식당에서 주방장을 비롯하여 일하는 사람들을 그대로 쓰면서 운영을 잘 하였다.

　시골에서 상경하는 사람들이 점점 많아지자 식당은 대박이 났다. 기가 막힌 찬스였다. 시쳇말로 김씨는 돈을 긁어모았다. 배운 것도 없어 처음에는 돈 관리를 할 수 없으니까 항아리를 땅에다가 묻어놓고 식재료를 살 돈만 남기고 그 나머지는 땅 속 항아리로 다 들어갔다. 한 1년쯤 되니까 돈이 항아리로 가득 찼다. 그사이 은행(銀行)을 이용하는 방법을 알아서 밤새도록 돈을 다 세어서 묶어 예금을 하였다. 시골 출신이라 몇 번을 예금하다가 땅을 살 돈이 되면 무조건 땅을 샀다.

그 당시는 서울의 땅도 비싸지 않았다. 땅을 엄청 많이 샀다. 세월이 흐르며 서울에 건축 붐이 일기 시작하였다. 그 당시에는 땅만 있으면 은행에서 그 땅을 담보(擔保)로 돈을 대주고 건물을 지어서 건물세가 들어오면 그 셋돈을 받아서 은행돈을 갚고 하였다. 건물을 지을 때도 그 당시에는 건축자재를 바로 사서 쓰는 것이 아니고 외상으로 쓰고 나중에 결제를 하였다. 3층 건물을 지으면 시멘트 노무자들이 미장을 해서 콘크리트를 비벼서 등짐으로 지고 3층까지 옮길 때다. 그 당시에는 건설장비가 하나도 없었다. 그래서 시골서는 노동품팔이 하러 무작정 서울로 몰려들 때였다.

인부들을 마음대로 썼고 노임(勞賃)도 쌌다. 그래도 일자리를 못 찾아 빽을 써야 들어갔다. 김씨는 막노동 일자리가 많으니 식당이 불티나게 잘 되었고, 자기가 지어 놓은 건물에서 셋돈까지 받아 양쪽으로 돈을 벌어서 대박이 날 때였다. 돈만 생기면 그 사람은 무조건 땅을 샀다. 세월이 가면서 서울에 땅 값이 올라가니까 이 사람은 땅에서 돈이 들어오고, 건물에서 들어오고 여러 군데서 돈이 들어오니까 돈이 무수히 불어났다. 이제는 건물의 높이가 점점 올라갔다. 해방 후 미국에서 건축하는 신기계가 도입되면서 빌딩도 올라가게 되었다.

서울 장안에 완전한 건축 붐이 일어났으며, 이에 따라 철근이 필요했다. 김씨는 사업을 확장하여 인천에 철을 수입하여 철근을 제작하는 주물공장을 만들어 이 또한 대박을 터트렸다. 이러자 서울역에 있는 식당은 직원에게 관리를 맡기고, 다른 사업으로 선회하였다.

서울에 빌딩이 7개, 인천에 주물공장도 더 크게 확장하였다. 촌놈이

대사업가가 되었다. 그 당시에도 돈만 있으면 명문대학 나온 사람들을 사무장과 직원(職員)으로 앉혀 놓았으며, 또 돈이 될 만한 것들은 사람들이 자꾸 소개를 해주었다. 자기네들도 먹고 살기위하여 좋은 아이디어는 있어도 투자(投資)할 돈이 없으니까 못하고 자연스레 돈 있는 사람한테 가져다주고 그 밑에서 벌어먹을 때다. 그러니까 부자는 점점 더 부자가 되고, 못사는 사람은 돈 벌 수 있는 건만 소개해 줬다.

김씨는 땅을 많이 사 놓았다. 우리 고향만 하여도 임야(林野) 50정보(町步)를 사놓고, 바다를 막은 간척지(干拓地)가 750정보나 되었다. 어마어마한 부자가 되었다. 돈이 많으니까 자식들을 모두 대학까지 가르쳐서 각 업장마다 관리를 시켰다.

그렇게 부자인데도 시골에 있는 형이나 동생은 한 푼도 도와주지 않았다. 심지어 자기 동생 하나는 바다 막을 때 바다에 빠져서 죽었다. 제방(堤防)이 터지면서 죽었다. 다만 조카들에게는 도움을 주어, 시장에 역시 땅을 사놓고 그곳에서 조카들은 장사를 시켰다. 그래서 조카들은 사는데 지장이 없었다.

필자가 풍수지리 공부를 하고 나서 왜 그 사람만 부자가 되고 다른 동기간(同氣間)들은 간난(艱難)하게 살고 있는지 궁금해서 그 집안의 묘를 찾아가서 조사를 하여 보니 원안 1리에 한 반상의 묘가 있는데 명당자리였다. 그런데 그 묘도 김씨만 잘 되게 써 놓았다. 운평 1리에도 묘가 하나 있다. 그 묘도 가서 패철(佩鐵)을 놓아보니 그 사람만 잘되게 좌향(坐向)이 놓여 있었다. 또 한반상이 호곡리 봉곡동에 있었다. 그 묘를 보아도 또 그 사람만 부자가 되는 자리였다.

세 군데가 명당자리였는데 기가 막히게 전부 그 사람만 부자가 되게 써져 있었다. 명당자리가 세 군데가 있으면 거부(巨富)가 나고, 세 군데가 망지자리에 있으면 5대(代)가 고생하고 산다는 것을 보고, 일자무식(一字無識)이라도 묘지가 명당에 있으니까 성공할 시기가 되니까 남이 도와주어서 부자가 된 것이다.

일본인 사장으로부터 서울역 요지의 큰 식당을 공짜로 받은 것이 큰 부자가 되게끔 한 것이다. 그리고 식당이 잘 되었고, 또 서울에 건축 붐이 일어 사업을 확장하게 되었고 그 사람은 삼박자(三拍子)가 맞아 떨어진 것이다.

지금 세상에서 돈을 벌려면 이제는 세계시장으로 눈을 돌려야 한다. 후진국이 발전되는 나라로 눈을 돌려야 한다. 김씨 같은 조상이 받들지 않으면 큰돈은 만질 수가 없다. 조상 묘지가 3곳의 명당에 있어서 거부가 된 것이다.

47

조상 묘가 망지(亡地)에 있으면 패가망신(敗家亡身)한다

　　필자도 삶을 돌아보니 우여곡절이 많았다. 젊은 시절 잘 살아보려고 발버둥을 쳐도 왜 그렇게 마(魔)가 꼈나 싶을 정도로 일이 잘 풀리지 않았다. 어렵게 직장을 잡았으나 군사혁명이 일어나서 그만두게 되고, 간신히 돈을 모아 사업을 시작하면 실패가 오고, 지인 몇 사람들의 모함(謀陷)에 송사까지 겪으며 정신적 고통과 물질적 손실을 겪었다.

　　왜 이런 수모(受侮)를 당하나 싶어 형님한테 연락도 안하고 조상 묘를 파 보았다. 할아버지 묘를 파보니 유골이 그 전에 이장해 와서 묻을 때는 좋았는데 염(廉)이 들어 있었다. 유골 전체가 원숭이 털 나듯 모렴(毛廉)이 가득 피어 있었다. 세상에 유골이 이렇게 되었으니 자식들이 잘될 리가 있나?

　　할머니 묘지를 파보니까 배토장(培土葬)이었다. 왜정시대에 돌아가셨기 때문에 일본 놈들에게 들킬까봐 밤에 몰래 가서 썼다는데, 모두 새우 구부린 모양으로 흙을 덮어 놓았던 묘지다. 유골의 가슴에 6cm나 되는 개미가 한 바가지 정도가 뭉쳐있었고 그렇게 큰 개미는 처음 보았다. 그 개미가 가슴에 커다란 덩어리로 뭉쳐 있었기 때문에 작은 형이 폐암으로 죽었다.

아버지 묘지를 파보니 물이 가득 찼다. 그 3군데 묘를 파묘한 것을 알고 서울에서 큰 형이 내려와 처음에는 왜 산소를 네 마음대로 파헤치냐고 노발대발(怒發大發)했다. 세 곳의 묘지 상태를 보더니 참 잘했다면서 갖고 있던 50만원을 비용으로 쓰라고 주고 가셨다.

집에 와서 생각을 해보니 내가 그렇게 발버둥을 쳐도 꼬이고 안된 이유가 풀렸다. 바로 조상 묘지가 망지에 있었기 때문이었다. 그래서 할아버지를 평택에 면례(緬禮)모시고 얼마 못가서 아버지가 돌아가신 이유를 알았다. 그리고 형이 폐암(肺癌)으로 죽은 원인도 찾았다. 묘지라는 것이 그렇게 근중하고 무서운 걸 알았다. 태어나는 것도 조상으로 인하여 태어나고 죽을 때도 조상이 다 데려가는 것을 알았다.

명당자리는 22가지 특징이 있다. 22가지를 갖춘 부혈(富穴)에다 쓰면 전생(前生)에는 못살았어도 내생(來生)에는 거부(巨富)가 될 수도 있고, 만약 22가지의 특징을 갖춘 곳이 귀혈(貴穴)이면서 국반급이라면 대통령도 나올 수 있고, 국무총리도 나올 수 있다. 만약 조상이 개인 사업이나 하는 평민이었어도 그 조상 묘지가 국반급 자리에 모셔져 있다면 그곳에서 윤회를 받아가지고 출생하는 아이는 대통령이 된다.

만약 할머니 자리나 할아버지 자리가 국반급 정도의 자리인데, 안산(案山)에 귀(貴)가 나오는 자리가 아니고 부(富)가 나오는 자리라면 삼성이나 현대 같은 재벌이 될 수 있다.

만약 아들을 하나나 둘 정도 낳고 부모가 일찍 돌아가셨다고 치자, 가상으로 그 조상의 시신을 금시발복(今時發福)자리 복회혈 자리에다 모셨다 하면 30~40년만 되어도 발복이 온다. 그 아들이 쥐띠이고 복회혈 자리가 자좌 자리라면 속발지지(速發之地)로 발복을 당대에서 받는다. 복회혈 자리가 아니면 한 대를 건너서 할아버지 자리가 손자를 도와주게 된다. 복회혈 자리가 그렇게 많은 것이 아니다. 와(窩), 겸(鉗), 유(乳), 돌혈(突穴) 에서는 한 대(代)를 건너서 봐야한다.

천연적인 돌관이 박힌 자리가 발복이 빨리 온다. 명당자리에는 천지조화(天地造化)로 사람 시신이 안장될 자리만큼 천연적인 돌관이 박혀있다. 그런 자리는 안산도 잘 생기고 태조, 중조, 소조산 내룡이 자연의 조화로 만들어져 있다.

명당이란 자리는 천지조화로 이미 다 만들어져 있다. 개안을 하여 그런 자리를 찾기만 하면 되는데, 그런 자리를 찾으려면 풍수지리에 상식이 있어야 하고, 수십 년 묘지를 많이 써 본 사람, 그리고 도(道)를 닦아 개안(開眼)이 된 사람이나 찾는 것이지 일반인은 몰라서 쓸 수가 없다. 도인들이 많이 찾는 자리나 국반급 자리는 찾기가 어려워도 도반급 정도는 많이 있다. 향반급이나 무해지지(無害之地)는 더더욱 많이 있다.

48

사람이 존재하는 이상
풍수지리(風水地理)는 없으면 안 된다

    대라천에서 지존님들이 인간을 만들어 지구촌에 내려 보내면서 처음에는 도를 닦아 부처가 되라고 원래는 사람을 내려 보냈는데, 음양(陰陽)을 너무 강하게 넣어 주어서 자기네들 끼리 교합(交合)하여 사람을 만들도록 하였고, 윤회(輪回) 장소까지 사람 몸에 다 넣어 주었는데, 그것을 깨닫지 못하고 죽으면 짐승 묻듯 구덩이를 파고 묻는 것이 오늘날의 세태이다.

    그러다보니 고관대작의 자식이라도 장애자가 나오고, 일찍 병들어 죽거나 부모 속을 썩이는 자식이 나오고, 마약 등의 문제로 구설수(口舌數)에 오르는 자식도 나오는 것이다. 그런 것을 대라천에서 내려다보고 먼 옛날 좋은 윤회 장소를 찾을 수 있도록 주역 팔괘를 만들도록 여와를 시켜 복희씨를 낳도록 한 것이다.

    복희(伏羲)씨가 선천팔괘(先天八卦)를 만드셨고, 하우(夏禹)씨가 후천팔괘(後天八卦)를 만들었으며, 문왕시대(文王時代)에 구궁팔괘(九宮八卦)까지 완성시켜서 춘추시대(春秋時代)에 성현들이 쏟아져 나왔다.

공자(孔子), 맹자(孟子), 여상(呂翔) 등 유학자들이 나와서 주역(周易)을 가지고 동양철학의 밑바탕이 만들어졌고, 동양철학을 근간으로 천문학, 풍수지리학, 유학 등 여러 분야로 확장되어 물리학까지 나왔다. 이 동양철학을 서양에서 받아들여 과학을 바탕으로 물리학으로 전개하여 인공위성까지 만들게 된 것이다.

대라천에서 원래 풍수이론에 맞게 제일 중요하게 여긴 것이 인간의 윤회(輪回) 장소였다. 세월이 지나면서 인간이 더욱 발전하여 진화된 인간이 나오도록 윤회 장소를 선정하도록 한 것이 그것은 뒷전으로 밀리고 서양 과학의 물리학으로 접목되어 인공위성까지 발전은 하였으나, 풍수지리인 윤회 장소는 무시되어 지구상에 장애자가 쏟아지고 있는 것이다.

풍수지리로 발전을 시켜 윤회 장소 선택을 잘하여 명당을 선점(先占)하였으면, 천재 인간들이 출생하여 인공위성보다 더한 것을 만들어 실생활에 유익했을 텐데, 인류를 파국으로 이끄는 전쟁무기나 만들어 인류를 고통 속에서 신음(呻吟)하게 하고 있다.

사람으로 태어나서 사람답게 살지 못하고 장애자로 살다가 죽고, 오살(五殺)을 맞아 죽고, 병패(病敗)로 병에 걸려 죽도록 고생만 하다가 죽거나, 죄를 지어 교도소에서 수감생활을 하다가 죽거나 하는 등의 고통이 다 조상 묘지에서 오는 것이다.

패철(佩鐵)에서 해임(亥壬)에 닿게 매장(埋葬)을 하면 그 자손들이 오살을 맞아 죽는다. 지금 각 도시마다 공원묘지가 있다. 그 공원묘지에 지관의 손에 의하여 쓰여 진 묘지가 몇 기나 될까? 거의 풍수지식이 없는 인부들의 손에 의해 장례절차가 마무리 된다. 그럼 재패분금(財敗分金)에 해당되게 묻혔다면 그 집은 재산(財産)을 몽땅 날리게 된다. 또한 무덤에 묻힐 때 병패분금(病敗分金)에 해당되면 가족들이 이상한 병에 걸려서 병치레를 하게 된다. 관재(官災)자리에 묻히게 되면 그 자손들이 뜻밖의 송사(訟事)에 연루(連累)되어 교도소에서 생활을 하게 된다.

무덤에서 주는 병은 현대의학으로 못 고치는 병이 90%이다. 병원에서는 무슨 병인지 병명을 모르면 암(癌)으로 판정을 낸다.

내가 아는 사람이 강남에 5천 평의 땅을 갖고 있었는데, 그 사람이 죽어서 성남공원묘지에 묘를 썼다. 지관도 없이 인부들 손에 묻혔다. 그 집 자식이 사업을 하다가 사기(詐欺)를 당해 그 많은 재산을 탕진(蕩盡)을 하였고, 그 부인에게 식당을 차려 주었는데, 부인명의로 등기이전을 하고, 이혼을 당하여 단돈 한 푼도 건지지 못하고 부인만 잘살게 해주고 홀아비로 힘들게 살고 있으며, 그 동생은 50이 넘었는데도 장가도 못가고 총각으로 있다.

또 어느 절에 공양주(供養主)로 있던 아주머니의 이야기다. 자기네 재산이 자식 대까지 평생 먹고도 남을 재산이 있었다. 영감이 죽고 나서 영감을 신세계공원묘지에 모셔놓고 난 후부터 자식들이 사업만 하면 망하고 또다시 시작하면 망하고 하여 그 많았던 재산을 몽땅 날리고 식구들이 모두 거리로 나앉았고 자기도 갈 곳이 없어서 절에 와서 공양보살(供養菩薩) 노릇을 하고 있다고 하였다.

그래서 묘지에 가 보자고 하였더니 흔쾌히 승낙(承諾)하여 공원묘지에 가 보았다. 가보니 엉구렁텅이 안에 매장을 하였다. 혹시나 하여 패철을 놓아보니까 재패분금에 걸렸다. 집안이 쑥대밭이 되는 자리였다. 너무나 딱하여 이르기를 여기 공원묘지는 내가 마음대로 팔수가 없으니 여기 인부 품값하고 포크레인 비용을 준비하면 좋은 자리로 옮겨주겠다고 하니 절에서 돈을 얻어서 해달라고 하였다.

그래서 파묘 후 감포를 하여 예산에 저수지 옆에 마을 공동묘지가 있어서 그곳에서 좋은 곳을 찾아서 써주었는데, 몇 년 후 그 절에서 나와서 서울로 갔다고 하는 것을 보아 자식들이 자리가 잡혔는지 하여간에 공양주(供養主)살이 안하고 자식들이 모셔간 것으로 보였다.

이것뿐만 아니라 화성에 있을 때다. 남양읍에 풍수지리 관계로 갔던 일이 있었다. 남양읍에서 슈퍼를 하는 사람이 자기네 묘지에 가 보자고 하기에 어디에 있느냐고 하니까 용인 수지면에 있다고 하였다. 수지면에 가보니 수백만평이 공원묘지였다. 그런데 자기네 묘를 찾아서 묘지를 봐달라고 하였다. 패철(佩鐵)을 꺼내 측정을 해보니까 해임(亥壬)사이로 분금(分金)이 나갔다.

그래서 내가 말을 해주었다. 해(亥)는 음이라 딸이다. 임(壬)은 양이라 아들이다. 먼저 딸이 오살(五殺)을 맞아서 죽었겠네요. 하고 물으니 그렇다고 하였다. 이 묘지를 쓸 때 지관을 부르지 않고 여기서 사역하는 사람들 손에 그냥 매장을 하였다고 한다. 이렇게 오살을 맞게 써 놓으면 자식들이 무슨 병으로 죽는지 모르게 죽는다. 그게 오살을 맞아 죽은 것이다. 아버지가 딸을 데려간 것이다.

이것을 바로 고쳐놓지 않으면 자식이 또 죽으니 빨리 서두르라고 하니, 자기는 막내라 자기 말을 형들이 안 들어서 어렵다고 하였다. 그래서 그냥 올 수밖에 없었다.

그런데 한 20일 후에 전화가 왔다. 받아보니 그 사람이었다. 왜 전화를 하였느냐고 하니까 벽제 화장터인데, 자기 형의 9살 먹은 아이가 죽어서 화장하러 왔다고 하였다. 그래서 그 아이가 작은 형에 둘째 아들일 거다 하니까 맞는다고 하면서, 형에게 전번에 아버지 산소에 갔다 왔다는 이야기며, 그 묘지 그냥두면 사람이 죽는다고 지관님이 예언한대로 조카가 사망한 거라고 자초지종(自初至終)을 알려주었더니 그럼 빨리 묘지를 고치자고 하여 전화를 드린 것이라고 하였다.

그래서 날짜를 잡고 보니 그 때가 한 겨울이라 눈이 무릎까지 왔다. 공원묘지에서 작업을 하는데 콤푸레샤로 뚫어보아도 구멍만 생기지 시신을 옮기기가 어려울 정도였다. 아주 가까스로 광중을 열었다. 분금재혈에 맞추어서 시신을 틀어서 묘를 써주었다.

그 후 3년 만에 우연히 그 친구를 만났다. 그래서 그 후에 근황(近況)을 물어보았다. 묘지를 바로잡고서는 아무 일이 없었느냐고? 형들도 그렇고 본인도 별 일 없이 지낸다고 하였다. 그럼 자리가 바로 잡힌 것이다. 그리고 이 다음에 집안에 초상이 나면 꼭 지관을 불러서 쓰라고 하였다. 사전에 지관을 부르는 것이 비용이 적게 든다. 저 묘지 팔 때 품값, 다시 또 파서 써준 품값을 합치면 처음에 지관 부른 품값이 더 싸니 그렇게 하게 하였더니 알았다고 하면서 헤어졌다.

49

묘지 땅에다 묻는 것은 다 미신(迷信)이다

　조상 묘지 써 놓으면 벌초(伐草)하러 다니기가 귀찮아서 화장(火葬)하여 산에다 바다에다 다 뿌려버리겠다고 하는데, 그것은 종자(種子)를 없애는 일이다. 그런 집은 자기가 어린아이가 있으면 종자를 받아 놓았기 때문에 그 사람 자식대로 그렇게 하면 그 후로는 종자가 없어진다.

　그 이유를 말하겠다. 조상 묘지를 흙속에다 써놓는 이유는 조상의 몸에도 64괘의 신은 같이 있다. 그 64괘의 신하고 부모가 가지고 있는 태광과 7백이 땅속에서 육탈시킨 후 전도체로 변하면서 도통을 하는 것이다. 그 전도체가 산천정기를 모아서 후손을 점지하는 것이다.

　조상신이 없으면 자손을 점지할 신이 없어서 종자가 끊어진다. 그런데 간혹 그 사람의 부인 조상 덕에 1,2명의 딸자식을 둘 수 있지만 딸은 출가외인(出嫁外人)이다. 나의 직계로는 손을 이어주지는 못한다. 딸은 시집가면 시집간 집의 자식을 낳아주는 것이지 나의 조상의 자식은 없다. 그래서 딸은 손(孫)을 못 이어주는 것이다.

　아무것도 모르는 현대인들은 무덤을 다 무시하여 버린다. 무덤은 조상의 영혼이 살고 있는 집이다. 인간의 뿌리는 조상이다. 뿌리를 다 없앤 집은 그 사람이 사망하고 나면 종자가 없어지는 것이다. 귀찮아도 조상 묘를 명당자리를 찾아서 모셔 보아라. 상상도 못했던 운이 밀려와서 발복시켜주는 그 위력을 발휘한다. 그 때까지는 조상이 있어야 한다고 느낄 것이다. 조상의 위력이 올 때는 어느 누구도 못 막는다.

50

양택(陽宅)에서 보아라

집도 묫자리 못지않게 풍수이론에 따라 건축해야 한다. 실제 실화(實話)를 소개한다. 나의 큰 누님이 성북구 돈암동에서 살았다. 그곳은 옛날부터 지은 지 오래된 기와집들이 많았다. 누님이 어렵게 돈을 모아 한옥을 사서 입주했다고 해서 가 보았다.

그 집에 가보니까 앞집에 장추녀가 누님 집 대청(大廳)을 찌르고 있었다. 내가 누님께 "당장 이 집을 파세요. 이 집에서 살면 대주(大主)가 죽습니다. 앞집 장추녀 끝이 이 집에 대청을 찌르고 있습니다. 거실(居室)은 대주이고 마당은 부인입니다. 대주가 죽는다는 것은 매부(妹夫)가 죽는 것입니다."라고 말했다.

옆에 있던 매부가 그 소리를 듣더니 처남은 어디서 그런 옛날 미신(迷信)만 믿느냐고 지금 같은 과학시대에 그 따위 소리를 한다고 오히려 나에게 면박(面駁)을 주었다. 그리고 그 집에서 살면서 3년도 안되어 당뇨에 걸리더니 합병증이 와서 폐암(肺癌)으로 사망하였다. 필자의 말을 들었으면 안 죽었다.

사망원인을 청(淸)나라 때 조정동(趙廷棟)이 쓴『양택삼요(陽宅三要)』로 분석해 보면 문(門)은 동쪽에 났다. 꺾어진 기와집의 기두(起頭)는 건기두(乾起頭)이다. 앞집의 추녀는 남쪽에서 이 집에 대청을 찌르고 있다. 무서운 살충(殺衝)이다. 화극금(火剋金)을 치니 금(金)은 폐(肺)와 대장(大腸)이다. 집의 대주의 폐를 치니 살충이니까 폐암이다. 살충이 폐에 닿으니, 그 집에 들어 간지 4년 9개월도 안되어 사망한 것이다. 거실은 대주이기에 대주가 사망한 것이다. 이것은 미신이 아니다. 우주(宇宙)의 원리(原理)이다.

가옥(家屋)에서 장추녀가 찌르는 집에 살던 몇 사람이 죽는 것을 보았다. 지인 중에 허씨라는 사람이 별안간 죽었다기에 가보니까 그 집도 앞집에 장추녀가 허씨 집 거실을 찌르고 있었다.

또 한 번은 북양주이다. 의정부에서 몇 정거장을 올라가서 절이 있었다. 그 절에 주지(住持)가 죽었다고 부도탑을 모실자리를 잡아달라고 하여 갔다. 가보니 예전에 요사체를 지어 놓았는데 그 앞으로 슬라브 집을 지었다. 그런데 새로 지은 집에 방이 대웅전(大雄殿)을 바라보고 있었다. 그런데 먼저 지은 건물에 장추녀가 주지스님이 사용하는 방을 찌르고 있었다. 내가 물어보았다. 이 방에서 누가 자고 있느냐 하고 물었더니 큰스님이 그 방에서 주무셨다는 것이다. 그래서 이 방에서는 그 어느 누구도 자지 말라고 신신당부(申申當付)를 하고 왔다.

그리고 화성시 향남면 장지미에 화성군 갑부였던 한씨가 살았다. 누구 소개로 그 집에 가보게 되었다. 옛날 기와집이 있고 그 앞에다 다시 슬라브로 건물을 새로 지어 놓은 곳에서 큰 부인(婦人)이 생활하였다. 그런데 기와집 장추녀 끝이 그 부인이 자는 방을 찌르고 있다. 그 방에 부인이 병이 들어 죽기 직전에 있다고 하기에 그 방에서 자면 죽는 자리이니 다른 방에서 자라고 하니까 그 집의 작은 부인이 그 소리를 듣더니 그냥 놔두라고 하였다. 결국은 한 달도 못가서 초상(初喪)이 났다.

또 한 번은 지서장(支署長)이 자기 집에 가보자고 하여 집이 어디냐고 물었더니, 홍성이라고 하며 도청 쪽으로 가다가 등 너머에 있다고 하기에 가보았다. 옛날에 자기가 태어난 집이고 아버지가 혼자 살다가 돌아가신 후 집을 비워뒀는데, 형님이 정년퇴직을 하고 와서 집 앞에 한 20여 평 조립식으로 집을 지어 사시다가 돌아가셨다고 하였다.

자기가 형이 사시던 조립식 주택에서 살면 어떻겠냐고 묻기에, "이 집에서 살려면 구옥(舊屋)을 헐어내야 합니다. 왜냐하면 형님이 돌아가신 원인이 어디에 있는지 아십니까? 이 구옥에 장추녀가 형님이 생활하시던 방을 찌르고 있지 않습니까? 무서운 살충에 맞아서 형님이 죽었습니다." 그러자 그 집에서는 살지 않겠다고 하였다.

현대인들은 모두 미신으로 치부하려 하지만 이것은 우주와 자연의 원리이며 그렇게 무서운 것이다. 묘지도 마찬가지이다. 살풍을 맞는 자리는 비석(碑石)이 양지바른 자리에 있어도 검게 변한다. 광중(壙中)을 파보면 그 안에 흙도 까맣고 시신에 유골도 불에 타서 검은 숯처럼 되어 있다. 그것이 살풍이다.

살풍은 참 무섭다. 묘지가 팔요풍살(八曜風煞)을 맞으면 가족들이 한 사람 한사람 죽는다. 그리고 재산도 파산에 이른다. 땅속에 있는 시신과 흙이 새까맣게 되니, 봉분(封墳)에 석물들 또한 검게 된다. 물론 주변에 있는 바위도 검게 변할 수밖에 없다.

일반 가옥도 골목 끝에 있는 집은 살풍을 맞아 흉가(凶家)가 된다. 그런 곳에 절을 지어도 마찬가지로 절도 망하고 스님도 그곳에서 죽는다. 그런 자리는 기독교이건 불교이건 종교를 불문(不問)하고 망한다.

장추녀의 충(衝)이나 대들보 마구리 충이나 같다. 공주 우성면에서 절을 지었는데 요사체 용마루가 대웅전(大雄殿)을 찌르는 충이었다. 그래서 우성면에 사는 사람에게 이 절집 운영합니까? 라고 물으니 망해서 신도(信徒)가 한 명도 없다고 하였다. 양택(陽宅)에서 이러한 충은 각별히 살펴야 한다. 절집도 망하게 하는데, 그것을 미신이라고 보면 큰일 난다.

서산 부석면에 아랫집하고 거리가 50m정도였는데, 그 아랫집 장추녀가 윗집 대청을 찌르고 있다. 윗집 대주가 죽었다. 그 집에 수맥(水脈)을 잡아주러 가서 그걸 보고 윗집 부인에게 대문이 철문이었는데, 그 대문을 열어 놓으면 충으로 인하여 흉하니 철대문은 항상 잠그고 옆에 작은 문을 사용하라고 알려 주었다.

태안에 갔는데 뾰족한 건물이 앞집을 찌르고 있었다. 이 문은 잠그고 사람은 옆의 문으로 출입하라고 그리고 이 집을 팔라고 언질하고 왔다.

강원도 영월에 가 보니 협곡(峽谷)의 살풍을 맞고 수맥이 지나가는 곳에 집을 지어 놓고 얼마 후 그 집을 팔았다. 필자가 볼 때는 그 집에서 죽지 않았으면 중풍(中風)을 맞아서 집을 매매한 것으로 보였다. 다른 사람이 그 집을 사서 나무에 올라가서 떨어져 죽었다. 살풍에 노출(露出)된 집에서 살면 죽는다. 살풍이 닿는 자리는 절집이건 그 어떤 건물이건 예외가 없다.

경남 청송에 절을 산다고 가보자고 하여 가보았다. 절은 목재로 잘 지었다. 절을 지은 지도 한 5년 밖에 안되었다. 주변을 살펴보니 절집이 삼곡풍(三谷風)을 맞는 자리였다. 100m거리에 폭포수(瀑布水)가 내리쏟는 자리이다. 절 아래에는 깊은 웅덩이인 소(沼)가 있는데, 물이 빙빙 돌고 있다.

전부 살풍을 맞는 자리다.

　절을 사려고 간 스님에게 사지 못하게 하였다. "이 절에 들어오면 스님은 죽습니다. 이 절을 사는 것은 죽으러 오는 것입니다." 절은 비어 있었다. 그 아래에 식당이 있어서 식사를 하려고 음식을 주문하며 절집에 대해 물어 보았다.

　식당 주인이 말하기를 그 절은 서울의 돈 많은 사람이 절을 지었는데, 스님이 마당 끝에 가서 그 밑에 빙빙 도는 웅덩이를 쳐다보고 있다가 그곳에 빠져 죽어서 500m 아래에서 시신(屍身)을 수습하였다고 말해주었다. 그 후로는 아무도 오는 사람이 없다고 한다.

　절을 사려고 간 스님에게 이야기를 했다. "풍수지리 책(冊)에 마당 끝에 큰 연못이 있으면 물에 빠져죽는다고 나왔고, 그 절은 더군다나 삼곡풍을 맞는 자리입니다. 그곳에서 오래 살면 벙어리가 됩니다. 3군데의 물길이 그 못으로 쏟아 지면서 물을 돌리고 있습니다. 물이 돌면 무서운 살입니다. 이 절에 오는 스님마다 죽을 것입니다."

　그 말을 듣고 절을 매입하려한 비구니 스님이 겁이 나서 안 산다고 돌아왔다. 절집을 안사기를 잘했다. 더구나 비구니가 살면 1년도 안되어 죽는다. 절을 짓거나 큰 건물을 지을 때는 꼭 지관을 데려다가 보고 짓는 것이 좋다.

　서산에 양쪽 산은 높고 그 사이 협곡(峽谷)에다 호텔을 짓기에 저 호텔지어 놓고 운영이 될까? 망하는 자리에다가 건물을 지어 지탱을 못할 텐데 하였더니, 호텔을 지은 사람은 죽었고, 호텔을 인수한 울산 사람이 2년간 운영을 하다가 망해 주인이 바뀌어 영업을 한다고 하는데, 협곡의 살풍 때문에 원만한 경영이 힘들 것으로 보인다.

51

살림집도 지어 놓고 죽는 사람 있다

　필자가 경기도 화성에서 거주할 때 일이다. 필자의 집 건너편에다 이웃 사람이 집을 지었는데, 계단을 서쪽에서 올라가게 하여 이층에 살림집을 만들고 아래는 창고와 같은 용도로 지었다. 자좌오향(子坐午向) 집인데 뒷문을 내었다. 서쪽에서 계단으로 올라가서 북쪽 문을 열고 들어가게 문을 낸 것이다.
　그런데 그 집의 안식구가 용띠였다. 3~4년이 지나서 여자의 배가 북장구같이 부풀어 올랐다. 왜 그런가 물어 보니 신장암(腎臟癌)이라 하는데, 내가 볼 때는 북쪽에다 문을 내면 복음(伏吟)자리에 문을 낸 것이다. 양택에서 복음은 엎드려서 신음(呻吟)을 한다는 자리다.
　방위상 북쪽은 숫자로는 1·6이다. 집을 짓고 1년 6개월 안에 병에 걸린다. 그리고 북쪽은 오행(五行)으로 수(水)이면서 신체장기로는 신장(腎臟)과 방광(膀胱)이다. 신축가옥의 좌향(坐向)이 자좌(子坐)이고, 출입문이 8괘 방위로 감괘(坎卦)이다. 그러면 그 집에서 가족구성원 중에 원숭이, 쥐, 용띠에 해당하는 사람이 흉함을 당하게 된다. 그 부인이 용띠니까 진에 해당한다. 틀림없이 신장암(腎臟癌)이나 방광암(膀胱癌)일 것이다. 살에 맞은 것은 모두 암(癌)이다. 배가 만삭된 부인은 사망하였을 것이다.

다른 사례(事例)인데 화산리에서 있었던 일이다. 그 집은 서사택(西舍宅) 집인데 문(門)이 남쪽으로 났다. 가상(家相)을 보니 서사택은 금(金)이다. 숫자로는 4·9가 금(金)이다. 그 집에 이사 온지 2년이 되었을 때 필자가 본 것이다. 집에 가상을 관찰해보니 화극금(火克金)으로 치었다. 이 말은 출입문이 남쪽이면 8괘 방위상 이괘(離卦)인데, 이괘는 오행으로 화(火)에 해당한다. 그래서 서사택인 금을 불이 녹인다는 이론이다.

화(火)는 장기로 보면 심장(心臟)과 소장(小腸)이다. 그 집에 뱀, 닭, 소띠가 살면 심장병이나 소장에 질환이 생길 것이다. 그 가주(家主)가 소띠다. 당신 심장약을 복용하고 있지 않냐고 물으니 그렇다고 하였다. 필자가 "출입문 방위를 고치지 않을 거면 이사를 해라. 당신은 지금 이 집에 와서 심장병이 걸렸다. 만약 이사를 안 가려면 문을 동북방(東北方)으로 내면 심장병이 치료될 것이다."라고 충고했다.

그런데 필자의 말을 콧방귀로 듣고, 그 따위 미신 같은 것은 믿지 않는다고, 무슨 문을 남쪽에 냈다고 심장병이 걸리느냐고 말도 안 되는 소리 한다고 비웃고 그대로 살았다. 후일은 어떻게 되었는지?

화산리 사람이다. 그는 우리들이 풍수지리 공부하러 다닌다니까 비웃고, 풍수이야기만 하면 개 눈에는 똥만 보인다며 그 따위 미신(迷信)을 왜 배우러 다니냐고 하던 사람이다. 그런데 그 사람이 집을 새로 지었다. 풍수지리를 완강히 무시하던 사람이다.

그 사람이 자사각(自四角)에 집을 지었다. 좌향(坐向)은 자좌오향(子坐午向)으로 지었는데, 문(門)은 서남간(西南間) 절명방(絶命方)으로 냈다. 집짓고

1년 6개월 안에 죽었다고 소문이 났다. 그 사람은 풍수지리 공부하러 다니던 사람들을 비꼬고 전부 미친놈들이라고 취급하던 사람이었다. 60살도 안되어 집짓고 죽었다.

52

필자(筆者)가 존경하던 스님이 계셨다

　　내가 무인도(無人島)에서 기도(祈禱)할 때 서울에 왔다가 우연히 만난 분이 있다. 당시 그 분은 출가하기 전이며 홍은동에서 한방과 약방을 겸하여 한의원을 운영하시면서 침(鍼)까지 놓던 분인데, 침술도 한국에서 손가락 안에 들던 유명한 분이다. 나중에 알았지만 의사, 한의사, 침구사 자격증을 모두 갖고 계신 분이며, 사주(四柱), 관상(觀相) 등 인간의 운명을 다 보는 기인(奇人)이었다.

　　필자는 무인도 기도시절에 인연(因緣)이 되어 사람의 인체가 투명으로 다 보이고, 신체에 이상이 생긴 부위가 다 보이는 경지에 이르렀다. 그때 그 원장님이 꼽추환자는 두 번째 갈비뼈 아래에 침을 놓으면 고친다고 인체구조를 보여주며 침놓는 법을 알려 주었다.

　　필자는 침을 잘못 놓아서 이상이 생길까봐 못 배우겠다고 하니까, 원장님이 침구책(鍼灸冊)을 중국에서 가져온 것이라면서 보여주었는데, 두 번째 갈비뼈 밑에 침을 놓으면 치료가 된다는 부분을 보여주면서 침술을 가르쳐주었다.

섬에서 나와 고향땅에서 농사짓고 있을 때 허리가 아파서 업혀서 오는 사람도 발병의 단초가 된 부위가 훤히 보이는 때였다. 바늘로 간단하게 수지침 정도로 찔러 주어도 멀쩡히 걸어 나갔다.

그것이 소문이 나서 인근 한의사 귀에 들어갔는지, 한의사로부터 전화가 왔다. 필자에게 침구사 면허증이 있냐고 묻기에 없다고 하니까 없으면서 왜 사람들에게 침을 놓아 주냐고 하면서, 신고하면 5천만원 벌금에 교도소에서 수감생활을 한다고 당장 그런 짓을 하지 말라고 하여 알았다고 대답하고 그날로 손을 딱 끊고 부처님께 서원(誓願)하였다. '나 그 침 못 놓겠습니다. 내가 사람 살려주고 5천만원 벌금내고 교도소갈 일이 뭐 있습니까? 왜 좋은 일 하고 교도소갑니까? 차라리 부적(符籍)으로 치료를 할 수 있게 바꿔 주세요.'

사람만 보면 인체가 거울 보이듯 병난 곳이 훤히 보였는데, 그 이후로는 아무것도 보이지 않아 그때부터는 부적을 쓰기 시작하였다. 귀신이 붙어서 죽는다고 데굴데굴 구르는 사람도 부적 한 장만 태워서 먹이면 언제 그랬냐고 멀쩡해졌다.

얼마후 홍은동 원장님에게 전화를 걸어보니 한약방은 폐업하였으며, 부인하고는 이혼을 하고 지금은 성북구 돈암동에 사시며 절을 지으려고 하는데 돈이 없어서 돈을 벌려고 환자를 보고 있다고 하셨다.

그래서 서울에 올라가 보았다. 필자의 누님 집에서 한 100m 거리에 이층집 방을 구해서 진료를 하고 계셨다. 원장님을 뵙자 무척 반가워하시면서 침구사 통달하였냐고 묻기에 "나 그거 손 뗐습니다. 업혀 들어오는 사람 몇 사람 살려놓으니까 한의사한테 전화가 와서 자격증도 없이 환자를 진료한다고 고소한다고 하여서 그만 두었습니다." 하였다.

그러자 원장님이 아쉬워하면서 "신침(神鍼)을 통달하려면 죽었다 깨어나도 힘든 일이다. 그런 신침을 할 인재가 모처럼 나오면 국가차원에서라도 구제하여 주어야 하는데, 한국은 가짜가 판치는 곳이라 한국에서는 옛날부터 인재를 죽였습니다." 그러면서 너무나 아쉬워하였다. 그 원장님은 언제 뵈어도 엄마 품안같이 따스한 분이었다.

몇 년 후에 전화를 하였더니 정릉에다가 절을 지었다고 하였다. 그 원장님은 동국대학교 불교학과까지 나오셔서 무엇이든 막히는 것이 없는 석학(碩學)이었다. 그동안 필자도 풍수공부를 10년 배우고 나니까 문리(文理)가 트였다.

필자도 절터를 매입하여 조립식으로 20평정도 지어서 임시로 인법당(人法堂)으로 꾸미며 1년쯤 운영을 하고 있었다. 그 원장님이 보고 싶어 정릉으로 찾아갔다. 가보니 비탈진 언덕에 땅을 사서 불사(佛事)를 하였는데, 앞이 남쪽이라 따스한 곳에 요사채를 두었다. 그곳에 법당을 모시고 법당 위에 옥상집을 지어서 원장님이 기거하고 있었다. 절집에서 동선을 가까이 하느라 법당과 숙소 그리고 요사체를 계단으로 연결한 구조였다. 절집은 건좌(乾坐)로 지었는데, 문은 오문(午門)이었다.

원장님을 찾으니 노(老)보살이 있었는데, 할머니가 눈물을 흘리면서 하는 말이 원장님은 지금 세브란스병원 중환자실에서 사경(死境)을 헤매고 있다고 하였다. 면회가 가능하냐고 여쭈었더니 중환자실이어서 면회가 안 된다고 하였다. 찾아가보아야 인사불성(人事不省)이라 사람도 알아보지 못한다고 하였다. 그 말에 필자도 울음보가 터졌다.

'필자가 2년만 일찍 왔어도 그 원장님을 살리는 건데, 너무나 안타까워 내가 진작 찾아왔어야 하는데……' 때 늦은 후회를 하며 다른 학문에는 무불통지(無不通知)하신 분이 풍수를 모르셨던 것이 아쉬웠다. 그렇게 대단하신 분이 당신 자신이 절집을 지어 놓고 죽게 되었으니 너무나 안타까웠다.

태고종 총무원장까지 하신 분이 하나를 몰라서 건기두(乾起頭) 오문(午門)을 냈으니, 화(火)는 심장(心臟)이라는 것을 본인도 알았을 텐데. 왜 한의사 자격증까지 있고 한국에서는 침구사로 유명세가 있었던 분이 그런 죽음을 맞이하는지 안타까웠다. 화(火)가 쌍금을 맞으니 100% 심장병에 걸린 것인데, 그런데 요사채가 다른 곳으로 문(門)을 낼 수가 없었다.

동북서(東北西)는 산이요. 남쪽만 트여있기 때문에 애당초 절터가 아니었다. 필자가 불사를 하기 전에 일찍 와서 법당자리를 요사채로 꾸미고, 요사채는 창고로 사용하고, 3층에다가 법당을 꾸몄으면 원장님은 이 지경까지는 되지 않았을 것이다. 법당에서는 동북간(東北間)으로 문을 낼 수가 있었다.

그래서 스님들은 제일 먼저 풍수공부부터 해야 한다. 스님들이 절을 잘못지어서 죽는 경우와 운영이 되지 않아서 망하는 절집이 수십만 채가 될 것이다. 서산에도 필자가 알기로 30여 군데가 있다. 전부 가보면 절을 지어서는 안 되는 자리에 지은 것이다. 절집도 출입문이 가장 중요하다. 특히 부처님 모시는 자리는 더욱더 중요하다.

태안군 원북면에 가면 수백억을 들여 엄청나게 불사를 하였지만 필자가 볼 때는 그 절도 사형선고 받은 자리다. 절대 그곳에서는 성불(成佛)을 하지 못하는 곳이다.

절터는 기(氣)가 강해야 한다. 천신(天神)도 내려 앉아야하고, 산신(山神)도 앉아 계신 곳이라야 하고 주위 산천에 정기가 몰려드는 곳을 찾아야지 그렇지 않고 살풍(煞風)만 맞는 곳은 절이 아니라 절보다 더한 것을 지어 놓아도 몇 년 못 가서 망한다.

　필자의 마을도 옛날에 절터자리였는지 지금도 밭에서 기왓장 조각이 나온다. 빈대가 많아서 못살았다고 하는데, 내가 볼 때는 절터가 아니고 물구덩이였을 것이다. 그런 곳에 절을 지으니 망했다. 풍수지리를 모르면 절 지을 생각도 하지 말아야 하고, 꼭 절을 짓고 싶으면 명사(名士)에게 자문을 받아 지어야 한다. 우리나라 전체로 보면 지금 절이라고 지어 놓은 곳이 망할 자리가 수없이 많이 있다.

　당진과 예산의 경계지점에 십억을 들여 절을 지었다. 운영도 못하고 폐허(廢墟)가 되다시피 한 절은 골짜기 바람이 불어오는 자리에다 불사(佛事)를 하여 10년이 넘도록 묵히고 있다. 그런 돈 필자한테나 지원해주면 성불사(城佛寺)가 수덕사(修德寺)보다 더 크게 될 자리인데 아쉬운 마음뿐이다.

　필자의 절은 부처님이 계시고 사천왕, 옥황상제, 천하대장군, 천태산에서 오신 나반존자님도 계시고, 해수관음, 포태화상도 들어 오셨다. 작은 절이지만 현재 1천 5십 6불이 모셔진 곳이다. 절터의 기운이 약한 곳은 부처님 1천불이상을 앉지히 못한다. 필자의 절은 8대 보궁자리이다. 산 이름도 금강산(金剛山)이다.

　필자의 절을 크게 중창하면 동남아 사람들이 다 몰려들 곳이다. 병원에서 고치지 못하고 시한부 삶을 사는 사람들을 우리 절에서 다 살리는 곳으로 입소문이 나면 대찰(大刹)이 된다. 환우(患憂)들을 모두 살릴 수 있는 임상실험은 끝이 났다. 이 책을 읽어보시고 후원자(後援者)가 있으면 와 주기 바란다.

53

제일 먼저 사람이 살아야 한다

　필자가 노구(老軀)임에도 불구하고 책을 출간(出刊)하고 싶은 것은 세상 사람들 중 특히 아까운 천재들이 뜻을 이루지 못하고 죽어가는 것을 보고, 사람들에게 풍수지리의 중요성을 알리기 위함이다. 만고풍상(萬古風霜)을 겪으면서 지금까지도 공부하러 다니지만 사람이 꼭 알아야 할 것이 풍수지리라는 것을 뼈저리게 느꼈다.

　필자가 어린 시절부터 풍수를 배웠다면 지금 이렇게 살지도 않았겠지만 우리나라의 운명을 바꾸어 놓았을지도 모른다. 필자가 늦게 배운 것이 한(恨)이 된다. 지금이라도 국가나 기업체나 개인 후원자가 나타나면 필자가 지닌 지식으로 동남아 사람들을 우리나라로 모여들게 할 수 있다.

　첫째, 사람은 장수(長壽)를 해야 한다. 부처님이 될 만한 사람이 있고, 노벨문학상을 받을 만한 천재가 출생해도 일찍 죽으면 아무 소용이 없다. 그래서 사람은 우선 장수를 해야 한다.

　둘째, 지금 세상은 남이 하지 못하는 재주만 있으면 살 수 있는 세상이니 특별한 기술이나 재주를 키워야 한다.

셋째, 돈이다. 돈을 벌어들이는 기반을 만들어 주어야 한다.

첫째가 장수, 두 번째가 기술, 세 번째가 돈이다. 이것을 소유하기 위해서는 조상을 편안한 명당에 모셔야 세 가지가 이루어진다. 이 세상은 독불장군(獨不將軍)으로 되는 일이 없다. 상부상조(相扶相助)를 해야 하고 돈은 내가 갖고 싶다고 다 가질 수 있는 것이 아니다. 돈은 남이 벌어 주는 것이다. 남들이 벌어 주게끔 조성이 되어야 자연히 돈이 들어오는 것이지 그 기반이 안 되어 있으면 돈은 다른 곳으로 간다.

필자가 부처님을 모시고 있는 이 곳이 죽을 사람을 살리는 곳으로 지정되어야 한다. 그런 곳을 만드는 것이 나의 소원(所願)이다. 필자의 도량은 그렇게 될 만한 곳이다. 산천정기가 빼어난 곳이며 천상에서 북두칠성(北斗七星)이 내려앉아 도와주는 곳이다.

우주의 원리는 주역 8괘이다. 주역 8괘 신이 금강산(金剛山)에 후장으로 붙어서 도와주는 곳이 한국에서 여기밖에 없다. 한국의 수미산(須彌山)에 제석천(帝釋天)이 앉아계신 곳이고, 모든 것이 갖추어진 곳이다.

지구에서 제일 높은 부처님, 옥황상제님, 사천왕, 천하대장군, 바다를 관장하는 해수관음보살도 계시고, 미륵불까지 계신 곳이 한국에는 그 어디도 없다. 유독 서산에 금강산에만 계시고 중국 천태산에 나반존자님까지 모신 곳이 성불사이다.

사해용왕님, 용왕님, 용신이 다 계신 곳이고 물이 충분하다. 천수만(淺水灣)의 곡창지대를 안고 있는 곳이다. 한국에 이런 자리가 없다. 기도도량도 여기만한 곳이 없다. 지금까지 기(氣)를 가져간 사람이 없는 처녀지(處女地) 자리이다.

금강산 너머 군부대가 있는데, 대대장이 장군봉(將軍峰)에 기도(祈禱)

하여 장군(將軍)으로 승진한 이가 두 명이 나왔고, 현재는 대령(大領)이 책임자로 있다.

이 금강산은 지구상에서 제일 높은 분들이 다 계신 곳이다. 앞으로 나의 뒤를 이어 꼭 성사되리라 믿는다. 우리나라에서 한 곳밖에 없는 이곳을 찾기 위하여 무인도에 들어가 10년을 기도하여 해수관음부처님과 사해용왕님을 받아가지고 천상에 지리도사님까지 모시고 나와서, 계룡산 신흥암에서 10년, 무주 적상산에서 10년 기도 끝에 서산에서 금강산을 찾았다.

필자가 일평생 기도 끝에 찾은 곳이다. 18살부터 84살까지 기도를 한 사람이다. 현재 성불사를 창건하여 1,053불을 모셔 놓았지만 아래에다가 법당을 지으면 3천불(千佛)을 모실 생각이다. 이 도량은 3천불이 앉아 계실 곳이다. 필자가 죽기 전에 성사될 것이다.

나는 이곳에다 유전자를 가지고 병을 고치고 사람을 살리는 연구소를 만들고 싶다. 풍수지리의 도가 트이면 가능할 것이다. 이미 임상실험은 끝이 났다.

풍수지리 학문을 초(初), 중(中), 고(高), 대학(大學), 대학원(大學院) 등 과정으로 분류하여 체계적으로 교육하는 장소로 만들고 싶다. 그래서 졸업생들이 세계 각국에 진출하여 한 축을 담당하는 인재의 도량을 건립하는 것이 나의 소원이다.

세계 그 어느 병원에서도 고치지 못하는 환자만 받는 것에 중점을 두고 미친 사람, 암환자, CT촬영으로 병명이 안 나오는 불치병 환자들을 치료하는 연구소를 만들고 싶은 것이 나의 소원이다.

왜 이렇게 하냐면 나의 임상실험이 끝났기 때문에 병원에서 고칠 것은 고치게 하고, 각 병원에서 치료를 못하는 환자만 치료하는 곳으로 신(神)이 주는 병(病)만 고치는 연구소를 만들고 싶은 것이다.

이곳은 병원처럼 수술실과 의료기구를 갖춘 곳이 아니고, 유전자만 가지고 치료하는데, 환자의 나이와 생일(生日)만 알면 된다. 신이 주는 병만 고친다.

지금 우리나라에 그런 환자가 부지기수(不知其數)이다. 너무 안타까워 그런 환자만 고치고 싶다. 신의 병이 아닌 사람은 모두 병원으로 보낸다. 여기는 의사도 없고 의료시설도 없는 그러한 곳이다.

54

돌팔이 지관에게 속지마라

서울에 사는 동생이 『새로운 천년(千年)의 터』란 풍수 책을 썼고, 격암(格菴) 남사고(南師古)의 후계자임을 자임하며, 풍수를 잘하는 사람이라고 데리고 왔다. 그가 쓴 책을 보니 묘지 써준 이야기와 용산으로 이전한 대통령 집무실이 새로운 명당이라고 써 놓은 책이었다.

용산 집무실은 한강이 환포하고 중앙대 뒷산이 안산 역할을 하여 임시자리는 되지만 오래도록 있을 자리는 아니다. 주산(主山)이 없는데 남산을 주산으로 삼으면 주산이 너무 멀고 태조, 중조, 소조, 주산이 허하여 영구적으로 있을 자리는 못된다.

대통령 집무실이 들어앉을 자리는 서울에 따로 있다. 터가 때를 기다리고 있는 것이다. 그 곳에 자리하면 만년대길(萬年大吉)이며 세계강국이 되는 자리이다. 그런 자리가 있는 것이 천만다행(千萬多幸)이다. 그곳이 인연이 되어 대통령의 집무실이 생기면 남북통일과 국운상승의 기회가 오게 될 것이다.

동생이 데려온 지관이 스스로 도인이라고 하며 남사고(南師古)의 『격암유록(格菴遺錄)』에 나오는 명당 자리라고 알려주는 곳이 3곳이 있었다. 처음 본 자리는 과부의 곡소리가 나는 자리이며 지네가 광중(壙中)에 가득 찰 자리고, 두 번째 보여준 자리는 시골 공동묘지인데, 앞이 탁 터져 있어서 만산(萬山)도 없고 멀리 조산(朝山)만 보이는 곳으로 당판이 미약하여 조산까지는 도움을 받지 못하는 자리이고, 세 번째 자리는 서산 부석면 강수리 앞산인데, 와우혈(臥牛穴) 자리라고 하며 소대가리 뿔난 밑이라고 떠들어 댔다. 흉지에 가서 『격암유록(格菴遺錄)』에 나오는 자리라고 혼자 주장하는데 망지도 그런 망지가 없었다.

　앞이 15m나 되는 절벽이고 그 위가 와우혈로 임금이 나오는 자리라고 우기기에 팔십팔향법(八十八向法)으로 파구처(破口處)를 보니 패가망신(敗家亡身)하여 집안이 쑥대밭이 되는 자리였다. 그 사람이 말하는 곳은 물도랑이고 산능선이 평지로 내려오기는 했는데 살아있는 용(龍)은 아니었으며 좌청룡(左靑龍)은 뱀꼬리 같이 50m정도 용이 생기다 말았고, 우백호(右白虎)는 전혀 없으며, 안산(案山)은 멀고 수 십리가 연결된 산으로 인물이 나올 자리가 아니었다.

　이런 자리는 맥문이가 보아도 묘지를 써야할 자리가 아니라고 애기할 그런 자리인데 그런 곳을 보여주며 임금이 나올 자리라고 억지 주장을 했다.

　한번은 부여에 있는 공동묘지에 가서 대통령은커녕, 면장도 나올 자리가 없는 곳을 임금이 나올 자리라고 주장하길래 정확한 자리를 알려달라고 하니, 천기누설(天機漏泄)을 시키는 것이라 알려줄 수가 없다고 했다. 좌청룡(左靑龍) 너머에 여기서는 보이지는 않아도 임금님 옥새(玉璽)가 있다고 하는데, 국세로 보아 안산도 없고, 한 80리 들판 너머로 조산이 있는데, 조산도 임금이 나올 자리가 아니고 야산에 고만고만한 산봉우리 몇 개만 보였다.

천기누설이라 못 보여 준다고 하기에 그럼 안보여 줄 거면 왜 이 먼 곳까지 시간을 낭비하며 무엇하러 왔냐고 물었는데 대답이 없었다.

그 공동묘지는 촘촘히 묘를 써서 쓸 자리도 없거니와 좌청룡이나 우백호를 보고, 또한 주산을 보더라도 하급관리가 나올 자리도 없고 안산이 없이 탁 터진 곳이라 만원을 벌어오면 오천원을 보태서 나가는 자리였다.

이런 사람을 알게 되어 묘지를 쓰게 되면 집안이 쑥대밭이 되기 안성맞춤이다. 풍수지리를 형기학(形氣學)으로 공부한 것도 아니고, 이기학(理氣學)으로 조금 들은 풍월(風月)을 가지고 너스레를 떠는 사람인데다가, 혈토라고 가지고 다니는데, 황골 흙이 우렁질 흙으로 변해가는 아무런 기(氣)가 없는 흙을 가지고 이런 흙이 나와야 명당이라고 떠들어 대는 사람이었다.

황골 흙이라고 다 좋은 것이 아니고 양명하고 빛이 나면서 입으로 씹어 먹고 싶은 그런 흙이라야 기(氣)가 들어있는 것이지, 우렁질 흙과 황골 흙의 중간에 있는 흙은 아무런 기도 없어 오히려 물이 드는 흙이다. 흙을 가지고 풍수를 논하는 지관은 지관이 아니다.

산능선을 보룡(步龍)하면서 박환(剝換: 산맥이 깎이거나 풍화작용 등으로 부드러워진 지세)된 자리를 찾는 이가 참된 지관이다. 박환은 땅속에서 더운 기운이 나와서 풀이 죽고 나무도 죽고, 흙만 있고 마사토이건 황골 흙이건 그 흙은 빛이 난다. 빛이 없는 흙은 습(濕)이 많아서 우렁질로 변해가는 과정이다. 그런 흙은 마사토 만도 못하다. 흙 색깔을 가지고 논

하는 지관은 상대도 하지마라. 100% 거짓이다.

명당자리는 22가지의 특징을 지니고 있다. 그 사람이 말한 곳은 한 가지도 부합(符合)된 것이 없었다. 그 사람이 보여준 태안 원북은 바닷가 근처인데 첫째, 안산(案山)이 없다. 묘지는 안산에서 모든 걸 다 만들어 주기 때문에 안산이 좋아야 한다.

그 사람이 보여준 곳은 전순(氈脣)자리에 묘를 썼다. 내룡(來龍)은 편룡(偏龍)인데 넓이가 10m 정도로 묘지 전체를 뒤로 다 덮다시피 하였다. 그 위에 입수(入首)자리에 박힌 돌은 흰 돌이다. 과부의 곡소리가 나는 자리이다. 앞은 무연 바다고, 한 80리 밖에 조산은 보이나 당판 여기에 해당하는 전순에 묘를 써서 조산의 조응(照應)을 받지 못한다. 바닷물이 들어 올 때는 광중에 물이 차고, 썰물일 때는 광중에 찾던 물이 빠져나가는 자리이다.

어찌 보면 일조파산(一朝破散)에 횡액(橫厄)을 당하는 자리처럼 보였다. 무연(無緣) 바다가 보이고 좌향(坐向)은 건좌(乾坐)를 놓았는데, 내룡(來龍)이 자갈더미다. 장자(長子)부터 패가망신(敗家亡身)하는 자리다. 좌청룡(左靑龍)과 우백호(右白虎)는 쫙 벌리고 있어서 만원을 벌어오면 5천원을 더 보태서 나가는 자리이다.

앞이 이렇게 탁 트인 자리가 대명당이라고 우겨대는 사람이다. 필자가 여러 지관들을 상대해 봤어도 이런 돌팔이 지관은 처음 보았다. 이런 자리가 임금이 나오는 자리라고 또 우겨댄다. 필자가 볼 때는 그 묘지를 쓴 집에 돼지(亥), 토끼(卯), 양(未)띠 생인(生人)이 있으면, 그 사람이 죽거나 아니면 집안을 망하게 한다.

풍수를 가지고 말을 섞으며 대화조차도 할 수 없는 사람이라 빨리 귀가를 서둘렀다. 그리고 동생에게 전화하여 다시는 그 사람하고 어울리지 말라고 당부를 하였다.

만리포에서 천리포 쪽으로 가다보면 천리포 조금 못 가서, 만리포 해변에 백호(白虎) 능선이 바다로 뻗어나간 자리가 있다. 그 자리 끝에 펜션이 있다. 그 펜션이 부동산 매물로 나왔다고 가보자고하여 가 보았다.

펜션은 2층으로 잘 지었다. 좌향(坐向)을 보니 무연 바다를 보았다. 누구인지는 모르겠으나 이 펜션을 지은 후 하루아침에 망했겠네요. 하니까 그 동네 사람이 나서서 맞아요. 라고 응대했다.

이 펜션 짓고 입택식(入宅式)을 하려고 서울에서 시루떡 등을 하여 가지고 와서 행사를 하려고 문을 열고 들어가 보니, 어떤 여자가 목을 매고 죽어 있어서 경찰에 신고하여 사건을 조사하고, 소방대원들이 와서 시신을 수습하는 등 야단법석(惹端法席)이 일어났던 곳이라고 말했다. 산소나 가옥이나 앞이 무연바다를 보면 망한다.

만리포 채 못가서 왼쪽으로 들어가면 모항이다. 그 곳에 음식점이 두 곳이 있는데, 앞에 안산(案山)이 부봉사(富峰砂: 부를 상징하는 산)를 바라보고 있는 식당은 손님들로 문전성시(門前成市)인데, 다른 식당은 무연 바다를 바라보고 있다. 이 식당은 문전작라(門前雀羅:사람들의 발길이 끊어짐)였다. 무연바다를 바라보고 가옥(家屋)을 지으면 망한다.

근흥면 신진도리에도 무연바다를 바라보고 지은 가든이 있는데, 가든에 손님이 없어 망하고 나서 그 가든을 팔려고 내놓았는데, 10년 째 안 팔린다고 한다. 망할 사람은 그런 집 때문에 망한다. 묘지나 가옥이나 마찬가지이다. 다만 바다에 자그마한 섬만 보여도 일조파산(一朝破散)은 면한다. 만약 부봉사(富峰砂) 같은 섬이 있으면 그 집은 부자가 된다.

안면도(安眠島)에 가면 안면교 건너서 동쪽으로 들어가면 황도(黃島)라는 섬이 있다. 그곳에 홍씨네 묘지를 보러 갔다. 그 섬에 가보니까 펜션이 수십 채가 있다. 그런데 그 중에 한 펜션이 바다에 동그란 섬이 있는데, 그 섬을 바라보고 지었다. 그 펜션 주변에도 여러 개가 지어져 있었다. 필자가 홍씨에게 물어 보았다. 여러 채의 펜션이 있는데 둥근 섬을 바라보고 있는 펜션이 손님이 많지 안냐고? 홍씨 대답이 그 펜션은 겨울이건 여름이건 항상 손님이 많다고 하였다. 필자가 대답하길 그 집만 돈 벌게 집이 지어졌다고 하니까 그걸 처음 와보고 어떻게 아냐고 하기에 풍수공부한 사람들은 다 안다고 하였다.

홍씨 선영을 보니 자리가 아닌 곳에 있기에, 당신네 밭 저 곳으로 옮기시오 하니까, 그 밭에다가 고추를 심으면 일 년에 얼마의 수입이 된다는 계산이 앞서서 그랬는지는 몰라도, 이장을 권해도 옮기지 않았다. 조상의 묘지가 명당에 들어가면 엄청난 부와 명예가 들어오는 생각은 안하고 있는 것이다. 소탐대실(小貪大失)이다.

묘지는 조상이 가지고 있는 64괘의 신을 모셔놓은 곳인데, 조상 묘는 남들이 묘를 쓰니까 나도 써 놓는다고 여기는데, 조상의 묘가 운명을 바꾸어 놓는다는 것은 까맣게 모르고 있다. 안타까울 따름이다.

55

30대(代)에 중풍환자(中風患者)

　　조상 묘지에 물이 들었고, 그 물로 인하여 유골이 흩어 놓은 것 같이 되어, 자식이 30대에 중풍을 맞았다. 30대면 젊디젊은데 중풍을 맞았다니 안타깝기 그지없다. 그 사람 부인이 필자에게 상의하러 왔다.
　　그 집 사촌이 채무에 시달렸는데, 묘지를 이장하고 채무를 해결하고 통장에 돈이 쌓여간다는 소리를 중풍을 맞은 이의 부인이 듣고, 자기네도 묘지에 문제에 있어서 남편이 30대에 중풍 맞은 것이 아니냐고 묻기에 그렇다고 하였다.
　　시어머니 묘지가 망지에 있어서 그 묘지로 인해 무슨 띠가 중풍을 맞지 않았냐고 묻자 그 띠가 자기남편이라고 하였다. 그 부인이 친정에서 300만원을 가지고 와서 시댁 산소를 전부 옮겨달라고 하여 날짜를 택일(擇日)하여 인부들을 데리고 가서 묘지를 파보았더니, 시어머니 시신은 감포도 안하고, 그냥 관(棺)에다 넣어 묻었다. 탈관도 하지 않은 물이 들었던 관이라 유골이 모두 흐트러져 있었다. 그러니 중풍을 맞은 것이다. 유골을 제자리에 잘 맞추어 감포하여 공동묘지지만 명당인 곳을 찾아 옮겨주었다.

시어머니가 교회를 다녔기 때문에 염(殮)도 하지 않고 그냥 관에 넣어 매장을 한 것이다. 잘되겠다고 교회를 다니는 사람들이 오히려 더 망했다. 그래도 교인들은 하나님이 제일이라고 떠들어대면서 다 망가져도 하나님의 뜻이니 관여할 바가 아니라는 것이다. 자식들이 병들고 30대에 중풍을 맞아도 하나님만 믿으면 천당(天堂)에 간다고 우겨대는 이들이 그 사람들이다. 그 사람들 앞에서는 할 말이 없다.

"귀에 걸면 귀걸이고, 코에 걸면 코걸이이다." 그 사람들이 다 망하고 다 병들어도 다 하나님의 뜻이다. 하나님이 다시 복구하여 준다는 것이다. 무조건 하나님만 믿으면 된다는 것이다. 그들의 신앙 카르텔이며 교회방식이고 생활방식이다.

그 묘지를 이장하고 나서 한 달쯤 되었을 때, 그 부인에게 전화가 왔다. 묘지를 옮기기 전에는 남편이 혼자서 화장실도 못 갔는데, 이장을 하고 나서 자기 혼자서 일어나서 화장실에 다닌다고, 엄청 신기하다고 말했다. 그래서 차츰 좋아질 것이니 따뜻한 물에 수족(手足)을 담그라 하였다. 중풍은 수족부터 생기는 것이니 수족을 따뜻하게 해주면 혈류(血流)가 통하여 좋아진다고 애기해주고 그 후로는 전화가 끊어졌다.

56

안성에서 있었던 일

하루는 웬 손님이 찾아왔는데, 거봉포도 선물용 봉지에 필자의 이름을 적어 와서 인사를 하면서 김용찬 선생님이냐고 물었다. 내가 김용찬인데 어디서 오신 누구냐고 물었다. 선생님 함자(銜字)가 안성까지 소문이 났다. 선생님의 부적(符籍)이 사람을 살린다고 하여 찾아왔다고 했다.

안성시 서운면에서 왔고, 박씨 성을 가진 사람이다. 아내가 직장암에 걸려서 수술을 하였고, 옆구리로 대변을 받아내고 있는데, 아내가 통증이 심해서 옆에서 지켜보기가 안쓰럽고 힘들어 해서 통증만이라도 완화시킬 수 있을까 해서 왔다고 하였다.

부인의 나이를 알려달라고 하여 풀어보니, 암세포가 퍼질 대로 퍼져 있었고, 동토(動土: 금기시되어온 행위를 하여 귀신을 노하게 하였을 때 받는 재앙의 하나)까지 싹 잡혀 있었다. 집 서쪽 창고에 소리가 나는 물건을 놓은 것이 있는데, 그것이 동토가 났다. 무엇이냐고 물어보니 동네 농악풍물(農樂風物)을 갖다 놓았다고 하여, 그거 어느 방향으로 옮기고 내가 주는 동토부적을 가져다 붙이라고 했다.

부인이 암에 걸린 것은 당신 처갓집에 묘지가 전부 황톳물이 찼기 때문인데 처갓집에 식구들은 다 죽고 현재 당신 부인만 남았냐고 하니까 그렇다고 대답했다. 당신 부인도 내 재주로는 3년 밖에 못 살린다고 미리 말해주었다. 그랬더니 3년만 살아도 황송하다고 했다. 지금 같아서는 한 달도 못살 것 같다고 하기에 내 부적을 가지고 가서 부인 몸에 지녀주면 안 아플 것이라고 부적을 주었다.

박씨는 그 마을의 이장이었다. 부인에게 부적을 지녀주고 농악풍물을 다른 곳으로 옮기고 부적을 부치고 나니 부인에 통증이 없어졌다고 전화가 왔다.

3일 후 갑자기 박씨에게 전화가 왔다. 부인이 또 아프다고 한다고 왜 그러냐고 그러기에 부인이 부적을 지니고 있는지 확인해보니까 화장실에 갈 때 귀한 부적이라 잠깐 꺼내놓고 다닌다고 하였다. 부적만 지니고 있으면 통증이 없을 테니 잘 지니라고 했다. 부인은 3년 후 사망하였다. 묘지까지 써 달라고 해서 좋은 자리를 소점하여 주었다.

57

용인고등학교 이사장(理事長)

　　용인고등학교 이사장의 동생한테 전화가 왔다. 자기 형님이 지금 산소호흡기 달고 계시다고, 지금 돌아가시면 학교에 정리할 것이 많은데, 걱정이라며 연명(延命)할 방법이 없느냐고 하였다. 그래서 차를 보내라고 얘기하고 필자(筆者)는 부적(符籍)을 준비하였다.
　　한 시간 조금 지나서 왔기에 준비한 부적을 전해주면서 이 부적은 태워서 먹이고, 이 부적은 환자 몸에 지녀주라고 하고 보냈다. 다음날 전화를 해 보았다. 필자가 시키는 대로 하였냐고 물으니 그리했더니 다음날 산소호흡기 떼어냈다고 했다.
　　너무 신기하고 믿을 수 없었으나 형수가 천주교(天主敎)인인데도 워낙 정황이 없다 보니 무조건 살리고 보았어야 했는데, 형님이 생환(生還)하여 고맙다고 하였다.
　　필자는 그 분들에게 돈 한 푼도 받지 않았다. 이사장은 10년을 더 살고 돌아가셨다. 묘지를 써 달라고 연락이 와서 용인에 명당을 찾아 써 주었다.

58

용인 기흥 약사암에서

논에서 모내기를 하고 있는데 연락이 왔다. 전화를 받아보니 용인 기흥 약사암에 계시는 비구니 스님이 모기소리 만큼의 들릴 듯 말 듯 한 목소리로 나 좀 살려달라는 애절(哀切)한 전화였다. 내가 물었다. 동쪽의 상 갓집에 갔다 오지 않았냐고?

필자가 볼 때 여자가 사용하다가 죽게 되면 사용하던 물건은 모두 버린다. 그런데 그것을 보고 아까우니까 가지고 온 것이다. 그것은 가져오는 것이 아니다. 사람이 죽으면 사용하던 물건은 다 버린다. 쓸만하다하여 그 기물(器物)을 가져오면 망자(亡者)에 인자(因子)가 함께 따라와서 우환이 끊이지 않는다. 그 스님은 세상 물정을 몰랐던 것이다.

필자가 비구니 스님에게 저간(這間)의 상황을 재차 묻자, 자기 오빠가 대관령에서 목장을 하고 있는데, 죽어서 송장을 껴안고 울었다고 그리고 돌아오면서 남의 집에서 사용하던 장롱(欌籠)까지 가지고 왔다고 하였다.

내가 부적을 준비해서 갔다. 가보니 남자분이 한 분 와 있었다. 우선 가져왔다는 장롱에 부적을 붙여놓고, 방에 들어가 스님을 보니 다 죽어가고 있었다. 진상문(眞喪門)에 동토(動土)까지 싸 잡혀 있었다. 이런 경우 그냥 두면 그날로 죽을 수도 있었다. 빈 그릇에 부적을 태워서 먹였다. 먹여 놓고 20여분이 지나자 다 죽어가던 비구니스님이 정상으로 돌아왔다.

그것을 곁에서 지켜보던 남자가 자기가 와서 1시간 동안 불경(佛經)을 하였는데도 아무 효과가 없었는데, 당신이 와서 사경(死境)을 헤매는 스님을 살려놓았다고 필자에게 무엇을 하는 사람이냐? 법당(法堂)을 가지고 있느냐? 고 물었다. 그래서 나도 법당을 가지고 있고, 농사를 지으면서 인연(因緣)이 되는 경우 죽어가는 사람이 있으면 살리는 일을 하고 있다고 했다.

그 사람은 법사였다. 남자무당이다. 자기 법당에 가보자고 하면서 왜 손님이 없는지 알아봐 달라고 하기에 가보니 건물 구조가 잘못되어 있어서 바로 잡아주고 나서 점심대접을 받고 온 적이 있다. 필자의 부적은 죽을 사람을 살리는 부적이다.

우정읍 호곡리 봉곡동에서 인부를 15명 정도 얻어서 모를 심으려고 준비하던 남편이 상갓집 갔다 와서 죽는다고 데굴데굴 구르고 있다고 부인한테 전화가 왔다. 바로 가서 부적(符籍)으로 처방을 하고 나니, 언제 무슨 일이 있었냐며 모를 심는다고 갔다. 이 사람도 진상문(眞喪門)에 걸렸는데, 귀신(鬼神)의 병은 필자가 바로 고칠 수 있다.

59

장로에게 있었던 일

필자의 집에서 4㎞만 가면 할렐루야 교회(敎會)가 있다. 그 교회에 장로이야기다. 그 집 아들이 우리 집에 왔다. 자기 엄마가 당장 죽게 되었다고 하였다. 몸이 너무 아파서 약을 써 봐도 백약(百藥)이 무효(無效)라고 하였다.

그래서 내가 혹시 서쪽의 상갓집에 갔다 왔냐고 물었다. 원안리에 미친 여자가 있었는데 교회에서 고칠 수 있다고 하여서 교회에 갔더니 그 미친 여자를 마귀(魔鬼)야 물러가라며 때려서 죽였다고 한다. 교회에서 책임지고 신도(信徒)들이 다 모여서 장사를 지내주었다. 엄마가 거기 갔다 와서 아프다고 하기에 상문(喪門)이 걸린 것을 알았다.

필자가 부적을 한 장 태워서 그 재를 쌍화탕(雙和湯)에 섞어서 그 아들에게 주면서 목사님이 준 거라고 말씀드리고 엄마에게 먹이라고 하였다. 아무 연락이 없기에 다음날 전화를 해 보았다.

아들이 엄마가 그 쌍화탕을 마시고 나서 거둥을 하며 이제 아프지 않아서 살 것 같다고 하였다고 한다. 그러면서 그 병에 무엇이 담겨있었기에 어머님이 감쪽같이 낳았냐고 묻기에 부적을 태운 쌍화탕이었다고 애기해주고, 엄마가 장로인데 부적을 먹겠는가라고 말하고, 엄마를 살리기 위해 그리해서 주었다고 하였다. 진상문에 걸리면 죽는다. 우리 삼촌도 상문에 돌아가셨다.

60

아버지 초상(初喪)지내고 상문(喪門)

우정읍에서 있었던 일이다. 자기 아버지 초상을 치르고 아들이 상문에 걸렸다. 그 엄마가 필자에게 와서 아들이 부친상(父親喪) 후에 아파서 병원에 입원을 했는데, 그 증세가 심해진다는 것이었다. 그래서 필자도 작은 형님 장례를 치러주고 죽을 뻔 했다고 하였다. 망자(亡者)가 나를 꼭 붙들고 있어서 이화리에 있는 절에 가서 떼어냈다고, 아들이 상문에 걸렸으니 내가 써준 부적을 태워서 먹이면 아팠던 것이 거짓말처럼 나을 거라고 하였다. 아들은 부적을 복용하고 씻은 듯이 나았다.

아끼는 후배가 4km 떨어진 마을에서 사는데, 전화상으로 모기소리만한 목소리로 상문(喪門)이라는 것이 있느냐는 것이었다. 그래서 상문에 걸리면 죽을 수도 있다고 하고 어떻게 아프냐고 묻자 배를 쥐어뜯는 고통이라고 하였다. 혹시 남쪽 상갓집에 다녀왔냐고 물으니 양지면에서 행정사무를 보던 이가 죽어서 문상을 갔다 왔으며, 며칠이 되었다고 하였다.

그러면 몇 가지를 준비해놓으라고 일러주고 오토바이를 타고 가 보았다. 몰골이 말이 아니었다. 참는 것도 한계가 있었을 텐데, 혈압(血壓)이

230까지 올라갔었다고 하면서 죽기 직전까지 갔었다고 하기에 부적태운 것을 먹이고 잠시 경문(經文)을 읽어 주었다. 내일은 거둥할 수 있을 테니, 병원에 가서 진료를 받아보라고 하였다. 그 후 한 달 병원치료를 받았다는 연락은 들었지만, 필자에게는 연락도 없다. 도리(道理)를 모르는 사람이다.

61

묘지(墓地)를 써주러 가서 죽은 사람 살린 이야기

하루에 두 군데 묘지를 써 주게 되었다. 팔탄면은 초상집 묘를 쓰는 일이고, 우리 마을은 면례(緬禮)하는 일이었다. 여기는 10시 하관(下棺)이고, 생장(生葬)은 오시(午時) 하관이라 미리 전날 가서 줄을 띠워주고 그대로만 파라고 일러주고 내일 11시경에 오겠다고 하였다.

면례를 10시에 마무리하고 바로 오토바이를 타고 장지(葬地)에 11시에 도착하였다. 어디를 가든지 광중(壙中)에서 일하는 사람은 따로 있다. 그 날도 매번 하던 사람이 광중작업을 하고 있었다. 내광(內壙)을 파고 나서 시신을 모시고 횡대(橫帶)를 덮고 나오는데 그 사람이 쓰러지더니 인사불성(人事不省)이 되었다.

이 사람 호충(呼沖: 입관이나 하관하는 것을 보고 화를 당하는 것) 아니냐고 사람들이 아우성이 났다. 줄 초상나면 어떻게 하냐고 걱정이었다. 필자가 아주머니에게 빈 그릇을 달래서 부적을 태워서 물을 섞어 먹였다. 이 물을 넘겼으니 10여 분만 있으면 깨어날 거라고 말했는데, 걱정이 앞선 아주머니가 119를 불러서 병원 응급실로 데리고 가야 된다고 하였다.

그래서 이 병은 의사가 못 고치는 병이고, 내가 이런 병을 고치는 전문가요. 한 5분만 기다리면 눈을 뜨고 일어난다고 했다. 잠시 후 실신(失神)한 이가 일어나기에 어떠냐고 물으니 하늘이 노래지면서 정신을 잃고 쓰러졌다는 것이다. 그런데 검은 옷을 입은 사람이 빨리 가자고 자기를 데리고 어디를 가고 있는데, 누가 자기 입을 벌리고 물을 먹였다고 했다. 그 물을 먹으니까 조금 정신이 들어서 동행하던 이에게 먼저 가라고 하고 눈을 떠보니 지금 이곳이라고 하였다. 그 사람 따라 갔으면 당신은 죽었을 것이다. 안 따라가기를 잘했다. 누군가 물을 먹이는 바람에 그 사람이 혼자 갔다고 하였다.

그 인부 살려놓고 묘지를 써주고 왔다. 한 일주일쯤 지났는데, 그 사람이 낙지, 대하(大蝦) 등 안주와 술을 사 가지고 찾아왔다. 지관님 덕분에 살았다며 고맙다고 하면서 인사를 하러 찾아온 사람은 그 사람밖에 없었다. 대접을 받고 조금밖에 못 먹었지만 나머지는 마을 사람들 대접하라고 하였다.

수많은 사람을 살렸고 다른 사람들은 그것으로 끝났지만 고맙다고 일부러 찾아온 사람은 인부인 이씨 그 사람밖에 없다. 필자는 귀신에 붙잡혀 죽을 뻔한 사람을 수십 명 살렸다.

62

조상(祖上)에 영혼주입(靈魂注入)이 안 되면 탄생(誕生)이 안 된다

    3혼(상령, 유정, 태광) 7백은 사람이 가지고 있는 영혼이고, 인간의 몸에 64괘의 신을 가지고 있다. 64괘의 신 속에는 조상의 신이 있고, 8괘신, 구궁신, 태양신, 태음신, 상시신, 현무, 주작, 청룡, 백호 이렇게 64괘의 신이 인간의 몸에 있다..
    사람이 육신을 바꾸려할 때는 상령은 조상신인데 나간다. 유정은 천체(天體)에서 빌려온 영혼이라 죽으면 천상에서 저승사자가 데려가는 영혼이 유정이다. 태광과 7백이 무덤으로 들어가면 땅속에서 육탈이 다 되면 전도체로 변하면서 조상의 영혼도 들어오고, 나의 영혼도 모두 다 칠백의 영혼이 합쳐 전도체로 변한다.
    우주의 기(氣)와 산천정기를 자기도 받고 후손한테도 주는데, 자손이 많다고 다 보내 주는 것이 아니라, 조상 묘 좌향(坐向)에 따라 삼합논리(三合論理)를 근거로 하여 삼합(三合)이 되는 사람에게만 보내준다.

그래서 그 집 후손들의 범띠(寅), 말띠(午), 개띠(戌)가 있다면, 간좌(艮坐)나, 병좌(丙坐)나, 신좌(辛坐)를 놓으면 조상의 기를 가장 많이 받는다. 만약 자식들 중에 뱀띠(巳), 닭띠(酉), 소띠(丑)가 있다면 손좌(巽坐)나 경좌(庚坐)나 계좌(癸坐) 자리 중에 명당을 찾아서 놓아주면, 세 띠가 도움을 받는다.

만약 자손들 중에 원숭이띠, 쥐띠, 용띠가 있다면 명당자리를 곤좌(坤坐), 임좌(壬坐), 을좌(乙坐)를 놓으면 발복을 받는다. 자손들 중에 돼지나 토끼, 양띠가 있다면 명당을 찾아서 건(乾), 갑(甲), 정(丁)좌를 놓아주면 발복을 받는다. 그럼 12띠의 자식들이 모두 발복을 받게 된다.

몇 대(代)를 한데 몰아서 집묘(集墓)를 하면 아무리 좋은 자리일지라도 한 좌향(坐向) 밖에 놓을 수밖에 없으니 세 띠에 해당하는 자손만 발복한다.

한 사람이 크게 발복을 받으려면 명당자리가 세 군데는 있어야 하고, 만약 망지가 세 군데 있으면, 그 집 자손들은 단명(短命)을 하게 되고, 살아가는데 곤궁함을 피(避)할 길이 없고, 자식들 교육조차도 시키지 못한다. 묘지가 그렇게 중요한 역할을 한다. 명당이 세 군데 있어 귀혈(貴穴)이라면, 후손이 4~5대 안에 국회의원 같은 높은 관직에 있거나 부자로 살면서 장수(長壽)할 수 있다.

3반상만 망지에 있으면 5대가 고통 속에서 곤궁하고 힘겹게 산다. 만약에 밥을 겨우 먹을 정도라도 되면 빚을 내서라도 명당을 찾아서 조상 묘지부터 옮겨 놓아아야 한다. 왜냐면 이 세상에 운명을 바꿀 수 있는 방법이 조상 묘지밖에 없다. 다른 방법은 없다.

내 조상만이 나를 살린다. 타인이 혹여 도움을 준다하더라도 일회성

(一回性) 내지는 잠시 도움이지 지속적(持續的)이며 영원하지는 않다. 영원히 도와주는 신은 조상밖에 없다.

산소 자리도 명사를 만나면 명당을 찾는다. 필자는 인연이 닿은 까닭이겠지만 270년 9대(代)가 발복하는 자리도 잡아 보았고, 군왕이 나오는 자리와 만석궁 자리 4군데나 잡아 주었다. 필자와 같은 지사를 만나는 것은 하늘에 별 따기다. 이 세상에 명사가 그리 많지 않다.

왜냐면 진짜 명사라면 산신(山神)이 훼방을 못할 정도로 도(道)가 있어야 실수가 없고, 천상(天上)의 지리도사님이 내려오셔서 도와줄 수 있을 정도에 도인(道人)이어야 한다. 이 세상에 있기는 한데 어디에 있는지 모른다. 그래서 못 찾는 것이다. 그리고 가짜가 많아서 진짜를 찾아야 한다.

진짜 명사 찾기는 어렵다. 명사를 찾는 방법을 소개한다. 첫째, 그 명사의 조상이 명당에 모셔졌는지 보아라. 둘째, 그 명사가 자기 조상을 국반급에 모셨나 보아라. 셋째, 만석궁(萬石宮)이 나오는 자리는 몇 개나 써 주었나? 물어 보아라. 넷째, 오천석 갑부자리는 몇 개나 써주었나 물어 보아라. 다섯째, 도반급은 몇 개나 써주었나 물어 보아라. 여섯째, 천연적인 돌관이 땅속에 박힌 자리는 몇 개나 썼나? 일곱째, 향반급 자리는 몇 개나 써주었나 묻고, 여덟째, 승금혈은 몇 개 써주었나? 아홉째, 복회혈 자리는 몇 개 써 주었나? 열 번째, 보궁자리는 찾아 주었나? 물어 보라.

위에 적어놓은 대로 다 찾아서 여러 개씩 써주었다면, 명사급에 들어간다. 오천석, 만석궁 자리는 땅 속에다 감춰놓았다. 개안(開眼)이 된 사람은 찾는다. 열한번째, 반룡(蟠龍)자리를 찾아서 써 주었나? 물어 보아라. 반룡자리도 감춰놓은 자리다. 땅에서 풍기는 서기(瑞氣)를 가지고 찾는 자리가 반룡자리다. 승금혈 자리는 어지간한 사람은 못 찾는 자리고, 국반급 자리도 감춰져 있다. 그런 자리는 지관을 50여 년 해야 찾을 수 있다.

63

사람의 출산(出産)과 사망(死亡)은 조상(祖上)의 몫이다

조상의 도움이 없으면 사람이 태어날 수 없다. 조상 묘지를 파서 화장하여 산이나 바다에 뿌려버리면, 그 집은 종자(種子)가 없어져서 손(孫)이 끊어진다. 옛날에 대역죄를 지은 사람에게 왕이 내리는 가장 큰 형벌은 능지처참(陵遲處斬)과 부관참시(剖棺斬屍)였다. 능지처참은 사지(四肢)를 자르는 형벌이었고, 부관참시는 이미 땅속에 묻힌 시신을 끄집어내어 시신에 가하는 형벌이다. 그 죄인의 조상이나 본인에게 씻지 못할 형벌인 것이다. 다시 말해 종자를 없애거나 훼손을 시키는 형벌인 셈이다.

지금은 세상이 말세라서 그런지 본인들 스스로가 시신을 훼손하는 사례가 비일비재하다. 조상을 훼손하여 종자를 없애면, 다른 이민족이 한반도를 차지하게 될까 걱정이 앞선다. 이것은 국가차원에서 가장 심각한 일이다. 어쩌다가 우리나라가 이 지경까지 왔는가? 국민들은 스스로가 종말을 재촉하고 있다.

필자의 마을만 보아도 그런 집이 있다. 그렇게 하는 것이 좋은 것으로 알고 따라하는 사람들이 늘고 있다. 이것은 심각한 문제이다. 벌초(伐草)하기 싫다고 다 그렇게 하면 나라에 종말이 오지 않을까 걱정스럽다.

지금 우리나라는 결혼을 못한 총각들이 주변에 쉽게 눈에 띈다. 60이 넘었는데도 혼자 사는 총각과 처녀가 늘고 있다. 경제상황이 빈익빈부익부(貧益貧富益富)의 양단으로 치닫다 보니까 결혼문제가 사회문제로 크게 부각되고 있다.

조상을 땅에 모셔도 손(孫)이 끊어지는 자리가 있다. 산꼭대기에다 조상 묘를 써도 절손(絶孫)이 된다. 또한 묘지 앞이 수십 미터 절벽이면 손이 단절된다. 묘지 앞이 무연 바다를 보는 자리도 자손이 절손되고 재산도 일조파산(一朝破散)이다.

묘지를 쓰는 이유는 다시 윤회(輪回)를 하기위한 장소(場所)이다. 사람이 윤회할 수 있는 것은 원소(元素)가 흙에 있기 때문이며, 흙이 아니면 윤회를 할 수 없다.

조상 묘를 모두 화장하여 건물을 지어 그 건물에다 넣어 보존해도 손은 끊어지고, 납골당(納骨堂) 안치는 더더욱 나쁘다. 그런 곳은 자손의 단절뿐만 아니라 재패와 사망에까지 이른다. 사람의 유골단지 중에 돌단지, 유리단지, 플라스틱단지, 나무단지, 옥수수단지, 쇠단지 등은 일체 사용해서는 안 된다. 필히 손(孫)이 끊어진다.

함(函), 즉 단지를 사용한다면 반드시 흙으로 제작한 단지여야 한다. 흙으로 빚어서 구운 단지는 숨을 쉰다. 인간이 만들어진 원소가 흙이다. 그래서 흙으로 구운 황토함이 제일 좋다. 흙으로 구운 단지를 사용하여 흙속에 묻어야 흙과 같이 숨을 쉬어서 인간으로 태어난다. 다 실험하여 경험한 결과 값이다. 용기만큼은 꼭 황토 흙 단지를 사용해야 한다.

특히 쇠붙이, 돌, 유리, 플라스틱은 상극(相剋)이다. 그런 속에다 담아

놓으면 조상을 버려도 아주 흉악(凶惡)하게 버린 것이라 본인에게 큰 해(害)가 있다. 조상을 돌 납골당에 모셔 놓고 망하거나 죽는 사람 많이 보았고, 수천만 원씩 비용을 쓰고 납골당을 지어 싹 망해서 다시 다 버리고 단지만 꺼내서 흙에 묻고 나서 목숨만 연명(延命)하다가 차츰 좋아지는 경우도 보았다.

　수덕사(修德寺) 아래 사하촌(寺下村) 사람인데, 그렇게 하고서 200억(億) 재산 다 탕진하고, 부인과 이혼하고 사망하기 직전에 필자를 만나서 유골만 좋은 곳에 다시 묻어서 헤어진 부인과 재결합하고, 그나마 태안에 집 한 채 간신히 보존하여 부인과 행복하게 잘 살고 있다. 이렇게 무서운 것이 또한 조상이다.

　조상 묘를 헌신짝 버리듯 취급하면 본인이 망하는 것은 순식간이고 조상도 자손을 자기가 만들어 주었기 때문에 바로 죽여 버린다. 산 사람은 법이 무서워 못 죽이지만, 조상들은 법이 없어 자손들 죽이는 것을 파리 죽이듯 한다. 이 점 꼭 알고 살아야 한다.

　2020년 필자 마을에 있었던 일이다. 그 사람은 교육자였다. 초등학교 선생님을 하다가 정년퇴직하고 아버지가 살던 집으로 들어와 살았다. 그런데 작년(昨年)에 죽었다. 선생노릇만 한 사람이라 세상물정은 잘 모른다. 생전에 초상집도 안 다녔고, 초상나면 어떻게 해야 한다는 것도 몰랐다. 그 사람이 죽으니까 주위의 사람들이 한 명도 오지 않았다.

　그 사람 아들도 초등학교 선생이었다. 그런데 선생이면서 무엇 하나 알지 못하는 것은 아버지나 아들이나 똑같았다. 그 마을에 명사가 있었다. 그런데도 지관을 부르면 비용이 발생하니까 아까워서 인부 2명을 사서 시신을 짐승을 매장하듯이 하였다. 묻어준 사람의 말로는 서남간(西南

間)을 향(向)했다고 한다. 그러면 간축좌(艮丑坐)이다. 간축좌는 오살(五殺)을 맞는다. 망자(亡者)가 사망하고 3개월이 지나고 아들이 잠을 자다가 죽었다.

　부자가 한 해에 모두 죽었다. 장례를 치를 때 시신을 장법에 맞지 않게 처리하면 한 집안이 쑥대밭이 된다. 이렇게 무서운 것이 또한 조상이다. 금쪽같은 내 자식이라 하더라도 조상을 망지에 장사지내면 내 자손 죽이는 것도 파리 죽이듯 한다. 경자년(庚子年)에 서산 인지면에서 있었던 일이다. 그 무덤 자리를 지금이라도 파서 바로잡지 않으면 그 집은 또 시련이 닥칠 것이다.

　경기도 용인 수지면 천주교(天主敎) 공원묘지에서 그런 일이 있었는데, 필자가 파서 바로 잡아주지 않으면 또 초상이 난다고 말을 해 주었는데, 차일피일(此日彼日)하는 동안 20일 후에 9살 먹은 아이가 죽었다. 그 집안의 막내가 아이를 잃은 큰형에게 자초지종(自初至終)을 이야기하자 그 큰형이 허락하여 묘지를 길지로 이장하고 나서 그 집은 안정이 되었다.

　사람을 만들 때 64괘의 신을 지존님들이 넣어주는데, 이를 다 무시하고 인간이 자기 마음대로 하면 반드시 그 대가를 치른다. 세상에서 제일 무서운 분이 조상이다. 살아있는 아버지가 자식을 죽이는 것은 법으로 처벌을 받지만 아버지의 귀신이 자식을 데려가는 것은 근거가 없기 때문에 처벌을 못하는 것이다. 근거가 없이 죽이니까 무섭다는 것이다.

　선생 부자가 죽은 집을 돌이켜 보면 된다. 그 아버지 조상이 가만히 있을 리가 없다. 결국 필자가 묘지를 옮겨주고 나서 몇 년이 되었는데, 아직까지는 조용하다. 장례를 치르는 법수에 맞춰서 쓰니까 아무 탈(脫)이 없는 것이다. 시신을 묻는 것도 음양(陰陽)과 오행(五行)이 다 맞아야 하고,

하관(下棺)을 할 때도 장법(葬法)이 여러 가지가 있는데 그에 맞게 진행을 해야 하자가 없다.

예산에서는 초상을 치르고 7일 마다 사람이 죽은 일이 있었다. 세 사람이 연이어 사망했는데, 그 집도 시신의 좌향(坐向)을 오살(五殺)에 맞게 쓴 경우이다. 사람이 윤회하여 태어나는 것도 조상의 도움이 있어야 하고 사람이 죽을 때도 조상이 데려간다.

64

구안와사는 조상(祖上)이 준 병(病)이다

　　예산 신양에서 있었던 실화(實話)이다. 신양에 국화꽃 재배기술자가 있어서 국화꽃을 재배하는 사람들이 교육을 받으러 오는 곳이다. 그런데 그 기술자가 구안와사에 걸려 입이 삐뚤어져 말을 하는데, 어눌하여 듣는 사람도 말귀를 못 알아듣고 본인도 힘들어 하였다.

　　그래서 치료를 하려고 병원도 다니고, 한의원에서 침도 맞고, 심지어 기(氣) 치료를 하는 사람에게 기 치료까지 받았으나, 아무런 효과가 없었다고 한다. 그런데 태안에 사는 보살(菩薩)과의 인연으로 필자에게 연결되었다.

　　병이 생긴 원인을 찾기 위해 육효점(六爻占)을 쳐보니 원인이 묘지였다. 그래서 조상 묘지 6군데가 물이 들어서 큰형도 중풍(中風)을 맞아 누워있고, 바로 위에 형님은 어머니 묘지로 인해 사망하였고, 본인도 구안와사를 맞은 것이라고 알려 주었다.

　　그러자 그 사람이 어떻게 해야 하냐고 묻기에 6반상을 모두 파서 화장하여 좋은 자리에 골분(骨粉)을 황토 흙 단지에 담아 모시면 당신 병은 치료가 된다고 하니까, 자기는 막내라 형님도 생존해 있고, 누이들도 있어서 혼자 결정할 수 없고 가족회의를 해야 한다기에 그리하라고 하였다.

얼마 후 그 사람에게 전화가 왔다. 집안에 우환(憂患)이 묘지가 원인이라면, 필자가 제안한 대로 화장을 해서 좋은 자리로 모시자고 결정을 하였으니 모실자리를 부탁한다고 하였다. 그래서 신양에 갔다. 3반상은 파서 화장을 하였고, 나머지 3반상은 개장을 하고 있었다. 마침 그때 아버지 묘를 파고 있었는데, 자세히 보니 두개골에 나무뿌리가 들어간 것이 보였다. 그래서 구안와사 걸린 이에게 당신 아버지 두개골로 들어간 나무뿌리 때문에 당신이 구안와사에 걸린 것이라고 설명을 하니 그제야 수긍을 하였다.

아버님 묘를 화장해서 좋은 곳에 모시면 한 달 안에 자연스레 치료가 될 것이라고 말해주고, 6반상을 인근에 좋은 자리가 있어 그 곳에 모셔주고 왔다. 한 달쯤 지났을까 그 사람에게 전화가 왔다. 고마워서 인사를 드리러 오려는데 집에 계시냐는 것이었다. 통화 후 한 시간쯤 지나니 그 사람이 왔다. 큰 절을 하면서 스님 덕분에 구안와사가 나았고, 집안도 편안해졌다고 하였다.

환자의 건강한 모습을 보니 필자도 흐뭇했다. 내가 사경(死境)을 헤매는 사람을 살린 것이 부지기수(不知其數)인데, 그 먼데서 인사하러 찾아온 사람은 당신 한 분이라고, 살려 놓으면 그 때뿐이었는데, 그 은공을 알고 인사를 받으니 오히려 나도 보람을 느낀다고 대화하며 정(情) 나눔의 시간을 가졌다.

65

묘지(墓地)를 쓰는 원인(原因)은
조상(祖上)을 도통(道通)하는 데 있다

명당자리는 22개의 특징이 있다. 땅속에 기(氣)가 돌 줄기를 타고 다니면서 그 돌이 삼각형으로 위로 솟은 곳이 있다. 기가 삼각형으로 된 돌 줄기를 타고 올라와서 돌 끝에는 흙이 덮혀 있다. 기가 흙으로 통하니까 흙에서 따뜻한 온도가 계측(計測)된다. 그 온도가 인간의 체온 정도인 29℃가 측정되어야 명당이다.

그런 곳에 광중을 만들면 시신 썩은 물이 따뜻한 온도에 의하여 증발되어 날아간다. 그리고 육탈이 되어 유골만 남으면 육신에 있던 영혼이 유골로 다시 모인다. 유골로 다 모이면 유골이 전도체로 변한다. 전도체라 하면 도통한 정도의 수준이다. 그래서 전도체는 그 망인이 도통한 것과 똑같다. 도통한 영혼은 분출할 수 있다.

땅속에 있어도 분출되면 삼천대천세계(三千大天世界)까지 왕래(往來)할 수 있다. 이 사실의 근거는 다음의 이야기에서 알 수 있다. 인도(印度)에 무착보살이 도통을 하여 무착보살이 도솔천에 계신 미륵보살을 만나러 올라갔다. 미륵보살에게 말하길 "아리야식(阿梨耶識)에 대한 설명을 하여도 백성들이 알지 못하니 보살님이 밤에만 내려오시어 아리야식에 대한 설법을 하여 주시면 낮에는 제가 설법하겠습니다."라고 하여 미륵보살이 밤에 도솔천에서 내려오셔서 아리야식에 대한 설법만 하시었다는 설이 있고, 낮에는 무착보살이 설법하여 사람에 영혼이 8개가 있다고 한 것이다.

도솔천은 수미산 꼭대기인데 수미산은 하늘로 솟은 높이가 320리라고 한다. 320리의 높이라면 도통을 안 하고는 올라갈 수가 없는 곳이다.

조상에 묘도 명당만 들어가면 도통을 하여 우주에 기, 산천정기의 기를 받아 가지고 자기의 후손 중에 선택된 사람에게 복을 준다.

조상이 명당에 묻힌 좌향(坐向)이 자좌(子坐)라면, 신자진(申子辰)생에게만 보내준다. 신자진생에게만 보내주는 것은 삼합이론에 의한 것인데, 왜 세 띠한테만 주는가? 사람에 영혼이 3혼(魂) 7백(魄)이다. 영혼이 셋이라 세 띠에게만 주는 것이고, 7백은 3혼에 비서역할이다. 불교(佛教)에서 말하는 안(眼), 이(耳), 비(鼻), 설(舌)이 7백이다. 후손 세 띠가 대발복이 되면 다른 후손은 그 발복된 사람의 그늘에 도움을 받는 것이다. 옛말에 "수미산 그늘이 강동 80리 간다"는 것이 여기에 해당되는 말이다.

명당자리가 이렇게 어마어마한 기를 자손한테 주니까 그 후손이 발복될 때는 그 영향이 산더미같이 몰려온다. 사람의 운명을 바꾸는 것은 이 세상에 아무것도 없다. 그런데 나의 띠에 맞는 명당자리에 조상 묘를 써 놓으면 해당 띠는 운명이 바뀌는 것이다.

『금낭경(錦囊經)』에 "명당에 묘를 쓰면 산골에서 소리치면 메아리가 되돌아오듯 속발(速發)이 된다"고 한다. 그런 명당자리는 해목혈(蟹目穴)이다. 바다에 꽃게가 땅에서 엎드려 있는 형국이 해목혈이다. 해목혈은 뺑둘러

자갈돌이 박혀있다. 꽃게 잔등에 빙 둘러서 가시가 있는 것과 같은 모양이다. 그런 자리를 파보면 천연적인 돌관이 박혀있다. 돌관이 박힌 그 좌향(坐向)대로 그대로 써야지 돌관을 깨뜨리고 좌향(坐向)을 틀어서 쓰면 아무런 효과가 없다. 명당자리만 해치는 것이다.

천지조화(天地造化)로 만들어진 자리는 패철(佩鐵)을 놓아보면 법수(法手)가 맞게끔 만들어져 있다. 괜히 자기가 뭔가 잘 아는 것처럼 천연적으로 박힌 것을 깨뜨리고 쓰는 지관은 돌팔이 지관이다. 그런 자리를 만나면 지관이 깨뜨리어 좌향(坐向)을 놓는다고 하면 못 깨뜨리게 하고 한복판에 돌관이 생긴 대로 써야한다. 그런 명당자리는 정승과 판서가 나오는 자리이다.

명당자리가 아니고 망지자리라면 그런 곳에서도 후손을 점지하기도 한다. 그런 곳에서 병을 가진 자손이 나온다.

명당을 찾는 이유는 그 명당자리에서 조상이 점지하여 주는 아이가 나온다. 그런 아이가 크게 되는 것이지, 수십 년 전에 나온 사람이 큰 벼슬을 하는 것이 아니다. 사람들은 생각하는 것이 우리 조상을 명당에 썼으니, 나한테 해당이 되거나 크게 될 것이라고 하는 생각은 잘못된 생각이다.

나라는 사람은 조부(祖父)나 조모(祖母)산소에서 기운을 받아가지고 나온 사람이라 조부모가 대명당에 계시다면 높은 관직에 있을 것이다. 내가 아무 출세도 못하고 있으면 조부모의 묘를 나하고 합이 되는 좌향(坐向)에 썼어도 그 자리가 망지면 내가 사는 것이 곤궁해지는 것이다.

발복은 꼭 한 대(代)를 건너서 보아야 한다. 내가 살아있으면 나의 손주는 나의 아버지나 어머니 묘가 명당에 있어야 하는데, 손자의 띠하고 부모님의 묘지 좌(坐)가 삼합(三合)이 되어야 발복이 된다. 만약 손자가 호랑이띠라면 부모님 산소는 인(寅), 오(午), 술(戌)로 좌(坐)를 놓아야 발복이 되고, 그 산소에서 점지한 자손이다.

내가 만약 손자를 낳기 전에 일찍 죽어서 명당에 들어갔다면 내가 점지하여준 자식은 크게 된다. 아무것도 모르는 사람들은 조상을 최근에 명당을 찾아서 이장하면 자신과 자식의 발복을 학수고대(鶴首苦待)하는 것은 큰 오산이다.

요사이 쓴 묘지가 도를 통하는 자리라면 그 분이 점지하여 태어나는 자손은 큰 인물이 된다. 왜냐면 그 자리로 인하여 세상에 나온 자손은 사주팔자(四柱八字)부터 받아가지고 태어나기 때문에 크게 발복이 되지만, 이미 태어난 자손은 먼저 모신 조상의 묘의 영향을 받고 DNA가 구성되어 태어났기 때문에 새로이 쓴 묘에 영향은 덜하다는 것이다.

지금 묘를 이장하여 지기(地氣)를 받도록 좌향(坐向)을 맞추어 썼다면 100% 영향을 못 받는다. 이미 태어날 때 받은 사주 때문이다. 그래서 약간의 도움만 받는 것이다. 약간의 도움이라는 것은 삼혼(三魂)은 못 받아도 칠백(七魄)의 도움은 간접적으로 받는다는 말이다. 잘된 사람의 도움을 받는 것이 칠백이다.

"수미산 그늘이 강동 팔십리 간다"는 말이 바로 그 말이다. 그 집에서 장관이 나왔다면 자기 팔자로 장관이 된 것은 아니지만 자식이 장관이 되었다면 자식이 아버지에게 용돈도 많이 주고, 아버지가 어디를 가더라도 장관의 아버지라면 남들이 해코지 못하는 것도 그늘이다. 그러한 간접적인 도움이 있다는 것이다.

만약 장관의 아들이 받은 자리를 아버지도 영향을 받았다면, 부동산

사무실을 아버지와 여러 사람이 같이하고 있다면, 계약을 다른 이들은 못해도 그 아버지만은 계약을 하게 된다. 명당과 망지의 차이가 이런데서 나타난다.

윗대 조상이 대명당에 있다면 그 명당하고 삼합이 맞는 자손은 계절병(季節病)이 돌아도 병에 걸리지 않는다. 전쟁터에서도 그런 사람은 야전에 있지 않고 장군의 비서나 아니면 내근직 보직을 받는다. 이것이 명당에 위력이다.

그런데 왜 명당을 불신하고 조상을 아무데나 묻는가? 자기가 조상을 망지에 장사지내고 잘되기를 바라면 그것은 어불성설(語不成說)이다. 부처님 말씀이 틀림없다. 자업자득(自業自得)이다. 자기가 뿌린 대로 거두는 것이다. "콩 심은데 콩 나고, 팥 심은데 팥 난다." 이것이 진리(眞理)다. 조상묘지도 마찬가지이다.

작물을 심어놓고 수확을 하는 것은 10배의 수익(收益)이 나지만, 조상묘가 명당이라면 수십 배의 결과물을 얻을 수 있다. 그런데 왜 이런 것을 깨닫지 못하고 있는가? 그래서 풍수공부를 하라는 것이다. 풍수지리같이 크나큰 수확을 거두는 것은 이 세상에 어느 것도 없다.

서울대학교 상과대학을 졸업하고, 일본 명치대학에서 공부를 했는데, 아무 직장도 못 잡고 한 평 남짓한 만화가게를 운영하면서 아이들 코 묻은 몇백원 받아먹다가 생을 마친 사람을 보았다. 조상 산소를 다 파서 소각(燒却)시켜 없애고 나서 굶어죽게 되니까, 초등학교 옆에 만화가게를 차려서 생활을 한 것이었다.

그 사람 친구들은 국회의원, 장관 등도 있었다. 창피하니까 벙거지를 머리에 푹 덮어쓰고 아이들의 100원짜리 코 묻은 돈을 받아가며 앉아있는 것을 보니 처량(凄凉)하기 그지없었다.

   그걸 본 필자는 내 조상은 내가 죽기 전에 좋은 곳에 모셔 놓겠다는 생각을 하게 되었다. 내년이면 나의 조상을 모시는 개운년(開運年)이다. 이 세상에 그 사람뿐이겠는가 마는 단순한 자기 생각만 가지고 씨종자를 없앤 것이다. 그 사람 화장시킨 골분도 어디에 묻었는지 버렸는지 모른다. 참 가엽고 불쌍한 사람을 보았다. 그렇게 사는 사람이 이 세상에 없었으면 좋겠다. 필자의 졸고(拙稿)를 읽어보는 사람들은 조상의 묘지가 하늘과 같은 크나큰 비중을 차지하고 있다는 것을 명심했으면 하는 바람이다.

66

안성에서 묘(墓)를 옮긴 이야기

안성에서 묘지를 옮기는데, 선영(先塋)을 보니 열반상이 모두 물이 차 있었다. 그래서 종손(宗孫)에게 집에 가서 못자리하는 비닐을 가지고 오라고 하였다. 그러자 비닐을 왜 가져 오냐고 반문하기에 이곳 묘지를 파묘(破墓)하면 열반상이 물이 들었는데, 물구덩이에서 꺼내서 어떻게 운반하느냐? 비닐로 싸지 않으면 물이 줄줄 쏟아질 텐데 라고 말했는데도 미동(微動)도 하지 않고 있었다.

그래서 보여주어야겠다 싶어서 포크레인 기사에게 파라고 하였다. 봉분(封墳)을 드러내고 광중(壙中)이 보이자 물이 가득하였다. 그걸 보더니 그제서야 비닐을 가져왔다. 조상의 묘를 쓰고 물이 들어찼는데, 옮겨주지 않으면 그 시신의 자식도 물과 관련되어 죽음에 이르게 된다. 그렇게 열반상이 모두 물속에 있었다.

이 세상에서 제일 큰 효(孝)가 무엇이냐 물으면 그것은 조상을 명당자리에 모시는 것이라고 주저없이 말한다. 그것은 조상을 도통시켜 드리는 것이다. 명당자리만 들어가면 도통이 되는 것이다.

도통이 된 조상은 어디든지 마음대로 활보하고 다니고 다시 윤회(輪回)하여 성인으로 태어나려 한다. 천상세계에서는 현생의 대통령이 되는 것을 원하지 않는다.

왜냐면 대통령은 그 나라에서 절반의 국민들한테는 욕(辱)을 먹고 살기 때문이다. 그런데 성인은 어느 누구한테도 욕을 먹지 않는다. 천상의 28층(層)에는 공자의 제자들인 72현(賢)이 계신다. 우리나라에서는 동방 18현(賢)이 나와서 18분이 천상에 계신다. 그런데 지구에서 임금이나 대통령을 하셨던 분들은 한명도 없다.

그런데 옥황상제(玉皇上帝)는 33층 미라궁에 계신다. 옥황상제도 임금의 아들이었다. 옥황상제가 어떤 분인가 하면 옥황상제의 어머니가 아기를 못 가져서 6개월 동안 하루에 2시간 기도(祈禱)하고 30분 쉬고, 2시간 기도하고 30분 쉬고를 밤낮으로 하는데, 천상(天上)에서 태양성군이 보니까 기도를 진정(眞正)으로 하는 여자가 보여 태양성군이 그 여인에게 물었다. 무엇을 원하는 기도냐? 물으니 내가 임금의 부인인데 후사(後嗣)를 잇지 못하면 큰 죄를 짓게 되니 자식을 점지해 달라고 기도한다고 하였다.

그리고 아이를 받는 꿈을 꾸고 나서 아이를 낳았는데, 그 아이가 남자였다. 옥황상제의 아버지가 자식을 보았으니 얼마나 좋았겠는가? 임금은 아이가 성장하면서 임금 자리를 이어받을 것이라 생각했는데, 아이는 기도를 하면서 구도자(求道者)의 길을 걸었다. 석가모니보다 어린 나이에 산중(山中)으로 들어갔다. 도(道)를 통달하시어 7번째 부처가 되신 분이다.

중국의 도교(道敎)에서는 옥황상제를 옥황태제라 하고 최고 높게 섬기고 있다. 옥황상제는 천상에 33층에 계신다. 천상에 계신 분들은 지구에서 벼슬한 분들은 한 분도 없고, 세상 사람들이 다 존경하는 신에 가까운 도인들만 계신다. 지구에서 임금이나 대통령을 하신 분들은 천상에는 한 분도 없다.

알렉산더대왕은 도를 닦아 부처님을 보좌하는 신장이 되어 사천왕 밑에서 신장으로 계신다. 도를 닦는 사람과 벼슬하는 사람에 차이는 하늘과 땅이다. 왜냐 육지에서 벼슬을 한 분은 천상에 못 올라가도 도를 닦은 도인들은 천상에 올라가 계신다.

만(萬) 인간에게 욕을 먹는 직업과 만(萬) 인간한테 존경받고 계신 분은 하늘과 땅 차이다. 그 판가름을 갈라놓는 데에서 심판이 되어 천상으로 모시고, 지구에 큰 벼슬을 하여도 사람을 많이 죽인 죄로 무덤치장만 잘 하였지 천상으로는 못 올라간다.

천상에서는 그 사람들의 영혼을 찾아볼 수 없다. 우주공간에 다 있다. "시방삼세 제망찰례 상주일체 불타야중" "대문 바깥의 우주공간에는 귀신(鬼神)들이 그물망처럼 얽혀있다"는 말씀이 부처님 말씀이다. 수 천년동안 죽은 영혼들이 얼마나 많겠는가?

도인들이 사는 곳은 못 올라가도 근처에 가게 하는 곳이 땅속이고, 도를 닦아 도통이 되어 천상으로 올라가게 하는 곳이 무덤이고, 땅속에 들어가서 도를 닦아 도통하는 곳이 명당자리이다.

천하 망지에 묻혀서 영원히 그 자리에서 나오지 못하고 있는 곳이 무한지옥(無限地獄)이다. 무한지옥을 모면하려면 생전에 도(道)를 닦고 덕(德)을 쌓으면 명당자리에 들어가게 된다.

땅속도 주인이 있다. 평상시에 도를 닦지 않은 사람은 명사를 만나 명당자리에 들어갔어도 몇 년 만에 다시 파내게 된다. 그러한 것을 필자는 많이 경험했다.

사람이 죽으면 10시 대왕에게 가서 심판을 받고, 지옥으로 떨어질지 짐승으로 환생할지를 판단한다. 이승에도 심판하는 사람이 있다. 그 심판자가 지관이다. 묘지를 파서 명당으로 옮겨주는 사람이 지관인데, 지관 잘못 만나 망지(亡地)에 들어가면 지옥에서 사는 것이고, 다행히 명사를 만나면 길지(吉地)에 들어가면 극락세계(極樂世界)에서 사는 것이다.

이승에서 제일 무서운 사람이 지관이다. 돌팔이 지관을 만나면 무한 지옥에 떨어지는 영혼도 있고, 지옥에 있던 영혼도 명사를 만나면 극락왕생(極樂往生)하는 경우도 있다. 10시 대왕보다 더 무서운 사람이 지관인 것이다.

지관은 학식만 가지고 되는 것이 아니고, 도(道)를 닦아 이론과 하나가 되어야 한다. 도의 수련이 되지 않은 지관은 산신(山神)이 그의 눈을 가려서 실수를 하게 만든다. 산신에 영향을 받지 않을 정도의 도인이 되어야 올바르게 보는 지관이다.

조상 산소를 모두 파서 화장을 하여 대리석으로 제작한 납골당에 모셔놓고 있다가, 집안에 환자가 생기거나 흉사가 일어나자 필자에게 납골당을 보여주어 그 안에 안치한 단지를 열어보았다. 날씨는 덥고 납골당(納骨堂)은 서늘하니 습기(濕氣)가 생긴다. 단지를 열어 보니까 눈뜨고 못 볼 정도로 골분(骨粉)이 썩어서 질벅거리고 벌레가 가득했다. 그렇게 되었으니 그 자손에게 문제가 생긴 것이다.

화장해서 태운 재라 할지라도 영혼의 일부가 있다. 땅속의 조상이 암에 걸렸기 때문에 그 후손이 암에 걸리는 것이다. 특히 병은 조상이 모셔진 자리가 흉하면 발생하는 것이다. 유전자(遺傳子)에 의하여 후손이 같이 영향을 받는 것이다.

필자가 그것에 확신을 갖는 이유는 그런 묘지를 찾아서 명당으로 옮겨주고 나면 병마에 시달리던 후손이 언제 그랬냐고 건강해지는 사례(事例)를 다수 경험했다.

조상의 유골이 모렴(毛廉)이 들어서 뼈가 털북숭이었는데, 명당으로 옮기자 황골(黃骨)이 된 사례이다. 화성시 우정읍 이화리에서 그런 시신을 파다가 팔탄면 공동묘지 명당자리에 이장을 해 주었다. 그런데 그 곳이 다른 사람의 땅이어서 묘를 다시 이장할 수밖에 없었다. 그래서 서산으로 옮기게 되었는데, 파묘를 해 보니 모렴이 들었던 유골이 채 2년도 되지 않아 깨끗하고 윤기가 흐르는 황골이 되어 있었다.

그것을 확인한 필자와 상주는 놀라지 않을 수 없었다. 옮기기가 아까운 자리였지만, 어쩔 수가 없었으며 다행히 서산에 와서도 좋은 자리에 모셨기 때문에 그 사람은 그 후로 하는 일도 잘되고 건강하게 잘 지내고 있다. 내 눈으로 확인을 하였기 때문에 이렇게 글로 남긴다.

암행어사 박문수(朴文秀) 이야기를 해 보겠다. 박문수가 청주 박씨와 충주에서 살았다. 박문수가 과거시험을 보려고 출행(出行)을 하였다. 박달재 고개를 넘어야 제천을 지나 한양으로 간다. 고개를 넘는데 저녁때가 되어 천둥산 중턱에 주막(酒幕)집을 찾을 요량이었다. 가던 중에 웬 갓을 쓴 노인(老人)들이 여럿이 나타나더니 자네 어디가나? 하고 물어서 박문수가 과거응시하러 간다고 하니까. 이 사람아 과거시험은 이미 끝났는데 이제 가면 무엇하냐고 하였다. 영리했던 박문수가 노인에게 출제(出題)된 과제가 무엇이었냐 물으니 답(答)을 해주었다.

박문수가 출제된 문제까지 듣고 보니 낙담을 하였다. 그런데 집으로 돌아가더라도 주막에서 하루를 보낼 수밖에 없었다. 주막에 도착하여 보니 유숙(留宿)할 사람들이 많이 있어서, 어디로 가는 길손들이냐고 묻자, 과거에 응시하러 가는 과객(科客)이라는 것이었다. 박문수가 과거가 끝났다고 하는데 하니까 그 사람들이 이 사람아 며칠 날이 과거보는 날인데, 무슨 과거가 끝났냐고 핀잔을 들었다.

박문수가 주막에 오다가 헛것을 보았나 생각해 보았다. 참 이상하다 생각하며 요기를 하고 봇짐을 풀어 노인들이 알려준 과제에 집중하여 시험준비를 하고 잠을 청했다. 다음날 과객들과 동행을 하여 한양으로 발길을 재촉하였다. 그리고 시험날 과장(科場)으로 들어갔다.

과거응시장에는 많은 응시생들이 모여 있었고, 시험준비가 되어 있었다. 곤룡포를 입으신 임금님이 어좌에 앉아 계시고, 과장에 우두머리쯤 되는 관원이 과제(科題)를 제시했다. 그런데 이것이 어찌된 일인가? 산속에서 만났던 노인들이 알려준 문제가 출제가 된 것이다. 박문수는 공부를 하고 준비를 한 문제이다 보니 완벽하게 작성을 하여 제일 먼저 답안(答案)을 제출했다.

답안을 임금이 받아 읽어 보더니 장원급제라 소리쳐서 박문수는 노인들 덕분에 급제를 하게 되었다. 며칠 후 궁궐에서 장원급제자의 환대(歡待)를 받고, 과거보러 오던 길로 금의환향(錦衣還鄕) 길에 올랐다.

천둥산을 넘어서 내려오는데 먼저 만났던 노인들을 또 만났다. 그 노인 분들이 또 물었다. 장원급제 했나? 하고 묻기에 급제하였습니다. 하니까 우리가 누군지 아냐고 묻기에 박문수가 모른다고 하니까, 노인 왈(曰) 우리는 너의 조상이다. 네가 과거에 응시할거 같아서 임금한테 가서 무슨 문제를 출제할 것인지 알아 가지고 와서 너를 합격(合格)시켜 줄려고 문제를 알려준 것이라며, 조상을 잘 모시라는 말을 남기고 사라졌다는 이야기다.

조상이 명당에 안 들어갔으면 그렇게 못한다. 명당자리에 조상이 모셔져 있으면, 조상은 도통을 하여 후손이 사법고시를 보려고 치면 공부하는 것을 꼭 출제가 될 문제로만 공부를 시켜서 합격을 하게끔 하는 것이다. 조상이 후손에 마음을 빼앗아 출제되는 문제만 공부하게 한다.

옛날만 그런 것이 아니라 지금도 똑같다. 우리 문중(門中)에 돌림자로 '용'자를 사용하는 이가 사법고시를 보았는데, 1차는 합격하였다. 그 후로 3번이나 떨어지니까 포기하고 삼성전자에 취직을 하였다.

그런데 그 사람의 큰아버지가 중풍을 맞고 10년 동안 고생을 하니까 점을 치는 곳에 가서 상담을 하였다. 할머니 묘지가 망지에 들어 있어서 큰 아들이 중풍에 걸리고, 동생이 허리에 병이 생겨서 수술까지 하였다고 하였다.

그 할머니 묘를 면례(緬禮)한다고 필자에게 옮겨달라고 하여 파보니까 5가지 염(廉)이 다 들어 있었다. 시신이 화렴(火廉)으로 검게 되었고, 목렴(木廉)이 들어 나무뿌리가 들었고, 충렴(蟲廉)이 들어 거머리 같은 벌레가 있었으며, 수렴(水廉)이 들어 물도 차 있었으며, 모렴(毛廉)까지 들어서 털까지 피어 있었다.

유골을 추려서 깨끗이 감포하여 좋은 곳으로 옮겨 드렸다. 그 시신을 보니 손주가 공부를 잘 하였어도 할머니가 그런 망지에 있었으니, 사법고시에 1차만 되고 계속 낙방을 한 이유를 알았다. 묘지상태가 그러면 자손 중에 환자만 생기지 사법고시 합격생은 나올 수가 없다.

김영삼 대통령의 조상 묘지가 여섯 반상이 명당에 있었다. 그 때 대선(大選)에서 김영삼과 김대중이 승부(勝負)를 겨루고 이었다. 그런데 일본에서 풍수지리를 전공하는 학생들이 한국에 와서 김영삼과 김대중 후보의 묘지를 조사하여 대선결과가 발표되기 전에 차기 대통령은 김영삼이 된 다고 일본 언론에 먼저 발표하였다. 개표(開票)를 하고 보니 김영삼의 승리였다.

그 후 김대중 후보의 큰 아들인 김홍일씨가 명사지관을 데리고 용인에 와서 길지(吉地)를 찾았다. 남의 묘 써 놓은 자리를 20억(億)을 주고 사서 이장을 하라고 하고 그 자리에 자기 조상을 썼다.

필자가 서울에서 풍수공부를 할 때 학교에서 그 곳으로 답사(踏査)를 하러 갔었다. 가보니 대통령이 나올만한 자리였다. 참 좋은 자리였다.

몇 년 후에 용인에 사는 나의 내종 사촌동생을 만나 우연찮게 고(故) 김대중대통령 선영을 가 보고 참 좋은 자리 썼다고 하니까, 사촌이 용인으로 시집을 간 시댁 묘지였다는 것이었다. 시댁의 시동생이 공부도 잘하여 법대를 다니며 사법고시 준비를 하고 있을 때, 그 묘지 자리를 20억을 줄 테니 팔라고 졸라대서 팔고 이장을 한 곳이 그 근처에 있다고 하여 가보니 그곳은 망지였다.

그래서 필자가 사촌에게 돈에 눈이 멀어서 그 파낸 자리가 대통령이 나오는 자리를 20억에 넘겨주었다고 하며, 그 자리를 온전히 보전했으면 2천억이 나올 자리라고 말했다. 그러자 눈물을 흘리며 시댁에서 그렇게 한 걸 며느리가 말린다고 듣겠냐고 하소연을 하였다.

필자가 이장한 묘지가 흉지이기 때문에 빨리 다른 곳으로 옮기지 않으면 집안에 흉사가 거듭 될 거라고 이야기 해주고 왔다. 지금은 어찌되었는지 궁금하다.

한 집안이 꽃이 피고, 또 다른 집은 곡성(哭聲)소리로 진동한 실화(實話)이다. 그곳으로 조상을 이장하여 김대중은 대통령이 된 것이다. 그 대신 다른 집은 망했다. 옛날부터 묘지자리는 사촌 간에도 양보하지 않는다고 하였다. 20억 준다는 바람에 눈이 멀어 그런 결과물이 나올 줄 누가 알았겠는가? 풍수라는 것이 그렇게 무서운 것이다.

67

풍수지리(風水地理)는
물리학(物理學)이며 첨단과학(尖端科學)이다

땅 속에서 신비로운 조화(造化)가 일어나는 것을 찾아내는 것이 풍수지리다. 물리학이면서 첨단과학이다. 인간이 새롭게 태어날 수도 있고, 종자(種子)가 없어질 수도 있는 학문이 풍수지리고, 생사(生死)와 부귀(富貴)와 패망(敗亡) 등 사람이 살아가는데 백가지 천 가지가 모두 포함되어 있다.

필자는 자손들을 대학까지 가르치는 것보다 풍수지리를 가르치는 것이 일생에 도움이 된다고 생각한다. 인간이 태어나서 죽고 다시 윤회(輪回)하는 과정이 오롯이 배어있는 것이 풍수지리고, 나의 운명을 개척하고 나의 생명을 건강하게 유지하고 나의 재산을 지킬 수 있는 것이 풍수지리라고 감히 주장한다.

이웃이 죽어가는 것을 살릴 수 있고, 집안에 수맥(水脈)이 들어 중풍 환자가 생겼을 때, 수맥을 차단하여 환자를 건강하게 만들 수 있다. 일반 사람들이 할 수 있는 것이 아니다. 묘지에 문제가 생겨서 신(神)이 주는 병은 다 고칠 수 있다. 병원에서 고치지 못하는 병은 필자에게 오면 다 고친다. 일찍 올수록 고치기가 쉽다.

환자는 안 데리고 와도 나이나 생년월일(生年月日)만 가지고 오면 된다. 황당한 이야기를 한다고 생각할 수 있는데, 지금까지 그렇게 고쳐왔다. 고치는 비법(祕法)은 유전자를 가지고 고치는 것이다. 사기(詐欺)가 아니다. 사차원(四次元) 세계에서 고치는 것이다. 환자는 손도 안대고 고칠 수 있다. 병의 원인을 고치면 환자는 다른 곳에 있어도 다 고쳐진다. 앞으로 그런 시대가 온다. 현대의학으로는 설명이 안 되는 것이다.

MRI 촬영으로도 발견하지 못한 질환에 걸린 환자는 경기도에 있었고, 필자는 서산에 있었다. 그 사람이 수 백리 밖에 있었는데 고쳤다. 그 원리는 영적(靈的)으로 고치는 것이기 때문에 멀리 떨어져 있어도 고칠 수 있는 것이다. 이것은 양자학적 세계에서 고치는 것이다. 양자학이면 영(靈)으로 고치는 것이다. 이 원리가 풍수에서 온 것이다.

아무것도 모르는 사람들은 미신(迷信)이라 한다. 무식하면 차라리 가만히 있으면 중간이나 간다. 항상 자기 자신도 모르는 사람들이 말이 많은 것이다. 사람의 삶과 영혼을 살릴 수도 있고 죽일 수도 있는 것이 풍수지리이다. 풍수지리라는 학문에 깊이를 몰라서 함부로 말하는 것이다.

현대과학으로 못 고치는 환자도 감쪽같이 손도 안대고 살려놓은 증좌(證左)가 있다. 증거품이 없으면 내가 말을 하여도 어느 누구도 믿지 않는다. 그렇게 살려놓은 실화(實話)가 있기 때문에 필자가 당당하게 이 펜을 든 것이다. 그런 환자가 또 나타나도 고칠 수 있다.

화성시 남양면에 사는 남양 홍씨였는데, 부인이 수시로 발작을 하여 기절을 하면 병원에 데리고 가서 산소호흡기 끼고 진정제 주사를 맞아야 숨을 돌리곤 했기 때문에 홍씨는 어디도 출타를 못하고 간호를 해야 했다. 그래서 농사를 지어야 되는 입장인데 그 농사 일 조차도 지장(支障)을 받고 있었다.

그런데 홍씨가 부인을 살릴 운(運)이 되었는지 필자를 만나게 되었다. 그가 농사를 짓고 살던 곳이 신도시로 바뀌면서 그곳에 모셨던 조상의 선영도 이장을 하게 되었던 것이다. 필자가 홍씨에게 당신 부인이 앓고 있는 병을 고쳐줄 테니 내가 하라는 대로 꼭 해야 부인을 살린다고 하니까 무엇이든 한다고 하였다.

당신 선영을 파보면 열반상이 다 물이 들었을 거요, 그 중에서도 한 반상은 당신이 놀랄만한 상황이 되어있을 것입니다. 두개골(頭蓋骨) 속까지 나무뿌리가 들어 있을 것입니다. 그 묘지 때문에 부인이 발작을 하고 있으니 해골 속에 있는 나무뿌리를 모두 꺼내서 제거(除去)하고 모셔오라고 하였다.

옮길 곳은 당진인데 삼봉 쪽에 준비를 해 놓았다. 그 날 필자는 묘지자리 10개를 다 파놓고 기다리고 있었는데, 약속시간이 한참 지나서야 왔다. 왜 이리 늦었냐고 물으니, 열반상이 모두 물이 들어찼고, 한 반상은 두개골에 나무뿌리가 가득 들어차서 그거 제거하는데 시간이 걸렸다고 하였다. 그러냐고 대꾸하고 당신 부인은 살렸으니 걱정하지 말라고 하고 열반상의 묘를 다 써주었다.

그 후 홍씨에게 전화가 왔는데, 선영(先塋)을 옮기고 나서, 부인의 발작증(發作症)이 없어져서 일요일마다 부인하고 여행을 다닌다고 하면서, 명사를 만나서 묘지를 명당으로 이장하고 가정적으로 안정을 찾게 해주어 고맙다고 인사를 했다. 한번 절에 찾아온다고 했는데, 그 전화를 끝으로 소식이 끊어졌다. 23년 전 일이다.

사람들은 살려놓으면 그 때 뿐이다. 홍씨 부인같이 미쳐서 기절을 하는 병은 현대의학으로는 못 고친다. 무슨 병인지? 어디서 난 병인지도 모른다. 조상이 내리는 신병(神病)이다. 필자는 그런 사람들을 고쳤다.

68

미친 사람도 고친다

30년 전 이야기다. 경기도 화성시 우정읍에 사는 사람이다. 성은 장씨이다. 원래 그 사람이 살던 곳은 전라북도 남원시 지리산 노고단 아래 동네였다. 경기도로 이사를 온 사람인데, 장씨 딸이 고등학교에 다니다가 미쳐버렸다. 상의(上衣)를 탈의(脫衣)하고 속가슴을 드러내고 미쳐 돌아다녔다.

필자가 장씨에게 딸이 저 지경이 되었으니 부모의 마음이 시커멓게 타들어 갔겠다고 하고, 내가 딸을 고쳐줄 테니 내 말을 들을 수 있냐고 물으니, 딸 만 고칠 수 있다면 무슨 말을 못 듣겠냐고 하였다. 그래서 조상 묘소가 어디에 있냐고 하니까, 남원시 지리산 노고단 밑에 있다고 하였다.

장씨가 장사를 하였는데, 1t짜리 트럭이 있었다. 많이 노후(老朽)된 차였다. 그래도 다른 차가 없으니 그 차로 남원까지 갔다. 도착하니 해가 뉘엿뉘엿 넘어가고 있었다. 매부(妹夫)가 남원에 산다고 하면서 그 집에서 하루 신세를 졌다.

다음날 노고단 아래 장씨 선영을 둘러보았다. 묘지라고 제대로 써 놓은 묘가 한 기도 없었다. 마지막에 본 묘지가 딸을 미치게 만든 묘지였다. 장씨에게 이 묘지를 파면 해골에 나무뿌리가 콘크리트 같이 단단히 박혔으니, 갈고리로 하나도 남기지 말고 제거하면 딸이 살아난다고 하였다. 그리고 묘지를 이장하려면 몽땅 다 옮겨야 한다고 말해 주었다.

필자를 태워다주고 장씨는 다음날 그곳에 가서 장비를 얻어서 묘지 열반상을 다 파서 감포하여 한군데에 모아놓고 천막으로 덮어 놓았다. 그곳에 묘지 옮길 땅을 150평 사 놓았으니, 묘를 써 달라고 하여 그리하자고 약속(約束)을 하고 묘지를 써 주러 다시 내려갔다.

새로이 마련한 150평되는 자리를 확인해보니 옆에 개구랑이 붙어 있어서 마음에 들지는 않았지만 다른 방법이 없어서 묘를 써 내려가기 시작했다. 하루에 열반상을 다 썼다.

맨 밑에 자리를 파보니까 참 희한한 것이 보였다. 지리산인데 유리를 만드는 바닷가의 고운 모래가 40cm정도 되는 간격으로 광중복판으로 6자 정도가 깔려 있었다. 필자는 처음 보는 자리였다. 참 신기한 자리가 있구나 하였다. 그런데 동네 분들이 사역을 하여 주었는데 자기네들끼리 쑤군대는 것을 보았다. 그래도 나한테 하는 것이 아니라 일을 무사히 마쳤다.

일을 마치고 나자 마을 사람들이 나에게 고로쇠 물과 술을 대접할 테니 함께 저녁을 하며 이야기하고 내일 가라는 것이었다. 그러기에 나는 영문도 모르고 붙잡혔다.

지리산은 고로쇠나무가 많아서 노고단 꼭대기까지 올라가서 수백 개의 고로쇠나무에 플라스틱 고무호스를 연결하여 대형물통에 연결하여 한 사람씩 교대로 보초를 서면서 물을 받고 있었다. 그 마을에 봄철 큰 수입원(收入源)이라고 하였다.

마을 사람들이 큰 상(床)에다가 진수성찬(珍羞盛饌)을 차려놓고 대접을 하면서 하는 말, 마지막에 지사님이 잡은 고운 모래가 나온 자리가 옛날 5천석 부자가 썼던 자리라고 말하면서 부자가 된 후 이사를 가면서 파묘(破墓)한 자리라고 말했다. 그런 자리를 정확하게 찍어서 자리를 쓰는 것을 보고 필자를 붙잡았다고 하였다.

그러면서 다음날 자기네들 묘지도 감정해달라고 부탁했다. 그래서 내가 감정은 다 해줄 테니 이 동네 대나무 숲이 천여 평은 되는데, 이 대나무 파는 거냐고 물으니, 파는 것은 아니라며 자기네들은 쓸모가 없으니 필요한 만큼 가져가라기에 1톤 트럭에 실어 갈 만큼만 달래서 가지고 와서 그해 못자리 활대로 유용하게 사용하였다. 그리고 마을 사람들 묘지 쓴 곳을 일일이 다니며 모두 감정을 해주었다.

그 후로 장씨의 딸은 정신이 돌아와서 시집가서 살았는데, 2년 전에 다시 물어보니까 그 딸이 죽었다고 하였다. 그런데 그 당시 초등학교 2학년 다녔던 아들이 경찰대학을 나와 삼성전자에 취업하였다고 하였다. 벌써 45년 전의 이야기이다. 그 집은 아들이 잘되어 장씨는 행복하게 산다. 그런데도 오랜만에 만났는데도 고맙다는 말 한마디가 없었다.

그것이 인간인가 보다. 참 비정한 사람들이다. 필자가 살려놓은 사람도 많고 부자를 만들어 준 사람도 많다. 그런데 고맙다고 인사하러 오는 사람은 두세 명 뿐이었다. 그게 인간사(人間事)이다. 그 아이가 9살이었으니 45년 전이니까 지금 54살 정도 되었겠다 싶었다. 그런데 머릿속에 염(廉)이 들었으면, 뇌(腦)가 많이 상(傷)해서 장수(長壽)하지는 못했을 것이다.

그래도 필자는 지금까지도 풍수지리를 하고 있지만, 사람을 살리는 것을 큰 보람으로 느끼고 산다.

69

부자(富者)가 망(亡)한 이야기

우리 마을 1리(里)에 5천석 갑부가 살았다. 필자가 어릴 때 그 집 산에 밤나무가 많았고, 그 집 할머니는 엄청 사나우셨다. 우리가 어렸을 때는 변변히 먹을 것이 없어 배가 고팠다. 친구들과 여럿이 함께 밤을 주우러 갔다. 밤을 줍다가도 할머니가 막대기를 들고 나타나서 요놈들이 또 왔네 하시며 고래고래 소리를 지르면서 쫓아오시면 날다람쥐 뛰듯이 도망치곤 했다.

그 집의 규모가 엄청 컸는데, 소문(所聞)으로는 99칸 집이라고 하였다. 마을인근의 땅은 모두 그 집 소유였고, 그 곳에 사는 사람들은 그 집의 논과 밭을 농사지어 먹고사는 소작농(小作農)들이었다. 소작관리를 하는 마름이 셋이나 있었다.

우리가 어렸을 때는 배를 곯은 일이 다반사(茶飯事)이다 보니 삐레기(벼과의 여러해살이 풀로 '띠'라는 명칭으로 불리운다)라는 풀을 뽑아 먹거나, 산에 가서 소나무를 꺾어서 송기(松肌)라는 속껍질을 먹으며 배고픔을 달랬다. 그 당시에는 영양결핍에 걸려서 얼굴이 비름먹었다는 표현으로 하얀 꽃가루가 피기도 하였다. 가을걷이가 끝난 무밭에 가면 시들은 이파리가 있는데 그것을 시래기라 한다. 그걸 주어다가 된장을 넣고 끓여서 한 끼를 해결할 때다. 그것조차 여러 형제가 숟가락질을 하다 보니 다툼이 일었다. 성장기에 못 먹다 보니 키도 난장이 똥자루만하다.

다행히 마을에서 4km만 가면 바다가 있다. 갯벌에 가면 나문재라는 해초(海草)가 엄청 많았다. 왜 나문재라고 불렀냐면 7년 가물면 7년 동안 먹을 게 없어서 기근(饑饉)으로 고생을 하는데, 오직 나문재를 먹을 수 있기 때문에 먹어도 먹어도 남는 것은 나문재라하여 그리 불렀다고 한다.

비가 오지 않아 가뭄이 들면 땅을 파서 구멍으로 나오는 지하수로 겨우 농사를 짓는데, 그런 해는 추수(秋收)를 해도 소출도 나오지 않고 싸라기가 많았다. 그러면 시래기를 넣어 죽을 쑤면 밥풀이 드문드문 보이고 전부 무 이파리뿐이다. 참 배고픈 시절이었다.

학교를 갈 때는 짚신을 삼아신고 다녔는데, 그걸 신고 4km 넘게 다니면 발바닥은 두텁게 못이 박혀 내발인지 남의 발인지 감각이 없었다.

그 당시에는 국민학교에 다니려면 월사금(月謝金)을 내야했다. 월사금이 선생님들의 봉급(俸給)이었다. 월사금을 못 내면 벌(罰)을 서든가 아니면 창피를 당해야 했다. 지나온 과거를 이야기하면 눈물이 앞을 가린다. 75년 전 이야기이니까 지금은 추억으로 당시를 반추(反芻)해 보는 것이다.

근처에 바다가 있어서 자주 바닷가에 가서 방개능젱이, 왕발이를 잡아다가 된장을 풀어서 끓이면 꿀맛이었다. 당시에는 청정한 바다이다 보니 삐죽, 맛, 가무락 꽃게가 지천이었다. 그나마 맨손어업으로 해물을 잡아다가 먹어서 부족한 영양을 보충했다. 지금 생각해보니 나문재가 위장약이었다. 나문재를 무쳐서 꽁보리밥에 비벼서 먹으면 그것 역시 맛있었다. 워낙 배가고픈 시절이었기 때문에 무엇이든 입으로 먹을 수만 있으면 꿀맛이었다.

지금 아련했던 그 시절을 생각해보면 소설같은 삶을 살아왔던 것이다. 반면 지금 태어나는 아이들은 참 행복하다. 필자에게 제일 큰 설움이 뭐냐고 묻는다면 배고픈 설움이다. 나의 인생에 유년, 청년기, 중년의 삶이 그런 시절이었다.

7년간의 가뭄을 넘기고 나니까, 비가 와서 농작물 경작이 가능해져서 밭에 호박, 오이, 참외 등을 심어 그런 것이라도 수확하여 먹으니까 살만한가 싶던 차에, 6·25전쟁이 터졌다. 전쟁이 나니 삶이 피폐(疲弊)되어 또 살기가 어려워졌다. 필자가 4살 때 해방이 되었고, 9살 때 6·25사변이 발발한 것이었다.

필자가 어릴 때 기억(記憶)을 소환(召還)해 본다. 일본 순사를 보았다. 바지 옆에 줄이 밑까지 처져 있고, 무릎까지 올라가는 가죽장화를 신었고, 일본도(日本刀)라는 긴 칼을 차고 다녔다. 모자도 빨간색 가로줄이 처져 있는 것을 쓰고 나타나면 무서웠다.

오죽하면 아이들이 울 때 호랑이가 왔다는 말보다 "일본 순사 온다"고 하면 울음도 그쳤다. 그런 시절이 주마등(走馬燈)같이 스쳐 지나가고, 지금은 인공위성이 날아다니고, 스마트폰으로 생활을 하는 세상이 왔다.

그 당시는 하루 종일 그 집에 가서 일을 해주고 밥 세끼 얻어먹으면 대단히 횡재(橫財)한 거라고 할 때였다. 그 때는 사람 품값이 없을 때다. 죽도록 일하고 나서 얻어먹는 밥 세끼면 최고의 행복이었다. 우리들은 새까만 보리밥도 없어서 굶을 때 오천석 갑부집은 항상 새하얀 쌀밥만 먹을 때라 여자들은 그 집에 가서 온갖 일을 다 해주고 흰 쌀밥 얻어먹는 것을 서로가 부러워했다. 더군다나 그 집은 아무나 가서 일을 할 수도 없었다.

매년 부잣집에서 장리(長利)로 쌀을 얻어다가 먹을 때라 한말을 빌리면 갚을 때는 2말을 갚아야 했다. 그러니까 부자는 점점 더 부자가 되고, 못사는 사람은 점점 더 곤궁해졌다.

6·25전쟁이 일어나 인민군(人民軍)이 들어왔는데, 일개 중대가 주둔(駐屯)했었다. 전쟁이 끝날 무렵 그 집 할머니가 돌아가셨다. 그 집 주인은 볼 수가 없었고, 아들이 중학교 이사장 겸 교장(校長)이었다. 게다가 양조장(釀造場) 등 그 면내(面內)에서 돈이 될 만한 것은 다 그 집 소유였다. 할머니가 죽고 나자 차츰 가세가 기울기 시작하였으며, 특히 토지개혁을 단행하면서 재산이 많이 줄었다.

그래도 인근에 전답(田畓)은 다 그 집 소유였다. 그 집은 조상 묘를 잘 쓰고 발복이 시작되었다. 후에 집까지 짓고 사니 오천석 부잣집이 된 것이다. 묘를 쓰고 집을 지은 곳이 바로 마을 이름이 범아지다. 범에 아가리란 뜻이다. 그리고 집에서 바다가 보였는데, 바다 가운데 섬이 있었는데, 섬에 이름이 개섬이다. 범이 입을 벌리고 개에 해당하는 개섬을 물고 있는 형국(形局)의 명당이었던 것이다. 그래서 부자가 된 것이다.

그런데 정부에서 농토를 넓힌다고 바다를 막는 간척사업을 시작했다. 그러면서 바다가 육지가 되면서 개섬 역시 없어지게 되었다. 범이 물고 있던 개가 없어지자 먹이가 없어져서 그런지 그 많았던 재산이 줄기 시작했다.

결정적인 것은 월남전이 터지자 그 집 큰아들이 월남전에 사용한 고철을 수입을 해다가 포항제철에 납품을 하면 큰 부자가 된다는 이야기를 듣고, 상업은행 지점장으로 있던 동생에게 부탁하여 집의 전답을 담보(擔保)로 하여 대출을 받아 서울과 부산에 사무실을 내고 무역업을 시작했는데, 외항선을 운영한다는 이들이 돈만 받아 챙겨서 사기를 치고 중국으로 잠적을 했다. 그 당시는 중국과 교류가 되지 않을 때라 사기꾼들을 찾을 길이 없어 그 많은 재산을 잃게 되었다.

그 집 큰 아들의 부인이 서울 여자였다. 여자 혼자서 그 큰 집을 지키며 무서워서 못 산다고 친정으로 가 버렸다. 그러자 남은 재산 정리하여 한강 옆 용산에 아파트를 사서 이사를 가서 부인과 살고, 시골 99칸 기와집은 동네의 가난한 사람들에게 집이나 지켜주는 조건으로 살라고 내주었다.

필자가 풍수공부를 한 후에 왜 그 집이 망(亡)했나 궁금하여 가 보았다. 작은 문이 오귀(五鬼) 삼살방(三煞方)으로 났고, 큰 대문은 절명방(絶命方)으로 냈다. 그래서 그 집에서 초상(初喪)이 그렇게 많이 났는지를 알았다. 그 집에서 살던 사람 7명이나 죽었다. 집 자체가 망하게 지어졌다.

지금도 그 집이 있다. 그 집 아들은 죽어서 묘지를 썼는데 초라하게 흙을 조금 긁어모아 애들 묻은 묘지같이 써 놓았다. 그 집 손자들은 성남 공원묘지에서 시신을 묻는 일을 한다고 한다. 비참(悲慘)하게 망했다. 필자의 중학교 교장선생님이었는데……. 사람의 운명은 알 수가 없다.

작은 집 조카들이 조상 묘지를 전부 파서 없앴는지 납골당으로 모셨다고 한다. 5천석 갑부집의 장자(長子)는 망하였는데, 동생은 상업은행 은행장까지 지내고 부자로 살고 있다. 큰 아들이 염전(鹽田)도 30정보 두 개나 가지고 있었는데, 은행장 동생한테 염전을 담보로 맡기고 돈을 갖다 써서 염전도 헐값에 동생에게 넘어간 것이다. 지금은 염전자리가 공단부지로 불하되었으니 동생은 서울서 큰 부자로 산다.

맏이만 망하고 죽었다. 그 많은 재산을 제대로 못 써 보고 잃은 것이다. 그 부자는 7~8명의 관리인은 두고 살았기 때문에 돈도 실컷 만져본 이들은 관리인들이다. 그 집이 소유했던 땅이 몇 천 정보(町步)였는데, 개를 물고 있던 조상 묘에 개가 없어졌으면 묘를 파서 근방이 전부 자기 땅이니 좋은 자리를 찾아서 이장만 하였어도, 그 집은 그렇게 허망하게 망하지 않았고, 그 기와집 대문을 길방(吉方)으로 냈으면 흉가(凶家)가 되지 않았을 것이다.

여기서 풍수지리가 재산과 생명을 지켜준다는 것을 또다시 새삼 느꼈다. 그 집 장남이 고려대학교를 나왔다. 그 사람이 풍수지리 공부를 조금이라도 하였다면 그 많은 재산을 보전했을 것이다. 집이 망하게 지어졌으면 복가문(福家門)으로 고치면 되고, 묘지가 운기(運氣)가 다 되었으면 좋은 자리로 옮기면 되는데 풍수지리를 배우지 않아 재산을 지키지 못하고 몽땅 잃어버린 것이다.

다른 공부는 안 배워도 풍수지리만큼은 꼭 배워야 한다. 사람이 살아가는데 있어서 꼭 알아야하는 지식이며 가장 중요한 학문이다. 풍수공부만 하였다면 그 재산을 지킬 수 있었다. 99칸이나 되는 집도 그렇게 지을 필요도 없다. 그 큰집을 지키려면 그 집에 수십 명은 있어야 그 집이 온전한 생명력(生命力)을 가진다. 집이 크고 사람이 없으면 집의 기(氣)에 눌려서 그 집에서 못산다. 그리고 그 집은 흉가로 지어졌다. 복가로만 지어졌어도 그렇게 망하지는 않았다. 흉가와 복가의 차이가 그렇게 큰 것이다. 큰 부자가 망하는 것을 보면 풍수지리가 참 무서운 학문임을 실감한다.

70

성남에서 이장(移葬)해 준 묘

　필자의 절 신도(信徒)의 묘이다. 이 묘를 그냥 놓아두었으면 큰일 날 뻔하였다. 신도가 매일 아파서 고생을 하고, 50이 넘었는데도 결혼을 하지 못한 총각이 있었고, 그 형제들 또한 사는 게 비참했다. 그 집 묘지를 가보자고 하여 가보니 성남 공원묘지였다. 조상 묘를 확인해 보니 집안이 망하게 써져 있었다. 게다가 무덤 뒤에는 흉한 모양의 바위가 서 있었다. 봉분(封墳)도 자갈과 잔돌로 엉성하게 쌓아 놓았다.
　필자가 50년 동안 묘를 써주고 이장해 주었지만 이런 묘는 처음 보았다. 험석은 포크레인이 아니면 드러낼 수도 없었다. 바위를 빼낸 다음 내광까지 드러내고, 패철로 좌향(坐向)을 보니 재패(財敗)로 시신을 모셨다. 필자가 신도에게 여기에 묘지를 쓸 때 지관 안 불렀나요. 하니까 안 불렀다고 하였다. 사역하는 사람들이 공원묘지 횡렬(橫列)에 맞추어 묻었던 것이다. 조상의 영혼을 모시는 묘지는 신당(神堂)을 모시는 것과 같이 신중에 신중을 기해야 한다. 이렇게 조상을 모셔놓고 집안이 평안하고 자손이 잘되기를 바라는 것은 바람일 뿐이다.

강남에 6,000여 평을 소유한 큰 부자였다. 그 많은 재산을 자식들이 사업을 한답시고 몽땅 날렸다. 운영하던 식당은 부인 명의로 하여 놓고 부인이 이혼을 했다. 비참하기 그지없다. 너무나 안됐기에 필자가 고인(故人)이 편안하게 계실만한 시골에 있는 공동묘지로 이장을 해 주었다.

일반인들의 인식은 조상이 돌아가시면 아무것도 없는 것으로 알고 조상에 대한 배려나 관심을 갖지 않는다. 그러나 그것은 크나큰 오산이다. 조상 묘는 나와 자식 그리고 손자들과 깊은 연관이 있다. 나의 손주는 돌아가신 조상이 점지하여 주는 것이다. 조상님의 묘지가 명당에 있어야 내 자손들이 사주(四柱)를 잘 받아가지고 태어나는 것이다.

조상 묘를 아무렇게 묻어서 암(癌)이 걸렸다면 그 묘지 좌향(坐向)하고 관련이 있는 자손은 암에 걸린다. 조상 묘에 충렴(蟲廉)이 들었다면 그 묘지 좌향(坐向)하고 삼합(三合)이 되는 자손(子孫)은 내장병이 생긴다. 만약 조상이 폐암에 걸렸다면 그 묘와 삼합(三合)이 되는 자손은 폐암에 걸린다. 이렇게 무서운 것이 조상의 묘지이다. 그런데 사람들은 땅속에 묻어 놓으면 아무 탈이 없고 이상이 없는 줄 아는데 풍수지리를 알고 보면 참 무서운 것이다.

왜냐하면 사람이 죽어도 64괘의 신은 죽은 게 아니다. 64괘의 신중에 단 한 개의 신(神)만 병들어도 자손에게도 64괘의 신이 있어 해당 자손에 병이 생긴다. 조상신 중에 청룡신이 병이 났다면 자손 중에 청룡신이 똑같이 병이 난다. 그래서 묘지를 쓸 때도 무서운 살(煞)을 피해야 한다. 집안에 초상이 났다면 이미 고인이 되신 조상들이 가지고 있는 64괘의 신이 모두 활동을 한다. 그 때가 제일 무서운 것이다. 만약 상문살(喪門煞)을 맞으면 또 사망하는 사람이 나온다.

그럴 경우 절에 찾아가서 주지스님한테 살려달라고 하여야 한다. 왜냐하면 무덤을 우습게보았다간 사람이 상(傷)하기 때문이다. 묘지를 쓸 때 중상운(重喪運)이라는 것이 있다. 자(子), 오(午), 묘(卯), 유(酉)년에는 을좌(乙坐), 진좌(辰坐), 손좌(巽坐), 사좌(巳坐)가 중상운이 닿고, 신좌(辛坐), 술좌(戌座), 건좌(乾坐), 해좌(亥坐)가 닿는다. 그렇게 닿는 해에 파묘(破墓)를 하면 겹초상이 날 수가 있으니 절대 삼가해야 한다.

간인(艮寅), 갑묘(甲卯), 곤신(坤申), 경유(庚酉) 좌향(坐向)으로 써 있는 묘지라면 진(辰), 술(戌), 축(丑), 미(未)년에는 절대로 묘를 파지 말아야 한다. 또한 임자(壬子), 계축(癸丑), 병오(丙午), 정미(丁未) 좌(坐)를 놓고 쓴 산소는 인(寅), 신(申), 사(巳), 해(亥)년에는 절대로 건드려서는 안 된다. 개묘(開墓)를 하면 초상(初喪)이 난다. 그것이 중상살(重喪煞)을 맞는 것이다. 서산 인지면 야당리에서 무조건 파묘를 하고 화장을 하였다. 그리고 나서 한 사람이 죽었다. 두 사람은 병원에 입원을 하였는데, 절대로 병원에서는 고치지 못한다. 신(神)의 병은 신을 모셔놓은 사람을 찾아가야 산다.

비슷한 사례가 있었는데, 엄마와 아들이 다 죽어가고 있었다. 그런데 며느리가 필자의 절에 찾아와서 살려달라고 울고불고하여 바로 묘지 파낸 자리에다 부적으로 살을 모두 막아놓고 정성을 들여서 살려놓았다. 그 집 큰집에서는 그렇게 하지 않아 여자가 죽었다. 이렇게 무서운 것이 묘지의 살충(殺衝)이다.

산소를 쓰는 날도 살을 맞을 때가 있다. 필자가 묘지를 써 주다가 그런 일이 있어서 부적을 태워 먹여서 살려놓은 경우가 있다. 절대 아무렇게나 생각하면 안 된다. 그 때는 하관시(下棺時)에 마지막 횡대(橫帶)를 덮을 때 보지 말아야 한다. 정히 피할 생각이 없으면 고개라도 돌려서 외면해야 한다. 이것이 호충(呼沖)인데 실제로 호충을 맞아 살린 일도 있었다. 만약 그 지관이 사람을 살리는 비법을 가지고 있지 않았다면 눈앞에서 또 다른 시신을 보았을 것이다.

    이렇게 사람을 살리는 능력을 가지려면 기도를 많이 하여 부처님이 몸소 나의 몸속으로 들어오셔야 마귀(魔鬼)를 쫓아내 살리는 것이다. 일반 풍수서적만 가지고 공부를 해서는 사람을 살릴 수 없다. 책 지관과 도를 닦은 지관하고는 하늘과 땅의 차이다.

71

화성시 우정읍에서 지관(地官)이 사망했다

경기도 화성시 우정읍에서 있었던 이야기다. 그 동네로 전라도에서 이사 온 사람이 있었다. 그런데 그 사람이 전라도에서 지관을 하였다고 우리 마을에 와서 남의 집 묘를 써 주어서 진짜 지관인줄 알았는데, 내가 그 날 두 군데 일이 생겼다.

왜 하루에 일이 두 군데 생겼냐면, 추석(秋夕)을 지내러 가다가 교통사고로 두 사람이 한 날 한 시에 죽어서 장사날도 같았다. 가까운데 같으면 혼자서도 할 수 있었는데, 거리가 멀어서 도저히 혼자서 감당을 할 수가 없었다.

한 곳은 송산면이고, 다른 곳은 장안면이었다. 그래서 그 사람보고 묘지 일을 하겠냐고 물으니 그러겠다고 하였다. 그러나 내가 그 사람의 실력을 몰라서 하루 전날 송산면을 데리고 가서 좌향(坐向)을 잡아주고 말뚝까지 박아 줄까지 띄워서 시신을 바르게 안장을 시켜야 한다고 말하고, 만약 여기서 좌향(坐向)을 바꾸면 큰 일 나는 자리라고 당부(當付)를 하였다. 나는 장안면에 가서 묘지 일을 다해주고 왔다.

이틀 뒤에 송산면에서 전화가 왔다. 어디서 그런 돌팔이 지관을 보내서 묘지를 쓰게 하여 난리가 났고, 묘를 쓰고 나서 불상사(不祥事)까지 일어나서 다시 파서 화장을 시켰다고 하면서 필자를 원망하는 것이었다.

그래서 내가 송산면에 가서 묘지 써 놓은 것을 보았다. 내가 자리를 잡아 줄까지 띄어준 자리가 아니고, 엉뚱한 곳에 묫자리를 썼다. 나도 깜짝 놀랐다. 그날 내가 말뚝까지 박아놓고 줄까지 띄운 것을 놔두고 그 사람이 임의대로 삼살방(三煞方)에 묘를 썼던 것이다.

파낸 자리가 그대로 있어서 필자가 화가 나서 그 지관에게 전화를 하니까 안 받아서 그 사람 친구한테 전화를 해보니까 친구가 말하기를 송산에 가서 산소 써주고 와서 바로 죽어서 지금 장사(葬事)를 지내고 있다고 하였다. 그 지관이 쓴 자리를 보니까 삼살방(三煞方)에 써주고, 본인도 죽고 상주집도 난리가 나게 만든 것이었다.

묘지를 써준 사람이 죽었으니, 어디 가서 말을 할 수도 없고 내가 잡아준 자리에 썼으면 아무 탈이 없었을 텐데, 아무것도 모르는 사람이 타관객지(他官客地)에 와서 돌팔이 지관노릇을 하였으니, 만약 전라도에서 그 사람이 지관노릇을 했다면 수많은 사람을 망하게 했겠구나. 그 벌을 받아서 또 똑같은 짓을 하다가 죽었구나 하는 생각이 들었다.

아무것도 모르는 사람들을 속이고 지관이라며 삼자불배합(三字不配合)에 정(正)자리라면서 그대로 쓰니까 사람이 죽거나 재물(財物)이 파산(破散) 난 것이다.

동궁(同宮)에 작국(作局)을 찾아서 좌선작국(左旋作局)이면 어느 분금(分金)에 놓고, 우선작국(右旋作局)이면 어느 분금(分金)에 놓아야 하는데, 간좌(艮坐)라면 정간좌(正艮坐)에 놓고, 축좌(丑坐)라면 정축좌(正丑坐)에 놓고 써 준 사람이다. 그렇게 잡으면 오살(五殺)을 맞게 써 준 것이다. 그러니까 묘지 써주고 자기가 오살(五殺)을 맞아서 죽은 것이다. 그 사람이 안 죽었으면 수많은 사람이 희생됐을 것이다.

우리나라 시골에 지관이란 사람들의 80%가 그런 사람들이다. 필자는 화성, 용인, 이천, 장호원까지 묘지 써주러 다니면서 죽으려고 하는 사람 살리러 다녔다. 어떤 환자가 생겼을 경우 그 사람 띠만 알면 그 집 조상 묘를 찾아서 파보면 삼자불배합(三字不配合)의 자식 죽이는 좌향(坐向)에 있거나, 파구(破口)가 불배합(不配合)이 되게 써 놓았다. 이런 경우 파묘(破墓)를 하여 좋은 자리에 좌향을 배합조건(配合條件)에 맞게 이장을 하면 그 사람은 살아난다.

필자가 서산으로 이사를 와서 병든 사람들 묘지를 파보면 다 자식 죽이는 좌향이었다. 그래서 서산, 당진, 태안에서 이제까지 국무총리, 장관 한 명 나오지 않은 것이다. 와보니까 대통령까지 나올 자리가 그냥 남아있다.

72

버려진 국반급 자리

　　서산에 남이 파간 묘지자리인데, 가서 보니 기가 막힌 대명당(大明堂)이었다. 그런 자리인데 실혈(失穴)을 하여 망지자리를 잡아 묘를 썼던 것이다. 그러니까 그 집에서 초상을 치르기 직전까지 갔고, 병원에서 1달 동안 입원하였다가 간신히 살아나와 바로 묘지를 파서 딴 곳으로 옮겼다. 필자가 빈자리 위로 올라가보니 9대가 270년 동안 발복하는 자리다.

　　그래서 내가 가엾게 여긴 사람이 있었는데 그 조상의 묘지가 여섯 반상이 물속에 있어서 수십억(數十億)을 부도(不渡)까지 맞은 사람이라, 내가 당신 살려줄 테니 그곳에 가서 보고 마음에 들면 옮기시오 하고, 그 곳을 보여주었더니 너무 좋다며 그 곳으로 이장을 해 달라고 하여 정혈자리를 찾아서 묘를 이장을 하니 너무 좋은 자리였다.

　　내룡(來龍)이 갈 지(之)자로 꺾여 내려 왔고, 꺾인 용(龍)의 마디마다 박환(剝換)된 바위가 박혔다. 내룡에 5개가 박혔고, 정돌취기처(正突聚氣處)는 하얗게 빛이 나며 기(氣)가 서려있는 바위가 있고, 좌우선익(左右蟬翼)에

도 바위가 박혀 있었다. 묘지에 광중(壙中)은 만석궁자리로 빙둘러 옹벽(擁壁)이었고, 조부모(祖父母)자리는 노란 양명한 황골 흙이 나왔다.

묘지를 조성을 하고 보니까 대명당이었다. 어느 누가 봐도 대단한 자리였다. 이 자리가 270년, 9대가 발복하는 자리이다. 이런 자리는 그 어디서도 찾아보기 드문 자리이다. 필자가 서산, 당진, 태안을 20여 년 동안 발품을 팔아가며 다 돌아보았지만 이런 자리는 처음 보았다. 조선시대 격암(格菴) 남사고(南師古)선생이었으면 조상 묘를 썼을 것이다.

나는 이제까지 50년 째 묘를 써 왔지만 내 조상부터 생각한 적은 없다. 내가 마음을 곱게 먹으면 자연히 하늘이 도와서 좋은 자리로 우리 조상도 모셔지겠지 하고 우선 남의 묘부터 잘 써 주어야겠다는 것이 나의 신조이다. 그런 신조를 가지고 살아왔기에 만석궁자리 4군데, 5천석 갑부가 나올 자리 2군데, 대통령이 나올 자리 1군데, 합참의장 나올 자리도 써주고 앞으로 또 어떤 자리를 써 줄지는 몰라도 또 기회(機會)가 있으리라 본다. 필자가 좋은 일 많이 하면 자식이라도 잘되겠지 하고, 나의 대(代)에서는 좋은 일을 많이 하여 이름 석자나 세상에 남기고 싶다.

내가 보기에 우리나라 대통령 집무실과 국회의사당, 정부종합청사가 제일 시급(時急)한 일이다. 그 자리를 내 손으로 정확하게 만년대길(萬年大吉)의 자리에 잡아주면 나의 일생일대(一生一代)에 최고의 보람인 것이다. 팔십 중반 나이에 노구(老軀)의 몸으로 돈을 바라겠는가? 명예(名譽)를 바라겠는가?

우리나라에 8대(代) 보궁(寶宮)자리는 찾아서 절을 창건(創建)하였으니, 다음부터는 나의 후계자가 이룩할 것으로 본다. 내가 젊었으면 더욱 크게 발전시켜 놓겠지만 더 시급한 것은 내가 대한민국에서 태어났고, 대한민국에서 살다가 대한민국 땅에 묻힐 사람이니까 우선 순위가 국가이다. 우선 국가가 강국이 되어야 하고, 세계 사람들이 한국을 발전시킨 표본을 배우러 오게 하는 것이 목표이다.

73

대통령(大統領) 집무실(執務室)

　나라가 강국이 되려면 국가를 통치하는 대통령의 집무실이 우리나라에서 제일 좋은 자리를 차지해야 한다. 다음으로 국민에 민의(民意)의 전당(殿堂)인 국회의사당이 명당에 들어가야 다툼이 없다. 세 번째는 정부종합청사이다. 종합청사가 올바른 자리에 앉아야 국정(國政)이 바로 선다.
　국회의사당 자리가 좋으면 애국하는 국회의원들이 뽑혀 당파(黨派)싸움이 없어진다. 여의도(汝矣島)에 있는 의사당은 금융(金融)이나 방송(放送)과 관련된 분야에 어울리는 자리이고, 국민의 민의를 대변하는 그러한 자리로서는 부적격이다.
　세종시에 가보니까 정부종합청사 선정(選定)을 잘못하였다. 양택(陽宅)에 해당하는 건물은 주역 8괘(卦)에 딱 들어맞게 건축해야한다. 현재의 청사(廳舍)는 뱀이 기어가는 모양으로 지었는데, 어디를 건물의 중심인 기두(起頭)로 삼을 것이며, 어디로 문(門)을 낼지에 대한 음양(陰陽)이나 오행(五行)의 이론적(理論的) 근거가 전혀 없이 지어졌다. 필자가 그 곳을 보고 죽기 전에 국가가 바로서고 강국이 되게끔 토대를 만들어 놓는 것이 나의 소원(所願)임을 다짐했다.

　필자는 무인도에 들어가서 혼자 10년간 기도 끝에 해수관음부처님도 받았고, 20년 동안 적상산과 계룡산에서 기도를 한 끝에 천상에 지리도사님까지 내려오시어 필자를 돕고 계신다. 우리나라 5,000년 역사상 천상의 지리도사님이 내려오시어 도와주는 지관은 없었을 것이다. 이렇게 지리도사님이 계실 때 나라에 대통령 집무실과 국회의사당을 반듯하게 세워놓지 못하고 죽으면 내가 평생 동안 도(道)를 닦은 보람이 없다.

　필자를 인정하며 믿어주는 대통령이 있어야 그 대통령도 평생 역사에 길이 빛날 것이다. 이런 때 대통령이 관사(官舍)를 짓고 집무실을 반듯하게 마련하면 임기동안 나라는 발전하고 국민은 풍요를 누리고 대통령은 퇴임 후에도 교도소에 갈 일이 없다. 대통령 집무실이 천하명당(天下明堂)에 앉으면 탄핵이야기는 꺼내지 못한다. 그런 말을 꺼내면 천벌을 받기 때문에 대통령 집무실은 하늘에 천기(天氣)와 땅에 지기(地氣)가 합치되는 곳에 지어야 한다.

　지기가 상승(上昇)하고 천기가 하강(下降)하여 음(陰)과 양(陽)이 합쳐져서 형화기정(形化氣精)이 일어나는 곳, 바로 그 자리가 우주(宇宙)의 원리(原理)인 음양의 기(氣)가 조화(造化)를 이룬 천하(天下)의 보금자리이다.

　국회의사당이 명당에 자리 잡고 드나드는 출입구가 바르게 나면 자격이 되지 않는 국회의원은 당선이 안 되고, 애국하는 국회의원만 선출되어 입법(立法)을 하고, 정책(政策) 질의를 올바르게 하기 위해 국회의원들은 도서관에서 생활한다. 그러한 국회의사당을 명당에 지어야 한다. 여의도 의사당은 민의의 전당으로는 천하 망지 중에 망지이다. 의사당(議事堂) 밑으로 물이 빠져나가는 자리이다 보니 국회의원이 국민의 대변자로서 역할은 하지 않고 패거리를 지어 선동이나 하여 정권을 뒤집어 버리려는 사람들만 모여 나라를 망하게 만든다. 그래서 국회의사당은 이전을 해야 한다.

일반 가옥도 인물이 나고, 부자가 되는 집이 있는 것처럼, 그 집만 들어가면 누구든지 인패(人敗)와 재패(財敗)가 나는 자리가 있다. 청와대가 그런 자리이다. 청와대에 있다가 나오면 교도소를 가던지 말로가 좋지 않았다. 그렇기 때문에 대통령 집무실은 우리나라에서 최고의 터에 복가로 지어야 한다. 또한 국회의사당과 정부종합청사도 길지에 지어야 한다.

풍수지리를 알고 지었는지는 모르겠으나 미국의 백악관과 국무성이 풍수이론에 적확(的確)하게 한 치의 오차(誤差)도 없이 지어졌다고 한다. 그러니까 세계의 강국(强國)이 된 것이다.

명당자리에 건물도 기본적으로 배산임수(背山臨水)가 되어야 한다. 산을 등지어 바람을 막고, 물길이 앞으로 돌아서 산천정기(山川精氣)가 빠져나가지 않게 막아 주어야 한다. 등을 산이 반듯하게 보호해야 하는데, 산이 없어 바람을 맞으며 물이 바로 빠져 나가면 일반 가정집이면 3년 안에 망한다. 국회의사당은 그렇게 망하는 자리이다.

청와대도 마찬가지이다. 청룡과 백호가 감싸서 보호하고 물길이 교쇄(交鎖)되어야 하는데, 이곳은 부채를 편 모양으로 되어있으니 망지(亡地) 중의 망지이다. 그래서 대통령 집무실을 좋은 곳에 지으면 나라도 부강해지고, 임기를 마친 대통령도 존경을 받을 것이다. 서울에 명당자리가 있으니 그 곳에 지으면 된다.

74

영혼(靈魂)이 윤회(輪回)하는 자리 찾는 것이 가장 어렵다

화성에서 있었던 일이다. 그 당시에는 필자가 농사를 많이 지었다. 그리고 방 한군데다가 부처님을 모셔놓고 남몰래 저녁에 가서 불공(佛供)만 드리고 오곤 하였다. 농사를 많이 짓다보니 인부를 많이 사서 품값을 주는 형편이었다. 주로 여자 인부를 30여명 사서 논에서 피사리를 시켰다. 그런데 그 중에 일을 잘하는 여장부(女丈夫)가 있었다. 그 아주머니는 다른 지역에서 이사를 온 사람인데 눈에 띄게 일을 잘 하였다.

필자가 아주머니에게 어디서 사시다가 이사를 오셨냐고 물어보니까 충남 서산에서 왔다고 하였다. 그래서 서산 여자들은 그렇게 일을 잘 하느냐고 묻자, 본인이 서산에서 큰살림을 하였었다고 말했다. 논도 수천 평 되었고, 밭도 많았고, 밤나무를 심어 놓은 임야(林野)가 3천여 평 있었는데, 남편이 농사짓기 힘들다고 서산 시내에서 택시를 사서 운수사업을 하였다. 그런데 남편이 도박(賭博)을 좋아하여 택시도 날리고 살던 집과 땅도 팔아서 도박에 탕진하여 몸뚱이만 가지고 평택에 와서 막노동을 하다

보니 여기까지 왔노라고 하였다.

겨울밤 여기서도 동네 사람들이 모여서 화투를 치면 잘 모르는 사람이 끼는데, 알고 보니 서산에서 이사 온 그 여자의 남편이었다. 역시 도박하는 버릇은 쉽게 버리지 못하는구나 생각하였다.

그런데 일을 잘하는 아주머니가 어느 날부터 자꾸 눈이 아파서 안과 진료를 받고 보니 신경(神經)이 죽어서 시력(視力)을 잃을 거라는 말을 들었다. 그래서 필자가 혹시 당신네 조상 묘지 옆에 바위가 있느냐고 물어 보니 묘지에 안 가봐서 모른다고 하였다. 여자의 시댁이 서산 음암면 율목리인데, 남편이 도박으로 집이고 땅이고 다 날려서 조상 묘도 옮기게 되어 부석면에 종중산(宗中山)이 있어서 그 곳에 모셨다고 하였다. 본인은 가보지 않아 묘지 옆에 바위가 있는지 모른다고 하였다.

그런데 얼마 후 나머지 눈도 보이지 않더니 44살에 장님이 되었다. 그 여자 동생이 서산에서 보살(菩薩)이었는데 손님이 없어서 화성에 와서 있다 보니 1년 동안 가지고 온 돈을 다 쓰고 의지할 데가 없었다. 사정이 딱하여 필자의 절에 와 있으라고 하였다.

2년 쯤 되었을 때 그의 어머니가 아들하고 같이 살았는데, 그 해 죽었다. 음암에 있는 중앙병원 장례식장에 가보니 마침 장님이 된 언니도 와 있었다. 필자가 그 언니 아들에게 물어 보았다. 할아버지 묘 옮길 때 가 보았냐고? 하니까 가 보았다고 하였다. 그래서 할아버지 묘 양 옆에 바위가 있느냐고 물었더니 그 아들이 있다고 대답했다.

그래서 묘지 양 옆에 있는 바위를 그냥 놓아두면 자손 중에 또 장님이 나올 수 있으니, 바위를 땅 속에 묻든지 아니면 다른 곳으로 치워버리라고 얘기해주고, 멀쩡했던 엄마가 그 묘지를 쓰고 나서 바위 때문에 장님이 된 것이라고 말해 주었다.

    그리고 그 바위를 옮겼는지 그냥 두었는지는 필자가 보지 않아 모른다. 다만 묘지 옆에 흉하게 생긴 바위가 한 개 있으면 한쪽 눈이, 양쪽에 있으면 장님이 된다.

75

유전자(遺傳子)를 바꾸어야 한다

유전자를 바꾸는 방법은 묘지밖에 없다. 그런데 그것을 알려 주어도 필자의 말을 믿는 사람은 얼마 없다. 내 말을 들으면 유전자를 바꿔주겠는데, 내 말을 콧방귀로 듣는다. 특히 조폭생활을 하는 사람이 더 말을 안 듣는다.

우리 마을에 그런 사람이 있었다. 그 사람 아버지부터 몽니가 나빠서 사람들을 두들겨 패서 살림살이도 겨우 밥 3끼 먹고사는 처지였는데 치료비 물어주느라 바빴다. 자식은 아들을 4명 두었는데, 큰 아들은 아버지가 그러는 것을 보고 일부러 술까지 끊고 개과천선(改過遷善)하였다. 부인이 정씨인데 착한 아내를 얻었다. 그래서 아들을 기독교를 믿게 하였고, 신학교(神學校)까지 나와 목사(牧師)가 되었다.

둘째는 아버지와 똑같았다. 셋째는 필자하고 동갑내기였으며 초등학교 동창(同窓)이다. 그런데 군대에 가서 사람을 패다가 진짜 임자를 만나서 군대에서 맞아 죽었다. 넷째도 아버지를 닮았다. 수원 동탄 근처에서 사는데, 주먹질하다가 집단폭행을 당한 다음부터는 주먹세계에서 나왔다고 한다.

둘째 아들은 아버지의 유전자를 그대로 이어받았다. 몽니가 고약하였고, 남이 잘 되는 꼴을 보지 못하였다. 고발까지 잘하고 결국은 그 사람이 망해야 해코지를 그만둔다. 그런 못된 인간이다. 그놈의 아들은 도시에서 왕초라고 한다. 그 왕초는 전과가 100범(犯)이 넘는다고 한다. 지금은 살인 청부만 맡는다고 한다. 원한 맺힌 의뢰인이 3천만 원을 주면 대신 살인하여 준다고 한다.

그런데 아버지의 업보인지 큰 자식이 25t짜리 냉동차를 끌고 다니는데, 경부고속도로에서 서 있는 12인승 봉고차를 추돌하여 12명이 모두 사망하여 교도소에 갔다. 아들 3형제의 전과와 아버지까지 합하면 200범이 넘는다.

그 사람 앞에서는 좋은 이야기를 못한다. 좋은 이야기를 하면 비웃고 그 말을 못하게 차단시켜 버리고 자기자식이 청부살인을 하여 돈 벌어온 것을 무용담처럼 신바람나게 이야기한다. 지금은 마을에서 외톨이가 되었다. 그 사람과 적으로 살기 싫어서 동네를 떠나 이사를 간 사람도 많았다. 지금은 나이가 먹어서 성질이 죽었다. 동네사람의 전언(傳言)에 의하면 외톨이가 되니까 그 사람 나이가 범띠인 86세인데, 치매(癡呆)가 왔다고 한다. 그런데 치매가 와도 아주 나쁜 치매가 왔다고 한다. 평생을 살아온 대로 결국 사람을 패는 치매가 왔다고 한다.

그 업보가 얼마나 큰 것인가? 그 사람은 죽으면 무한지옥(無限地獄)으로 떨어진다. 그런 사람은 유전자를 바꿔주어야 한다. 유전자를 바꿔주는 방법은 묘지밖에 없다. 그런데 그 사람은 우리가 올바른 말을 해 주면 반대로 듣고 행동한다. 그래서 구제불능이다.

그 사람의 묘지가 망지에 있다. 조상에서부터 바꿔줘야 한다. 만약 유전자를 바꿔주지 못하면 더욱더 악(惡)으로 간다. 그런 사람이 필자의 말을 듣고 조상 묘를 회룡고조혈(回龍顧祖穴)에 쓰면 자손(子孫)에서 충신(忠臣)과 효자(孝子)가 나온다. 그렇게 유전자를 바꿔줘야 한다.

그런 사람들은 의사도 못 고치고 법으로도 못 고친다. 법으로는 점점 더 나빠져서 살인청부까지 한다는데, 더 이상 어찌할 수 없고 고칠 수 있는 방법은 회룡고조혈 명당을 잡아 묘를 쓰는 수밖에 없다.

76

집에서라도 도(道)를 닦아라

　집에서 잠시라도 경문(經文)을 읽으면 좋은 윤회(輪回)를 찾는다. 서산에서 작은 주점(酒店)을 운영하며 살고 있는 여자의 이야기이다. 남편이 바람을 피우더니 급기야 작은 부인을 얻어 딴 살림을 났다. 그 여인은 시어머니를 모시고 살다가 돌아가시자 화장을 하여 태안 남면 납골당(納骨堂)에 모셨다. 그런데 꿈속에 시어머니가 나타나서 왜 나를 납골당에 넣었냐고 하시며 며느리를 회초리로 매질을 하셨는데, 매 맞은 다리가 시퍼렇게 멍이 들었다. 그것이 없어지지 않았다. 신(神)이 내린 매질의 자국은 없어지지 않는다.
　주점을 하는 여인이 필자를 찾아와서 저간(這間)의 상황과 멍든 다리를 보여주었다. 그래서 망인(亡人)의 나이를 물어보고 육효(六爻)로 풀어보니까 망인은 흙에 들어가야지 납골당에 들어가면 안 되는 분이었다. 납골당에 계시면 매년 괴롭힌다고 하니까 그럼 땅에 묻어 달라고 하였다.
　이장비용이 100만원 필요하다고 하니까 자기가 가지고 있는 돈이 100만원 밖에 없으니, 지관은 50만원만 받고 사역하는 사람은 50만원씩

나눠 주겠다고 하였다. 그런데 여인이 데리고 온 목수(木手)가 있었다. 목수가 자기들이 작업을 할 테니 좌향(坐向)만 봐 달라고 하는 것이다. 그래서 그 여인이 가여워서 날짜를 잡아서 매장을 하기로 했다.

그 보살(菩薩)은 서산 관음사에 다녔던 신도였다. 그 절에서 비구니 스님이 납골당에 단지 꺼내러갈 때 들어가지 말라고 말해 주었는데, 깜박하고 안에 들어가서 단지를 받으러 들어가다가 넘어져서 어깨가 빠졌는데, 불행(不幸)중 다행(多幸)으로 옆에 있던 사람이 어깨뼈를 맞춰주었다.

팔봉면 어송리 쯤 왔는데, 나뉘어 들어가는 길인데, 여인이 서둘러 달려가서 광중(壙中)을 파놓은 자리를 보더니, 자리를 하나 더 잡아달라고 하였다. 그래서 그 아래에 자리가 있다고 말하고, 왜 자리를 잡아 달래냐고 물었다.

그랬더니 여인이 말하기를 어제 밤에 꿈을 꾸었는데, 큰 기와집이 두 채에 돼지가 가득 차 있었는데 한 채는 그대로 있는데, 다른 한 채는 돼지가 모두 나가버리는 꿈이었다는 것이다. 그래서 필자가 꿈을 잘 꾸었다고 말하고, 먼저 잡은 곳도 부자가 되는 자리이고 저 아래도 좋은 자리인데, 그 곳은 시신이 들어가지 않은 빈집이니 돼지가 나가고 빈 곳이라 그런 꿈을 꾼 것이라고 했다.

묘를 쓰고 나면 아주머니가 반드시 꿈을 꿀 것이니까 꿈 이야기를 해 달라고 하였다. 그런데 그 후로 연락이 없어 필자가 전화를 하였다. 아주머니 분명히 꿈을 꾸었을 텐데 왜 말이 없냐니까, 그때서야 꿈을 꾼 이야기를 해주었다.

시어머니가 묘지에서 붕 떠오르시더니 며느리 앞에 다가오셔서 밥 한 그릇 주시면서 이 밥 먹으라고 하기에, 내가 왜 귀신(鬼神)이 주는 밥을 먹느냐고 밥그릇을 발로 차버리니까 밥그릇이 데굴데굴 굴러가는데 밥이 쏟아지지 않았다고 하였다.

내가 참 잘했다고 하였다. 그 밥을 먹었으면 당신은 죽어서 밑에 자리 잡아 놓은 곳에 들어갔을 것이다. 그래서 내가 꿈을 꿀 것이라고 하였던 것이다. 딱 들어맞았다. 시어머니는 명당(明堂)에 들어 가셨다.

시어머니 모시던 날 왔던 아들 딸들이 봉고차 한 대로 왔었는데, 엄마 묘 다 쓰고 돌아가다가 차가 전복되었다고 하는데, 다친 사람이 하나도 없다는 것은 시어머니 묘지가 좋은 자리이기 때문이다. 더구나 아주머니 가짜 묘 써놓은 것을 시어머니가 너도 자리를 잡아놓았으니 그 곳으로 들어가라고 한 것도 뿌리치기를 잘 하였다.

앞으로 시어머니가 아들, 딸, 며느리 큰 부자가 되게 도와줄 것이다. 나와 인연(因緣)이 되어 그런 명당을 잡은 것이지 아무나 잡는 자리가 아니다. 고맙다는 인사를 듣고 마무리 되었다.

귀신(鬼神)은 며느리가 들어갈 자리까지 잡아놓은 것을 알고 며느리에게 사자 밥을 갖다 준 것인데, 며느리가 아직 죽을 때가 되지 않아 사자 밥을 안 먹은 것이다. 꿈에 시어머니가 가져다 준 밥을 먹었으면 그 며느리는 죽었다.

옛날이나 지금도 이런 일이 일어난다. 아무리 문명(文明)이 발달했어도 사람이 존재하는 한 귀신은 있다. 불경(佛經)에도 나온다. 대문 밖이 다 허공인데 인간이 살고 있는 허공에는 "시방삼세 제망찰해 상주일체 불타야중"이라고 부처님 앞에서 불공을 드릴 때 제일 먼저 나오는 말이다.

시방삼세는 전생(前生)이나 현생(現生)이나 내세(來世)에도 조상들 귀신인 망자가 그물망같이 얽혀있다는 것이다. 그 속에서 산 사람과 같이 살아가고 있는 것이다. 사람 눈에 그 귀신들이 다 보인다면 살지 못한다. 보이지 않게끔 되어 있다.

　차를 타고 가다가 교통사고가 난 것은 필자와 같은 사람들이 판단해 보면 그 자동차에 귀신이 붙었다. 차량사고가 난 자리는 3년마다 거의 사고가 반복된다. 특히 사람이 죽은 자리는 3년마다 꼭 사고가 난다. 그런 장소는 조심해야 한다.

　어떤 사람이 사고가 나는가? 사람마다 오귀삼살방(五鬼三煞方)이 다 다른데 재수가 없는 사람이 그 방위에 해당이 되면 사고가 난다. 여러 사람 중에 그 방위에 합식(合食)이나 식신(食神)이 닿는 사람은 오히려 돈을 많이 번다.

　그것이 사람마다 다 다르다. 해당되는 해에 태어난 동갑내기들은 사고를 낼 확률은 높으나 조상 묘지가 명당에 있으면 사고를 안낸다. 조상이 막아주어 사고가 안 나는 것이다.

　조상 묘가 명당에 있는 묘는 도통한 묘라 조상이 도통한 분이다. 예를 들어 월남전에 참전한 자식이 작전을 나갔다. 조상이 보니까 그곳으로 가면 대전차 지뢰를 밟아 1개 소대(小隊)가 다 죽게 되었다. 그때 한국에 있던 아버지 영혼이 눈 깜짝할 사이에 날아가서 아들이 가는 방향을 인도해서 다른 곳으로 가게끔 유도(誘導)한다. 명당에 모셔진 조상은 그렇게 후손을 살리는 것이다.

　자손들이 오늘은 어느 방향으로 자동차를 몰고 가는지를 조상은 알고 있다. 명당에 모셔진 아버지가 보니까 몇 시에 교통사고로 그 곳에서 죽을 것을 미리 알고, 아들이 12시에 가면 사고가 나고, 13시에 가면 그 시간을 지나쳐서 사고가 없겠다 싶으면 갑자기 아들의 배가 살살 아프게 만들어 화장실에 가게끔 만들어 시간을 지연(遲延)시킨다. 그래서 사고를 예방(豫防)시키는 것이다.

자동차 사고는 1초 1순간 찰나(刹那)에 발생하기 때문에 그 순간만 피하면 사고를 면한다. 앞에 사례를 들었지만 조상을 명당에 모셨으면 자동차가 전복되어도 사람은 다치지 않을 수 있다. 자손이 그 날 그 방위 그 자리에서 죽을 수 있는 지역을 조상이 미리 가서 죽지 않도록 막아버리는 것이다.

조상 묘지가 망지에 있으면 전도체가 되지 않아 그 조상은 이러한 사고를 막을 수가 없는 것이다. 그 자손은 사고로 죽거나 장애자가 된다.

조상 묘지를 아주 흉한 망지에 모시면 조상이 자손을 죽인다. 조상의 묘지 자리를 좋은 자리로 옮겨주지 않는다고 자기 자손을 조상이 죽이는 것이다. 사람의 살고 죽는 일은 조상에게 달렸다. 죽을 때도 조상이 데려가는 것이고 태어나는 것도 조상이 점지 안 해주면 태어나지 못한다.

77

이런 자리에 조상(祖上)을 모시면 자식(子息)이 없다

조상 묘를 몽땅 파서 화장시켜 바다나 산에 뿌리면 그 집안은 현재 살아있는 사람들 다 죽으면 절손(絶孫)이다. 종자(種子)가 없어진 것이다.

조상 묘를 모두 파서 화장을 하여 돌로 만든 납골당이나 건물로 지은 납골당에 넣어 두어도 현재 살아있는 사람이 죽으면 그 집안은 종말(終末)이다.

조상 묘를 모두 파서 화장하여 납골항아리에다 넣어 좋은 명당에 묻으면 발복한다. 사용하면 안 되는 단지로는 돌로 만든 단지, 유리로 만든 단지, 플라스틱으로 만든 단지, 옥수수가루로 만든 단지는 일체 사용해서는 안 된다. 반드시 단지가 숨을 쉬어야 한다. 황토로 구워서 만든 단지가 제일 좋다.

- 조상 묘를 모두 산꼭대기에 쓰면 자손이 없다.
- 조상 묘 앞이 절벽이면 자식이 없다.
- 조상 묘를 홀로 있는 섬이나 논 가운데 쓰면 자식이 없다.

식물(植物)의 씨앗도 건물에다 수백 년을 넣어 두면 싹이 안 난다. 돌항아리, 유리그릇, 플라스틱으로 된 함(函)에 넣어도 싹이 안 난다.

  그러나 흙에 묻으면 7일이면 싹이 난다. 사람이나 식물이나 만들어지는 원소(元素)가 흙이다. 흙의 원소로 인간도 태어나고, 살고, 죽어서 흙에 묻으면 다시 윤회(輪回)하여 태어난다. 사람의 원소(元素)가 지(地), 수(水), 화(火), 풍(風)으로 되어 있고 전부 흙속의 원소라 꼭 흙에 묻어야 배양(培養)이 된다.

78

우주(宇宙)의 원리(原理)와 무덤의 원리만 알면
사람을 살릴 수 있다

　우주의 원리를 알고 풍수지리의 원리를 알면 사람을 살릴 수 있다. 자기 집을 짓고 집 바로 옆에다 지하수(地下水)를 파면 그 집에서 중풍으로 죽는 사람도 나오고 재산도 점점 줄어든다. 원리를 알면 스스로 망하는 짓을 안 한다.
　가옥(家屋) 옆에다 지하수를 개발하여 사용하면 그 집 밑에는 전체가 수맥이 잡힌다. 물 위의 집이 되어 그 집 식구들은 중풍(中風)이나 내장병(內臟病)에 걸린다.
　필자는 그런 집의 수맥을 다 잡아서 없앨 수 있다. 조상 묘지에 물이 가득 찬 것도 30분 이내로 뺄 수 있다. 그런 처방은 세계 어느 누구도 못하는 기술이다. 도력(道力)으로 빼낸다.
　빌딩이나 APT를 지으려면 지하로 3층 정도로 깊이 파야 건물을 짓는다. 그러면 빌딩이나 APT도 수맥이 도는 곳이 많다. 그 수맥을 안 잡으면 중풍이나 내장병으로 고생을 한다. 그런 빌딩이나 APT, 학교, 회사 사무실이 수맥이 돌면 머리가 아프다. 수맥을 잡아주면 머리가 맑고 개운(開運)하다.

지금은 고층건물이 많아서 수맥이 도는 건물이 많다. 그런 고층건물의 수맥을 안 잡아주면 잔병에 시달린다. 시간이 지나면 중병(重病)으로 돌아가니 그 전에 미리 막아야한다. 우습게 보지마라 나중에는 의약으로도 못 고친다. 필자는 아무리 높은 건물도 수맥을 다 잡을 수 있다.

묘지나 가옥, 회사 고층빌딩 어디에나 수맥이 있다. 이것은 사람의 눈으로 보는 것이기 때문에 거짓말을 할 수가 없다. 수맥탐지기인 엘로드로 측정을 하여 안으로 교차가 되면 수맥이 있다는 증거이고, 바깥으로 벌어지면 수맥이 없는 것이다. 이렇게 확인을 하여 안으로 교차가 되는 수맥이 흐르는 망지를 명당으로 만들어준다.

묘지도 명당이면 엘로드로 측정을 하면 바깥으로 벌어지고, 망지는 안으로 교차가 된다. 필자는 묘지에 든 물을 따 빼내고 명당으로 만들어준다. 그 처방은 세계 어느 누구도 못하는 기술이다. 집에서 잠을 자고 일어나면 머리가 맑고 개운해야 하는데 자고나면 머리가 무겁고 개운하지 않으면 수맥이 흐르는 집이다.

필자는 부적(符籍)으로 수맥(水脈)을 잡는다. 내가 쓴 부적은 법력(法力)이 들어 있어서 죽을 사람도 살리고, 건물 15층 꼭대기서 수맥을 제어하면 지하층까지 수맥을 제거한다. 묘지에서 수맥을 잡는 것도 모두 부적으로 잡는다.

서울 대형병원에서 산소호흡기 끼고 있는 중증환자도 충남지역에 수맥이 흐르는 조상 묘에 부적으로 처방을 하면, 며칠 후 병원에서 호흡기를 빼고 건강하게 퇴원을 하여 집으로 간다. 필자는 그렇게 사람을 많이 살렸고, 지금도 살리고 있다. 부처님의 원력(原力)과 천상(天上)의 지리도사의 원력으로 생명을 살린다. 20년 째 그렇게 사람을 살렸다.

79

주역(周易) 8괘(卦)에는
우주와 사람의 원리가 있다

주역 8괘는 대라천에서 지존님들이 내려주신 우주(宇宙)의 원리(原理)이다. 사람의 몸에도 태양신, 태음신, 8괘신, 구궁신, 현무주작, 상시신 등 64괘의 신이 인간의 몸에 내장(內藏)되어 있다. 우주를 축소시킨 작은 소우주(小宇宙)라 할 수 있는 것이 인간이다.

항상 밤이고 낮이고 우주에 기(氣)를 받아 살고 있으면서 대자연의 동식물이 인간의 영양소(營養素)가 되고 있다.

우주의 원리가 음양오행으로 되어 있기 때문에 지구에 존재하는 모든 생명체 역시 음양오행으로 되어 있다. 식물(植物)이나 동물(動物)이나 모두 같다. 인간(人間)도 음양오행으로 나누어져 있으면서 서로 공조(共助)하고 상생(相生)을 하고 있다. 음은 양에 붙어 있으면서 양의 지령을 받아 활동하고 있다.

그러면 양(陽)은 무엇이고, 음(陰)은 또한 무엇인가? 양(陽)은 3혼(魂)이다. 음(陰)은 7백(魄)과 태광이다. 3혼은 조상의 영혼인 상령과 천체에서 빌려온 영혼인 유정과 나의 본체에서 나온 태광이다. 육신에는 7백이 있다. 이 세 영혼이 에델체의 끈으로 묶여서 육신의 7백을 활용하고 있는 것이다.

7백은 안, 이, 비, 설, 신, 위, 향, 미, 촉법이 도와주어서 소우주를 돌리고 있는 것이다. 그것이 음이다. 음이 없으면 양이 지탱을 못하고, 양이 없으면 음이 지탱을 못한다. 그리고 육신(肉身)은 영혼(靈魂)이 지배하며 에너지의 공급만 받다가 육신이 기능을 잃게 되면, 육신의 기능이 새것으로 바꾸기 위하여 에델체에 끈을 끊어 버리면 다 낡아빠진 육신은 다시 재생(再生)하기 위하여 땅속으로 돌아가는 곳이 무덤이다.

그래서 사람이 죽었다고 하는 것은 완전히 다 죽은 것이 아니고 양은 살아있고, 음만 재생의 터로 간 것이다. 재생의 터는 수백 군데가 있다. 재생의 터 중에서 좋은 곳을 찾아 들어가는 자리가 명당인 것이다.

재생의 터는 무엇이 따라 들어가나? 태광과 7백이 들어가는 것이다. 우주의 기로 뭉쳐진 것이 육신이다. 육신(肉身)은 지수화풍(地水火風)이다. 살은 썩어서 물의 원소로 돌아가고, 뼈는 소골이 되어 흙의 원소로 돌아가고, 체온은 자연의 온도로 변한다.

땅속에 있는 영혼(靈魂)이 우주(宇宙)의 기(氣)와 산천(山川)의 정기(精氣)를 받아서 후손에게 육신을 만들도록 한다. 묘지는 후손을 점지하여 주는 곳이다. 묘지가 망지면 후손은 장애자가 나온다. 무덤 자리가 장님이 나올 자리면 후손은 장님이 나온다. 벙어리가 나올 자리면 자손 중에 벙어리가 나온다.

그러나 명당이면 장관이 나오는 자리면 장관이 나오고, 무덤이 대혈(大穴)일 경우 대통령이 나오는 자리면 그 후손 중에서 대통령이 나오는 것이다. 만약 묘지가 역적(逆賊)이 나오는 자리라면 역모를 꾸미다가 역모의 죄(罪)를 받게 된다.

그 중에서 명당 자리인 사람의 윤회 장소를 찾아주는 일이 가장 어려운 일이고, 그런 자리를 알아보고 찾아주는 사람을 만나는 것은 하늘에서 별을 따오는 것 같이 어려운 것이다. 그런 사람은 하늘이 낸 도인이다. 옛말에 "명당(明堂)을 찾지 말고, 이름난 지사(地師)를 찾으라"는 말이 왜 회자(膾炙)가 됐겠는가?

이승에서 무탈하게 100년을 산다고 치더라도 100년 동안 그 사람이 살아온 발자취대로 윤회 장소가 결정된다. 한평생을 살면서 주변인들에게 악(惡)한 소리를 듣고 산 사람은 후손이 악한 사람이 태어나는 곳에 묻힐 것이다. 선(善)한 공덕(功德)을 많이 쌓은 사람은 지리에 밝은 지사를 만나서 출생할 자손들이 부귀영화(富貴榮華)를 누릴 곳으로 묘 자리를 찾아 들어간다.

조상의 전생에 공덕으로 명당에서 귀한 인물로 태어나서 부귀영화를 누릴 때 너무 많은 악업을 쌓으면 그 사람은 이승에서는 자기 명대로 살지는 몰라도 다시 명을 다해 윤회 장소로 들어갈 때 보면 탕수지옥(湯水地獄)으로 들어가는 것이다.

민의(民意)에 전당(殿堂)에서 국회의장까지 한 사람이 있다. 그 사람의 유택인 무덤을 보니 물이 가득 차 있었다. 그것을 보고 인생의 무상함을 느꼈다. 한 평생 국회의장까지 지내며 부귀영화를 누렸는데, 탕수지옥에 떨어져서 물속에다가 뉘어 놓았으니 일순간(一瞬間)에 부귀영화와 권력(權力)과 명예(名譽)가 물속으로 들어갔다. 부귀영화를 누릴 때 선한 일을 많이 하였으면 지옥을 면했을 텐데, 바로 무덤에 묻어주는 사람이 지옥의

사자이다.

　무덤에 묻힐 때 지리에 밝은 명사를 만나는 것은 지장보살 부처님을 친견(親見)하는 것이다. 시신을 땅에 매장을 할 때는 사람의 몸에다 넣어준 64괘의 신을 활용하라고 인간은 누구나 64괘의 신을 가지고 있다. 몸에 가지고 있으면서도 그것을 하나도 활용하지 못하고 짐승을 매장하듯 하여 버리니까 후손들 중에서 단명(短命)을 하거나 장애자(障碍者)가 나오는 것이다.

　64괘의 신을 사람의 몸에 부여(附與)된 대로 온전히 활용할 수 있도록 명당에 묻히면 다음 생애(生涯)도 더욱 진화된 인간으로 태어나서 부귀영화와 귀한 인물로 편안한 생을 살다가 다시 윤회 장소로 간다. 사람들은 그냥 살아 있다가 죽으면 끝나는 것으로 알고 있는데 아니다. 인간은 수없이 윤회(輪廻)를 하면서 사는 것이다.

　우주공간 안에는 사람이 살고 있는 네 군데의 지구가 있다. 현재 우리가 살고 있는 곳이 남섬부주 지구이고, 또 세 곳이 있는데 서우화주 지구와 동승신주 지구 그리고 북구로주라는 지구이다. 그런데 부처님의 경전(經典)을 보면 우리가 살고 있는 남섬부주 지구에서만 부처님이 나올 수 있다는 것이다. 그래서 남섬부주 지구에서는 서로 부처님이 되겠다고 수백 개의 사이비(似而非) 종교(宗敎)가 난무(亂舞)하고 있으며, 서우화주, 동승신주, 북구로주에는 잡신종교(雜神宗敎)가 하나도 없고, 각각의 지구를 지키는 수왕(首王)이라는 분 한분 밖에 없고, 세 군데 지구가 다 그 지구를 지키는 천왕(天王)들이 세 군데가 있고, 남섬부주도 지구를 지키는 천왕(天王)님이 계신다.

　지구의 지붕이라는 히말라야 산맥이 있는 티벳에 가면 삼각형으로 된 높은 산이 있다. 그 산 가운데 엄청나게 큰 동굴이 있는데 그곳에 천왕님이 앉아계신다.

서우화주나 동승신주, 북구로주의 세군데 천왕님이 다 지구의 천왕님이다. 다 부처님을 숭배(崇拜)하고 있고, 남섬부주만 빼놓고 세군데 지구는 아무 신(神)도 없고 부처님만 숭배한다.

그래서 석가모니도 500번을 윤회하면서 도(道)를 닦아 부처님이 되신 분이다. 20~30년 도를 닦는다고 부처님이 되는 것이 아니다.

우주공간에는 신들이 사는 곳이 천상세계에 있다. 최고 높은 곳이 천상에 38층 대라천이라는 곳인데, 그곳이 최고로 높은 곳이고 그 곳에 지존님들이 계신다. 대라천은 11층까지 있는데 11층의 원시지존, 무극지존, 태극지존, 홍성지존님들이 인간을 만들어 내려 보낸 곳이다.

9층에는 석가불, 공공불, 연등불이 계신다. 그곳이 극락천이다. 그 밑으로 내려와서 33층에 태청천에 옥황상제가 7번째 부처님으로 계시고, 29층 장성궁에 예수그리스도가 계시고, 청진궁에 마호메트교의 목한묵덕이 계신다. 30층 수정궁에 공자(孔子)가 계시고, 유아성궁에 맹자(孟子)가 계시고, 28층에는 공자의 제자로 72현이 되신 도인들이 계신다.

지구상에서 왕이나 대통령을 지낸 사람은 천상에 높은 곳에는 못가고, 인간들이 살고 있는 곳에 일천 미터 상공(上空)에만 있다. 성인(聖人)들과 벼슬아치들하고는 하늘과 땅 차이가 있는 것이다.

부처님의 도를 닦는 사람들이 사는 곳이 서우화주, 동승신주, 북구로주이다. 알렉산더대왕만 불도(佛道)를 닦아서 부처님 신장님들하고 동진보살로 신장님들과 같이 있다.

서우화주에 태어나는 것도 엄청난 도(道)를 닦아야 태어날 수 있다.

서우화주나 동승신주, 북구로주는 통치자(統治者)가 없다. 그래서 극락세계(極樂世界)이다. 남섬부주에서만 살지 말고 서우화주나 동승신주에 태어나도 극락세계에 살 수 있으니 부지런히 도(道)를 닦아 그곳에서 태어나기를 바란다.

80

이 세상을 살고
좋은 윤회자리 찾아놓고 가는 사람은 도인(道人)이다

　필자가 볼 때 우리나라는 참 심각한 상태에 놓여있다. 공공기관이나 기업체에서 공원묘지를 만들어 놓고 마구잡이로 묘지를 써서 심각하다는 것이다. 심각함에 공감하는 사람은 풍수지리를 알고 있는 사람이다. 아무것도 모르는 사람들은 무심코 간과(看過)해 버린다.

　일반사람들은 풍수지리를 모르니까 그냥 넘어간다. 땅속에서는 인간들이 모르고 있는 사이에 엄청난 일이 벌어지고 있다. 시군에서 운영하는 공원묘지에서는 시신이 한 구 묻히면 사건이 일어난다. 지관의 도움이 없이 마구잡이로 매장을 하면 그 집안은 망인이 잘못 묻히면 오살(五殺)을 맞던지 아니면 장애자가 나오거나 둘 중에 하나는 해당된다.

　앞에 이야기한 선생 부자가 묘지 자리를 잘못 선택하여 아버지 장례를 치르고 3개월 만에 아들도 밤에 잠을 자다가 사망하였다.

　가족들은 아무것도 아는 것이 없으니까 명(命)이 짧아서 죽었나보다

하고 있지만 풍수를 알고 있는 우리들이 볼 때는 그 아버지와 아들인 선생이 갑자기 죽을 사람들이 아니었다. 그 아들이 사망한 것은 오살(五殺)을 맞아서 죽은 것이다. 오살을 맞는다는 것은 조상 묘를 쓸 때 택일(擇日)을 하여 좋은 날짜를 선택하고, 입관(入棺)하는 길한 시간을 선택하고, 매장(埋葬)을 할 혈 자리를 찾아서 살(煞)이 되는 방위는 피(避)하고, 작국(作局)에 맞춰 우선작국을 해야 하는지, 좌선작국을 해야 하는지를 분석(分析)하여 법수(法手)에 맞게 시신을 바르게 모셔야지 1cm만이라도 방위(方位)가 달라지면 살(煞)을 범(犯)하게 되어 정확하게 재혈을 하여 모셔야 한다. 오살방위에 해당이 되면 그 집안은 계속해서 초상이 난다.

실제로 예산에서 작년에 그런 일이 있었다. 초상이 나서 묻고 오면 사나흘이 지나서 또 초상이 나고, 장례를 치르고 3~4일이 지나고 또 초상이 나서 그렇게 3번이나 한 집에서 줄 초상이 난 일이 있었다.

이 집도 지관을 안 부르고 한 동네에 사는 이웃끼리 풍수에 대한 원리(原理)와 이론(理論)을 무시하고 장례를 치르다 보니 그런 일이 발생했던 것이다.

지금은 사이비(似而非) 종교인(宗敎人)들이 많은 걸로 알고 있는데, 그들에게 의뢰를 하여 장례를 치르면 영락없이 또 초상이 난다. 풍수에 대한 지식도 없고 원인을 모르고 있으니까 명이 짧아 사망을 했다고 하면 그대로 그냥 넘어가는 사례가 다반사(茶飯事)이다.

실상 풍수공부를 선무당 굿하듯이 어깨너머로 조금 배우고 나면 묘지를 쓰고 싶어진다. 그럴 시기(時期)가 가장 무섭고 조심해야 할 때이다. 필자의 사찰 옆에 사는 사람인데 돌팔이 지관이었다. 내가 가까이서 본 것인데 그 사람이 두 사람을 죽이는 것을 보았고, 자기 자식까지 죽이는 것을 지켜보았다.

　남의 묘지를 이장해 준 곳을 살펴보니까 상주가 죽게끔 써 놓았다. 그리고 또 한군데 써 놓은 것을 보니까 또 사람이 인패(人敗)가 나게끔 쓴 것이었다. 또 자기 산에다가 아버지 묘를 옮겼는데, 확인해보니까 오파(午破)를 먹었고 축좌(丑坐)를 놓았고, 묘지 앞에 전순(氈脣)자리에 엄청나게 큰 바위가 있다.

　집채만 한 바위가 전순 끝에 있으면 고전풍수에서 압사(壓死)를 하는 자리로 간주한다. 묘를 쓰고 나면 자식이 교통사고로 죽는다고 기술되어 있다. 좋은 자리에 있던 아버지 묘를 파다가 그 곳으로 옮기고 3년이 될 즈음에 자식이 교통사고를 당하여 즉사하였다. 그런데 그 지관은 자기의 경솔한 이장으로 인하여 자기 자식을 죽인 것을 모르고 아버지 묘지를 끔찍하게 치산(治山)을 잘해 놓았다. 그 사람은 자기가 몇 명을 죽였는지도 모른다.

　시골에서 활동하는 돌팔이 지관들은 드러나지 않은 살인자들이다. 남의 집 잘되게 해주는 사람이 지관(地官)인데, 남에 집 망하게 하고 사람 죽게 하고 그런 짓을 하면 지관 역시 되는 일이 없고 그 죄 값은 지관이 몽땅 받는다.

　이 세상에서 가장 무서운 직업이 지관이다. 일가족 아니 한 집안을 멸문지화(滅門之禍)를 입히는 자가 지관이다. 알고 보면 지관들이 제일 무서운 사람들이다. 이승의 사자들이다. 귀신들이 제일 무서워하는 것이 지관이다.

　스님들은 남을 위하여 사는 사람들이다. 역사가 증명(證明)을 한다. 고려(高麗)를 창업한 왕건(王建)도 도선국사(道詵國師)가 잡아준 집터에서 출생하였다. 삼척시 미로면에 가보면 태조 이성계(李成桂)의 5대조 이양무의 준경묘를 아들인 이안사에게 스님이 알려준 것이다. 이성계의 묘지도 무학대사(無學大師)가 잡아준 곳이다. 소문이 안 나서 그렇지 큰 부자가 나온 자리는 스님이 잡아준 자리가 많다. 스님들은 학식도 깊지만 사심(私心)이 없다.

이 졸저(拙著)를 읽어 보시는 분들은 스님이 풍수지리에 대가(大家)가 많다는 사실을 알게 될 것이다. 그런 유능한 스님들한테 사전(事前)에 좋은 자리를 부탁하여 찾아두고, 명사(名士)에 손을 빌려 묘 터를 준비해 놓았다가 차후에 사용하는 것이 좋은 방법이다.

지금 세상은 가짜가 판치고 돌팔이 지관이 활개를 치고 다닌다. 이러한 험악한 세상에 도인을 찾기는 매우 어렵다. 도인을 찾는 방법을 알려줄 테니 꼭 그런 사람을 만나면 올바른 자리를 찾아라.

첫째, 지관을 만나더라도 최소한 40~50년은 도(道)를 닦은 스님이어야 한다. 산신(山神)이 그 스님을 상대하지 못할 정도의 도(道)가 쌓인 사람이어야 한다.

두 번째로 풍수지리의 경력이 50여 년은 되어야 한다. 풍수지리는 형기학(形氣學)을 공부한 사람이어야 하고, 그 스님이 써준 자리가 임금이 나올 자리 2개 이상은 써주었는지 물어보고, 셋째로 만석궁이 나올 자리 4개 이상 써주었나 알아보고, 넷째로 5천석 갑부자리 2개 이상 써주었나 물어보고, 다섯 번째로 묘지로 인하여 죽어가는 사람을 몇 명이나 살렸나 물어보아 10명 이상 살렸다고 하면 그런 분은 풍수지리에 도(道)가 튼 분이니 그런 분을 만나면 돈을 아끼지 말아야 한다.

그런 분이 묘를 써 주면 나라에 국부(國富)가 나올 자리는 아니어도 거부(巨富)가 될 자리는 잡아줄 것이다. 우리나라에서 그런 분을 만나기 어려우니 만나면 부모(父母)같이 예우하고 부탁하면 큰 도움을 받을 것이다. 필지의 말을 명심하시기 바란다.

81

돌팔이가 대우그룹을 망(亡)하게 하였다

　예전에 손석우라는 도사가 있었다. 『터』라는 책을 집필(執筆)하신 분이다. 고(故) 손옹이 충남 서산지방에 자미원(紫微垣: 하늘나라 임금이 거처하는 곳)이 있다고 10여 년을 찾아 다녔다. 그러던 중에 대우그룹 고(故) 김우중 회장(會長)이 모친상(母親喪)을 당해 그분과 인연(因緣)이 되어, 태안군 인평리 마을에 무쇠산에 대명당이 있다고 하여 김우중 회장이 그곳에 모친을 모시고 나서 세계로 약진(躍進)하던 대우그룹이 기울기 시작했다.

　모친 묘는 필자(筆者)가 볼 때는 혈(穴)도 아니고 안산(案山)도 없고 전부 조산(朝山)만 있다. 안산도 없고 당판(堂板)도 자리가 아니고 전순(氈脣)이 1백m나 된다. 전순이 그렇게 길면 깡통 들고 빌어먹으러 돌아다니는 자리이다.

　더구나 고(故)김회장 본인은 그 전순 밑에 죽어있는 사혈(死穴)에 묻힌 것을 보고 참 마음이 아팠다. 어떻게 해서 김회장의 자식(子息)들하고 연락이 닿았으면, 김회장을 편안하게 해주고 싶은 마음은 지금도 변치 않고 있다. 김우중 회장이 광산 김씨 중자 항렬(行列)이면 필자에게는 조카벌이다. 나는 광산김씨 용자 항렬이다.

필자는 김회장을 장사(葬事)지내는 날 가서 보았다. 그 자리를 보고 너무나 안타까웠다. 한 때는 큰 재벌이었는데 정치(政治)하는 이들에 의해 대우가 망했고, 천하의 망지에 유택(幽宅)을 정해서 묻히는 것을 보고 나는 가슴으로 울고 왔다. 너무나 안타까운 마음뿐이다.

대통령을 지낸 사람들 치고 천상의 높은데 계신 분이 없고, 모두 인간들이 살고 있는 곳에서 잡귀(雜鬼)가 되거나 지옥(地獄)에 떨어졌다.

신(神)의 세계는 엄청 엄격하다. 인정사정(人情事情) 안 따지고 판단하는 곳이 신의 세계이다. 천상세계에 성인(聖人)들이 계신 곳에는 지구상에서 가장 유명한 대통령을 하였더라도 성인들이 계신 곳에는 아직까지도 한명도 간 분이 없다. 물론 영혼(靈魂)을 말한다.

지구상에서 일반인들과 영혼 속에 같이 있다. 성인들과 임금은 하늘과 땅차이다. 임금도 땅에 계신다. 감히 천상에는 가지 못한다. 인생 100년을 놓고 볼 때 큰 벼슬자리보다 도(道)를 닦아라. 도인은 그나마 천상을 왕래한다. 죽고 나서 자기가 일생을 잘못 살았다고 후회(後悔)하고 깨닫는다. 죽어서 후회하지 말고 지금부터라도 도(道)를 닦아야 한다.

삼성에 이병철회장이 죽으면서 돈을 가지고 가지 않았다. 저승에서는 지구에 돈은 단지 종이 조각에 불과하다. 저승에서는 도를 닦은 분은 받아줘도 아무리 많은 돈을 가지고 간 사람일지라도 받아주지 않는다. 이승에서 도를 닦기는 참 어려워도 저승에서는 도를 닦은 빛은 크다. 이것을 알고 도를 닦아야 한다. 알렉산더대왕만 불도를 깊이 닦아서 동진보살로 신장 아래에 있다.

82

우리나라 최고 큰 병원에서 퇴원당한 환자

　경기도 화성시 우정읍 매향리에서 있었던 실화(實話)이다. 당사자의 신분에 관계되는바 이름은 거명할 수는 없고 성은 백씨이다. 그 사람의 아버지를 명당에 모셨기 때문에 그 동네에서 부자로 산다. 그런데 아들이 음식(飮食)을 먹을 수 없는 병에 걸렸다.

　그래서 서울에 큰 병원이라는 서울대학교병원, 일산삼성의료원, 연세대학교 세브란스병원 등을 다니면서 각종 검사를 하였는데, 원인을 찾지 못하여 병원에서 퇴원을 하였다. 네 군데 병원에 가서 CT촬영 등 정밀검사를 하였는데도 아무런 병이 없다는 대답이었다. 그러나 환자는 음식을 전혀 먹지 못하였다. 부모와 환자는 답답하니까 한방치료라도 기대보려고 맥(脈)을 보고 한약을 제조하여 복용을 하려는데, 역시 목구멍으로 넘길 수가 없어 한약 역시 무용지물(無用之物)이었다.

　답답하고 다른 방법이 없다보니 백씨에게서 전화가 왔다. 자기 아들이 음식을 먹지 못하는 병이 걸렸는데, 서울에 대형병원과 한방병원까지 가 보았는데 아무 이상이 없다고 하여 그냥 집으로 와서 있는데, 필자에게 그런 병을 고칠 수 있느냐고 묻기에 고칠 수 있다고 대답해 주었다. 그리고 아들을 필자의 절집으로 보내라고 하였다.

백씨의 아들 부부(夫婦)가 왔다. 그간의 자세한 내막(內幕)을 들어 보았다. 물조차도 목구멍으로 넘기기 어려워 간신히 집어넣는다고 했다. 그 말을 듣고 필자는 바로 병을 알았다. 내가 아들에게 무슨 띠냐고 물었다. 임자생(壬子生) 쥐띠라고 말하였다. 그래서 집안에 남쪽을 바라보고 있는 묘지가 있느냐고 물었다. 그랬더니 할머니 산소가 남쪽을 바라보고 있다고 했다.

내가 아들에게 설명을 해주었다. 세상 사람들이 자네 병을 못 고쳐도 나는 고칠 수 있다. 바로 할머니 묘지를 이장을 하면 당신은 음식을 먹을 수 있을 것이라고 답(答)을 해 주었다.

할머니 묘를 파 보면 나무뿌리가 할머니 목구멍으로 통해 오장(五臟)으로 들어갔을 것이다. 처음에는 가느다란 나무뿌리였는데, 나무뿌리가 장기(臟器) 내(內)에 있는 영양분(營養分)을 취하다 보니 몇 년이 지나 나무뿌리가 굵어져서 할머니의 목구멍을 다 틀어막았으니 할머니가 그러한 지경에 계시다보니 할머니의 유전자(遺傳子)와 자네의 유전자가 일치하기 때문에 당신이 아무것도 먹을 수가 없는 것이라고 말해주었다. 이것은 4차원(次元) 세계에서 병의 근거를 찾는 것이다.

다시 말해서 할머니의 묘를 파 보면 나무뿌리가 할머니 목구멍에 가득 차 있을 것이니, 그 뿌리를 빼내고 그 묘를 명당으로 옮겨드리면 자네는 거짓말 같이 나아서 음식을 먹을 수 있을 것이라고 거듭 설명해 주었다.

그리고 그 할머니 묘에 함께 가 보았다. 묘지를 보니 물구덩이 안에 좌향(坐向)은 남쪽을 바라보고 있었다. 파구처(破口處)를 보니까 오파를 먹었다. 틀림없이 자식이 죽는 자리에 묘를 썼다. 그 아들에게 말했다. 할머니 묘를 옮기지 않으면 자네는 죽는다. 왜 그런지 아느냐? 사강기(四强氣)인에 걸렸다. 이런 곳은 묘지를 잡는 것이 아니다. 풍수공부에 단문(短文)한 사람이 자리를 잡은 것이다.

필자가 백씨에게 전화를 하였다. 내가 아들하고 할머니 묘지에 왔는데, 이 묘지로 인하여 아들이 발병을 했으니 할머니 묘를 옮기면 아들을 살릴 수 있다고 말해 주었다. 원래 백씨는 돈을 쓰는데 인색(吝嗇)하여 몇백만 원 들어가는 것을 아까워하였다. 그러면서 묘를 옮기지 않으면 안 되냐고 묻기에 이 묘를 그냥 두면 자식이 100% 죽는 자리라고 하니까 그 묘를 필자가 쓴 것 아니냐고 반문(反問)을 하였다.

그래서 모친(母親)이 돌아 가신지가 얼마나 되었냐고 하니까 16년이 되었다고 하였다. 그럼 어머님 돌아가셔서 나를 찾으러 서산에 왔었냐고 물어보니 대답이 없다. 내가 서산으로 이사를 온지가 20년이 넘었는데 왜 그런 거짓말을 하겠냐고 대답하고, 내가 여기 와 보니 생전 처음 와 본 곳이고, 내가 묘를 쓰면 이런 엉구렁텅이에 쓰지도 않을뿐더러 이 자리는 우선작국(右旋作局) 자리인데 작국(作局)도 못 맞춰서 썼다. 그리고 오파(午破)가 먹는 자리는 아무리 좋아도 묘를 안 쓴다. 왜냐 자식에게 문제가 생기기 때문이다. 그런 것을 알면서 내가 어떻게 써주겠냐고 했다.

필자가 서산으로 이사 가기 전에 매향리에 누가 장안지관 데려다가 묘를 쓴 후로 나보다 그 사람이 더 명사(名士)라고 소문(所聞)이 나서 그때부터 나는 매향리에서 산(山)일을 하지 않았다. 그리고 2년이 지난 후의 서산에 절집을 짓고 이사(移徙)를 했다. 이사한지 20년이 되었다. 그 후로 나를 부른 사람은 매향리 이장도 보았고, 어촌계장도 보았던 박씨네 묘를 대전국립묘지에 옮겨 달라고 하여 옮겨준 것 밖에 없고, 그 후(後)로는 일이 없었다.

　백씨가 조암에서 조그만 땅을 산다고 나보고 그런 것 있느냐고 하여서 나하고 은행동 너머 조그만 산을 보고 맘에 안 든다고 하여 그냥 간 후로, 냉기에 가서 산 것으로 생각이 나는데, 냉기 그런 구렁텅이는 처음 가 본 곳이다.

　나는 내가 묘를 써 준 자리는 가보면 다 기억(記憶)이 난다. 그런데 할머니 자리는 아주 생소한 자리다. 그렇게 자세한 과거 이야기를 다 하니까 본인이 착각(錯覺)하였다고 하면서 꼭 목구멍을 나무뿌리가 막고 있다고 아무것도 못 먹느냐고 하기에 만약 묘지를 파서 나의 예언(豫言)이 틀리면 일체 비용을 안 받고 원상복구 시켜주겠다고 하였다.

　그때서야 그럼 해달라고 하여 그날 백씨 본인이 직접 와서 똑똑히 보고 확인하라고 하였다. 확인을 안 하면 인정(認定)을 안 하겠다고 하고 날을 잡았다. 그리고 촌각(寸刻)을 다투는 일이라 바로 날을 잡아서 포크레인을 얻으라고 하고 인부 두 사람을 데리고 자동차를 대절하여 새벽같이 화성으로 갔다.

　파묘(破墓)를 하는데 횡대(橫帶)를 제쳐보니까 필자의 말대로 아카시아 나무뿌리가 시신(屍身)의 목구멍으로 들어가서 목구멍을 꼭 틀어막고 있었다. 백씨를 불렀다. 자네 눈으로 똑똑히 보게나. 나무뿌리가 어머니의 목구멍을 다 틀어막고 있지 않느냐고 말하고, 이런 지경이다 보니 아들이 똑같이 아무것도 못 먹고 있는 것이다. 이러한 이치(理致)를 누가 알겠는가? 4차원 세계에서 유전자를 가지고 찾는 방법이다.

　옆에 있는 묘가 누구 묘냐고 물었더니 작은 아버지라고 하길래 그 묘

쓰고 나서 아들이 죽었겠다고 하니까 그렇다고 대답했다. 왜 죽었느냐면 오파(吾破)를 먹었기 때문이다. 자(子), 오(吾), 묘(卯), 유(酉) 파(破)를 먹은 자리는 피(避)하는 것이 상책(上策)이다. 자식이 죽는 자리이기 때문이다.

부친 묘 옆을 파보면 오색토(伍色土)가 나오는 자리이고, 내광은 노란 황골이 양명하게 빛이 난다. 서산에서 데리고 간 인부들이 이렇게 좋은 자리는 생전에 처음 본다고 하였다. 그렇게 좋은 자리 써주고 나니까 오후 2시 쯤 되었다.

아침도 못 먹고 와서 이제까지 일을 하였으니 배가 고팠다. 일을 마치고 나니까 상주(喪主)는 밥 먹으러 가자는 말도 없이 그냥 가라는 눈치였다. 내가 상주를 나무랬다. 자네 아들 살리려고 서산서 새벽부터 밥도 먹지 않고 와서 이제까지 일을 했는데, 간식(間食)도 없고 일이 끝나니까 그냥 가라고 하는 거냐고 자네가 그러면 인간의 도리(道理)가 아니라고 면박(面駁)을 주었다.

아무리 돈이 아까워도 일을 하는 인부들 밥은 먹여가면서 일을 시키는 것이지 내가 수십 년간 묘를 써 주러 다녔지만 이런 경우는 처음이라고 하니까 그제야 점심을 먹으러 가자고 하였다. 그 곳도 남의 집에서 사 주는 것이 아니고 자기 조카네 식당이라고 하고 그 집에서 밥은 먹었으나 그 구두쇠가 밥값은 계산을 했는지 모르겠다.

그 다음날 전화를 해 보니 그 아들이 한 달 넘게 밥을 못 먹었는데 밥을 잘 먹었다고 하고, 다음날부터 직장에 출근한다고 하였다.

한국에서 가장 크고 유명한 최고의 병원 4군데서는 병명(病名)조차도 찾지 못하고 퇴원시킨 환자를 필자는 손도 안대고 감쪽같이 고쳐 놓았다.

그렇게 손도 안대고 환자는 병원에 있거나 다른 곳에 있었다.

나는 유전자(遺傳子)를 가지고 병을 고치는 것이다. 환자가 어디에 있건 환자하고 상대도 안한다. 병이 생긴 원인만 알면 그 환자는 거짓말처럼 낳는다. 살아있는 사람이 병이 들면, 이미 돌아가신 조상(祖上)부터 병(病)이 든 것이다. 그래서 조상의 병을 고치면 후손은 자연히 고쳐진다. 이것은 유전자에 의해 고쳐지는 것이다.

자식은 부모로부터 받은 상령이라는 영혼(靈魂)이 있다. 영혼과 영혼끼리는 항상 동일하게 행동하고 공감한다. 돌아가신 조상이 아프면 살아있는 후손도 아프다. 그러나 모든 자손이 다 아픈 것은 아니다. 삼합논리(三合論理)에 의하여 12지지(地支) 글자 중에 세 개의 띠에 해당하는 자손에게만 그런 병증이 생긴다. 그래서 필자는 환자가 무슨 띠냐고 물어보고 돌아가신 조상의 묘가 무슨 좌향(坐向)을 놓았는지를 알면 어느 묘가 문제가 있고, 어느 묘에서 병을 주었는지를 알 수가 있다.

만약 자손 중에 미친 사람이 있다면 그 미친 자손과 동기감응(同氣感應)이 이루어지는 묘지를 파보면 두개골(頭蓋骨) 안에 나무뿌리가 꼭 차있다. 그 뿌리를 다 꺼내고 그 묘지를 명당 혈로 옮겨주면 미친 후손은 바로 정상인으로 생활을 한다. 남원 지리산 아래 마을에서도 고쳐주었고, 남양 홍씨 부인도 고쳐주고, 세 사람이나 고쳐 주었다.

필자는 환자하고 거리가 얼마가 떨어져있건 문제가 되지 않는다. 그것은 다만 조상(祖上)과 후손(後孫) 간에 유전자(遺傳子)에 기인(起因)한 병(病)이기 때문에 환자가 서울 병원에서 산소호흡기를 끼고 사경(死境)을 헤매고 있어도 그 환자가 무슨 띠인지와 흉당에 모신 돌아가신 조상 묘를 찾으면 반드시 그 묘에서 원인이 발견된다. 그때그때 처방이 다르기는 하지만 문제가 된 묘지 6군데에다가 필자가 쓴 부적으로 6곳에 처방을 하면 사경을 헤매던 환자가 살아난다.

용인에 모 고등학교 이사장, 안성에 박모씨 부인, 태안사람, 남원사람, 안양사람, 안면도 사람, 공도사람, 서산사람, 삼척사람, 태백사람, 고성 화진포사람, 여수 돌산사람, 함안사람, 산청사람, 대천 죽이면 사람 등을 부적(符籍)으로 임시 살려놓고, 묘지(墓地)를 옮겨주고 나서 완전히 살아나게 했다. 거기다가 대천 죽이면 은포리 사람은 큰 부자가 되게 만들어 주었다. 장호원 사람도 부자로 만들어 주었다.

조상 묘지는 나하고 같이 살고 있는 것이다. 나는 조상의 분신(分身)인지라 조상 묘가 암에 걸려 앓고 있으면 나도 똑같이 암에 걸려 앓게 된다. 조상 묘지에 목근(木根)이 침입하여 말도 못할 정도로 온 시신을 감고 있으면, 후손 중에 병원에서는 고칠 수 없는 병에 걸린 사람이 있을 것이다. 그 목렴(木廉)이 든 묘를 찾아서 파묘를 하여 화장을 해서 깨끗한 황토 단지에 담아서 명당에 모셔드리면 그 병은 스스로 고쳐진다. 그냥 유골만 옮겨주어도 고치는데, 중요한 것은 꼭 명당자리로 들어가야 고쳐진다.

명당자리만 들어가면 그 보다 더한 팔요풍살(八曜風煞)을 맞아 새까맣게 타버린 유골도 명당에만 들어가면 황골(黃骨)로 변한다. 2년 5개월 만에 파서 본 유골에서 확인한 것이다. 모렴(毛廉)이 들어 유골에 원숭이 털이 나듯 피어난 것도 삼년 만에 파보니까 털이 없어지고 깨끗이 변해있었다. 군산에서의 사례였다.

아무리 흉악한 염(廉)도 파묘(破墓)를 하여 명당(明堂)만 들어가면 깨끗하게 벗겨지고 노랗게 빛이 난다. 인간들은 상상도 못할 신비한 변화이다. 사람에게 그렇게 만들라 하여도 못 만든다.

그럼 명당이란 자리는 어떠한 곳인가? 22가지의 특징이 있다. 땅속도 인간에 체온(體溫)과 같이 29°C의 온도(溫度)가 유지되어야 한다. 땅속에 기(氣)는 돌 줄기인 석맥(石脈)을 타고 다닌다. 그래서 돌바닥에다 시신을 놓고 묘를 쓰면 10년도 안가서 다 타버리고 만다. 그런 곳을 충남 공주 유구에서 보았다. 필자는 제주도만 못 가보았지 최전방 지뢰밭 속까지 가서 묘를 써 주었다.

83

눈이 썩어 들어가는 병

하루는 동두천 만복사에서 전화가 왔다. 자기 신도(信徒)가 방송국(放送局) 직원(職員)인데, 눈이 썩어 들어가는 병에 걸렸는데 혹시 고칠 수 있느냐고 해서 고칠 수 있다고 하였다. 그럼 동두천으로 올라오라고 하여 만복사로 갔다. 그 사람이 와 있었다.

그 사람에게 말을 해 주었다. "당신에 병은 돌아가신 조상이 준 병이다. 당신네 조상 묘에 가보면 묘지에서 4~5m 거리에 뾰족한 바위가 박힌 것이 있다. 그 바위가 충(衝)을 쳤고, 당신 눈이 병이 난 것은 묘지 앞산이 현군사(懸裙砂)이다. 묘지 앞 안산(案山)이 여자의 주름치마를 널어놓은 모양으로 계곡이 여러 개가 있을 것이다. 그것이 눈에 병이 생기게 된 것이고, 그것은 현대의학으로는 고치지 못한다. 고치는 방법은 조상 묘를 파서 명당으로 옮겨야 한다. 그러면 당신에 병은 자연스레 치료(治療)가 된다."

방송국 직원이 말하기를 자기가 매년(每年) 가보았는데 조상 묘위에 뾰족한 바위가 없다고 했다. 나는 있다고 자신했다. 그래서 조상에 묘가 어디에 있냐고 물어보니 홍천이라고 하였다. 한참동안 말로 실랑이를 하다가 가보기로 하였다. 사람을 살리는 것이 우선이니까 만복사 스님까지 동행하여 셋이서 홍천에 갔다. 가서 보니까 앞산이 큰 산인데 현군사(懸裙砂)였다. 그러면 그렇지 없을 리가 없지. 올라가다 보니까 금계포란형(金鷄抱卵形)의 자리가 있다. 그곳으로 옮겨주면 그 사람을 살릴 자리였다. 올라가서 보니까 묘지가 몇 기(基)가 있었다. 그 묘지 위로 더 올라가서 보니까 한 60전 높이의 뾰족한 바위가 박혀 있었다. 그래서 내가 방송국 직원에게 이것이 바위가 아니면 무엇이냐고 하니까. 몇 해를 왔어도 그 바위를 보지 못했다고 하면서 수 백리 밖에서 더군다나 이곳에 처음 오신 분이 이 바위가 박힌 것을 어떻게 알 수가 있냐고 되묻는 것이었다.

그러니까 내 말을 잘 들으면 당신 눈을 고칠 수가 있다고 하니까 묘지에 일은 아버지와 큰아버지가 계시니까 어른들의 말을 들어 보아야 한다고 내려가자고 하였다. 아버지에게 그런 이야기를 하니까 형님에게 상의를 해 보아야 한다고 하시며 큰아버지를 찾아갔다.

큰아버지에게 말을 했더니 우리 집 자식들은 아무 일이 없는데, 왜 너희 집 자식에게 그런 일이 생겨서 멀쩡한 조상 묘를 왜 들먹이냐고 노발대발(怒發大發)하여서 그냥 왔다.

아무리 형제지간(兄弟之間)이라도 묘지가 전제(前提)가 된다면 100명이면 100명이 다 그런 식으로 말을 한다. 그런데 큰 아버지가 잘못하는 것이다. 다행히 지금은 큰집에 자식들에게 문제나 환자가 없다고 할지라도 손자 대에서라도 문제가 된 묘의 좌향(坐向)과 띠가 같거나 띠 삼합(三合)에 해당되는 자손이 나오면 그 아이도 눈이 썩어 들어가는 병에 걸린다. 당장 자기 집에 우환이 없다고 앞으로도 없을 것으로 알지만 조상들은 묘지가 흉당이면 그런 자손을 점지하여 내보낸다. 그때 가서 큰아버지는 뭐라고 할런지 궁금하다.

　조상의 묘지가 망지에 있으면 동기간(同氣間)에 화목이 깨진다. 반면 조상 묘지가 명당에 있으면 동기간에 사이가 좋아서 서로 도와주지 못하여 안달이 난다. 그런 차이가 있는 것이 명당과 망지이다. 조상을 망지에 모셨으면 동기간에 송사(訟事)가 자주 일어난다.

　특히 양수양파(兩水兩破:두 물줄기가 합류하지 못하고 각각 따로 흐르면 서로 다툼이 있다는 뜻)면 더욱 심하다. 이 방송국 직원은 병원에서는 고치지 못하는 병이다. 현군사가 안산에 있으면 무조건 묘를 옮기는 것이 상책(上策)이다.

84

집 주위에 은행나무는 심지마라

당진 정미면에서 있었던 일이다. 정미면에 어느 마을을 갔는데, 필자(筆者)에게 집에 가상(家相)을 봐달라고 하였다. 그 집을 보니까 들판에 지은 기와집인데 집 둘레로 은행나무를 심었다. 그런데 은행나무가 아름드리로 커 있었다. 필자가 보기에 저 집은 은행나무를 심어놓고 망한 집이라고 말했다. 은행나무가 작았을 때는 문제가 없었으나 나무가 성목(成木)이 되면서 은행나무 뿌리가 집터 밑으로 들어가 집터에 좋은 기운(氣運)을 흡수하여 기(氣)가 소진되어, 그 집은 양택(陽宅) 명당(明堂)으로의 가치(價値)가 없어져서 망했다고 하였다. 의뢰한 이가 대답하기를 전에 대호방조제(大湖防潮堤)를 막고 나서 5천석을 하는 갑부(甲富)였는데, 지금은 다 망해서 흉가(凶家)가 되었다고 했다.

그 후 20년 후에 우연히 그곳을 지나게 되었는데, 그 집을 다 헐어버리고 은행나무도 벌목(伐木)을 하고 그림 같은 집을 지어 놓았다. 누군가가 매입(買入)을 하여 새로 지었는데 은행나무는 잘라냈다. 만약 은행나무를 그냥 두고서 집을 지었다면 그 집도 망한다. 집을 짓고 주위에 높이 자라는 나무는 은행나무가 아니더라도 어떤 나무던 심으면 재산(財産)이 없어진다.

　서산 양대동에 음식점이 있는데, 장사가 시원치 않았다. 주인이 매출이 오르지 않는다고 방책을 묻기에 집 주위에 빼곡이 심어진 편백나무를 벌목(伐木)을 하면 장사가 잘 될 거라고 말을 해주었는데, 아까워서 못 자른다고 하더니 지금은 폐업을 하였다. 절대로 건물이나 집 가까이 큰 나무를 심지 말아야 한다.

85

묘지(墓地)자리는 1자가 성패(成敗)를 가른다

이장(移葬)을 많이 의뢰받다보니 별의별 자리를 다 보게 된다. 화성에서 본 것이다. 이장을 하려고 묘를 파 보니까 시신에 반은 까맣고 나머지 반은 좋았다. 그런 자리는 1자만 옮겨서 시신을 모셨다면 명혈(名穴)이었을 것이다. 혈은 정확하게 재혈(裁穴)해야 한다. 1자가 성패(成敗)를 다투는 곳이 혈(穴)이다.

또 어떤 곳에 묘지를 열어 보니까 두개골(頭蓋骨)은 노란데 반해 두골(頭骨) 밑으로는 검었다. 의뢰인에게 한금정(金井)을 올리면 명당자리이니 올려줄까요 하니까 그 주인은 좋다고 하여 한금정을 올려 주었다. 그렇다고 그 사람에게 돈을 받은 것도 아니다. 천상에 지리도사님이 내려오셔서 그렇게 돈도 안 받고 좋은 자리로 옮겨준 일도 많았다. 필자의 명기(名技)를 내어 주느라고 그러셨는지는 모르지만 산역(山役)을 하면서 선행(善行)을 많이 하였다.

지리도사님이 필자를 바르게 가르치기 위하여 온갖 것을 다 보여주고 그것을 필자가 깨닫고 또 깨우친 대로 행(行)하라는 것이다.

보령 죽의면 은포리 최씨네 선영(先塋)이었는데, 묘지 위에 말뚝바위가 있는 곳에다가 묘를 써 놓았다. 기존에 묘를 바로잡아주기 위하여 큰집, 작은집 등에 묘를 모두 보았다. 그런데 큰집 묘 바로 위에 말뚝바위가 있다. 묘에 좌향(坐向)을 보고, 이 집에 좌향과 같거나 삼합(三合)이 되는 띠에 해당하는 자손이 칼에 찔려 사망했다고 하니까, 아들이 폭력배(暴力輩)들에게 칼로 죽임을 당했다고 했다. 그래서 그 원인이 저 묘지 위에 바위 때문이니 제거(除去)하라고 했다.

86

묘소 근처 자연바위는 무섭다

충북 제천에 산일을 하러 갔다. 묘지에 가보니 당판 옆에 납작한 돌판이 있었다. 묘주(墓主)에게 집안에서 무당이 나왔겠다고 하니까 그 사람이 그것을 어떻게 아느냐며 화들짝 놀랐다. 나는 천상의 지리도사님이 알려 준다고 하였다. 묘주의 부인이 무당인데 잘나가는 무당이라고 하니까 그렇다고 했다.

또 다른 묘를 보았다. 묘소 위에 30cm정도 되는 바위가 사람모습으로 서 있고, 오른쪽에도 있었다. 길석(吉石)이었다. 필자가 묘주에게 다시 물어 보았다. 당신 맏딸이 머리가 비상하게 태어났다. 그 아이 앞으로 큰 인물이 되겠다고 하자 그것을 어떻게 아십니까 하기에, 저 묘소 위와 옆에 인석(印石)이 있는데 그 바위가 귀자(貴子)바위라서 맏딸이 지혜(知慧)롭고 총명(聰明)할 것이라고 하자. 그 아이가 대학졸업 후 일본에 유학중이라고 하였다.

그 애가 당신네 가문(家門)을 크게 일으킬 것이니 앞으로 보면 당신 집안의 보배가 될 것이다. 이 묘는 명당에 자리하였고, 그 딸은 이 묘로 인하여 크게 되는 아이라고 거듭 말해 주었다.

87

필자가 묘를 쓰러 다니면서 보고 느낀 것

　산역(山役)을 하다보면 놀랄 일이 많이 있다. 화성시 양감면 정문리에 서 있었던 일이다. 광중(壙中)을 파서 횡대(橫帶)를 제치고 놀랐다. 내광이 바닷가의 파도로 인하여 생긴 물결모양의 무늬가 있었고, 파도에 밀려 모인 세피가 쌓이듯 유골이 물결에 밀려 두개골에 수북이 쌓여 있었다. 그간 수십 수백기의 묘를 개장을 했는데 처음 보는 모습이었다. 광중에 창호지를 가지고 들어가서 유골을 모두 수습하여 두개골부터 일일이 부위별로 뼈를 찾아 맞추어 감포를 하여 모신 일이 있다.

　보령시 죽이면 은포리에서는 묘를 개장을 했는데, 시신이 없는 것이다. 묘주(墓主)에게 묘를 쓴지 얼마나 되었냐고 물어보니까 30년 되었다고 하였다. 그래서 주변에 지형과 나무의 모양을 세찰(細察)을 하고 3m정도 옆을 조심스레 파보라고 하니까 그곳에 시신이 옮겨가 있었다. 시신이 도망가는 자리로 도시혈(逃屍穴)이라고 한다. 유골을 수습하여 편안한 곳으로 모셔 드렸다.

　서산 대산에서는 묘를 파보니까 두개골이 옆에 따로 있었다. 참 신기한 것도 보았다. 서산 성리에서는 파묘(破墓)를 하니까 냉혈(冷穴)자리였다. 매장 후 전혀 육탈(肉脫)이 되지 않아 미라 상태로 살아있는 사람 모습으로 땅속에 누워있었다. 얼굴도 선명하였고, 머리카락도 자랐고, 피부도 탱탱하고 산사람 같아서 지켜보던 사람들이 화들짝 놀라서 줄행랑을 쳤다. 필자가 묘주에게 물어 보았다. 이 묘 쓰고 나서 악상(惡喪)이 많이 났겠다고 하니까 자식 3형제(兄弟)가 죽었다고 하였다.

서산 운산면 거성리 아래 동네에서 묘를 파보니 남자를 묻고 그 위에 여자 시신을 포개서 모셨다. 그 집 묘주(墓主)에게 물어 보았다. 이 묘를 쓰고 집안에 흉사(凶事)가 있지 않았냐니까. 곁에 있던 부인이 20대의 아들 3명이 죽었다고 하였다.

안성에서는 문중(門中) 선영(先塋)을 옮기는데 자리가 좋은 곳으로 옮기게 되었다. 이장할 곳이 겉모양으로 보아 평지고 단단하여 생지(生地)였다. 그런데 파보니까 전에 남몰래 시신을 모신 밀장(密葬)을 한 곳이었다. 유골이 윤기가 나며 노랗고 자리가 명당이었다. 그런 곳이 두 군데가 있었다. 옛날에는 암매장(暗埋葬)을 하였다는 소리는 들어봤어도 실제 본 것은 안성에서 처음이었다.

그런 유골이 나오면 함부로 하면 안 되고 그 유골을 화장을 하여 단지에 담아서 좋은 자리에 모셔야 파낸 사람이 해(害)를 입지 않는다. 안성에서는 그렇게 하여 일을 마무리 하였다.

화성시 우정읍에서는 묘지를 파보니까 옛날 고려장(高麗葬)을 한 묘인데 석회(石灰)로 묘 터를 뽑아 써 놓은 자리였다. 그래서 팔 수가 없어서 그 묘 위쪽으로 다시 잡았다. 그날 밤 잠을 자는데 꿈에 고려장 속에 있던 영혼이 나타나서 자기가 놀랐으며, 남에 집을 왜 부수려고 했냐고 싸우러 달려들어서 꿈속에서 염불(念佛)을 하니까 영혼이 혼비백산(魂飛魄散)하여 도망을 갔다.

묘지 써 주러가서 목사(牧師)가 망신당한 일도 있었다. 초상집이 이북에서 6.25동란 때 피란(避亂)을 와서 함께 사는 집성촌(集姓村)이었다. 상주(喪主)가 사놓은 땅이 있으니 그곳에 묘를 써 달라고 해서 가보니 전부 물이 나오는 자리였다. 도저히 그 곳에는 쓸 수가 없어서 상주에게 연락을 하였다. 묘를 쓰려고 마련한 곳은 물구덩이여서 쓸 수가 없으니 다른 곳이 없으면 공동묘지에서 좋은 자리를 찾아서 써 주겠다고 하였다. 그리고 상주가 기다리라고 하더니 목사(牧師)를 데리고 왔다.

목사가 와서 무조건 묘 자리를 파라고 하였다. 그래서 여기는 어디를 파도 물구덩이라서 시신(屍身)을 수장(水葬)을 시킬 것이냐고 하니까 목사가 자기가 책임을 질 테니까 무조건 파라고 하여 파니까 갓난아이 오줌 나오듯이 물이 나왔다. 마을 사람들이 30여 명 정도 있었다. 그 사람들이 다 같이 목사가 책임진다는 말을 하였으니, 이 집에 줄초상이 나도 목사가 책임진다고 하였으니 그대로 물속에 묻으라고 하였다.

오십년 풍수지리를 공부하고 실생활에 적용하면서 실수(失手)를 한 적이 한 번도 없었는데, 목사(牧師)의 고집(固執)과 억지(抑止) 때문에 눈앞에서 망지에 시신을 모시는 것을 목도(目睹)하고 말았다. 그 목사가 나의 뜻을 막지 않았다면 망자를 공동묘지에 명당을 찾아 써 주었을 텐데, 내 평생 오점(汚點)으로 남을 일이며 가슴 아픈 사례였다.

필자는 땅을 보면 속에서 물이 나는 자리인지 안 나는 자리인지 아는 사람인데, 그날 목사하고 싸우기 싫어서 더 이상 어찌해 보질 못했다. 그래도 그날 돈을 받지 않아서 참 다행이었다. 돈을 받았으면 그 업보(業

報)를 내가 몽땅 뒤집어쓰는 것인데, 그냥 오기를 잘하였다. 나는 생장은 얼마 하지 않았다. 흉한 망지의 묘로 인해 그 집에 우환(憂患)이 있으면 묘지를 명당으로 옮겨주어 사람을 살리는 일을 오십년 동안 하였고, 지금도 그런 일만 한다.

묘지가 흉당이면 그 집은 쑥대밭이 된다. 그런 것을 막아주는 일을 필자가 하고 있다. 묏바람으로 인해 한 집안이 풍비박산(風飛拍散)이 나다가 명당으로 옮겨주면 다시 좋아지는 것을 보면서 보람을 느끼고 산다.

필자의 이승 생활이 얼마 남지 않았는데, 좋은 일을 많이 하여야 다음 생에 다시 스님 생활을 할지 아니면 북구로주에 태어날지 그것은 내가 살아온 발자취가 답일 것이다.

88

쌀 한말 짊어지고 나온 대천 친구

성이 최씨이고 농사를 지으면서 농촌지도자 업무까지 보던 친구(親舊)가 향남면 구문천리에서 살았다. 농촌지도자 모임에 자주 나와 알게 되었다.

필자는 그 친구가 향남면 사람인줄 알았다. 나는 지도자 노릇을 하면서 묘를 써주러 다녔다. 친구가 그걸 알았는지 하루는 자기네 집에 가보자구 하여 집이 어디냐고 물어보니 대천이라고 하였다. 나는 친구가 구문천리 사람인줄 알았다고 하니까. 고향은 대천이고 구문천리에 와서 산지는 한 15년 되었다고 하였다.

대천에는 왜 가냐고 물어보니까 필자가 풍수지리에 해박(該博)하다는 이야기를 듣고 자기네 묘를 감정(鑑定)을 받고 싶다고 하였다. 그래서 날짜를 잡아 약속(約束)을 하였다.

대천 죽의면 은포리였다. 조부 묘부터 보았다. 묘를 보니 물이 가득 찼다. 조모 묘는 사혈(死穴)에 써서 유골이 썩었다. 부모님 묘까지 보았는데 혈 자리가 하나도 없었다. 일찍 사별(死別)한 부인 묘까지 보았는데, 부인 역시 물이 가득 찼다. 친구에게 말했다. 조상 묘가 무해지지(無害之地)라도 하나 있을 줄 알았는데 몽땅 전부 다시 써야하는 망지였다.

그런데 조모묘지 옆에 50~60여 평 되는 조그만 밭이 있었다. 그 밭은 누구네 밭이냐고 물어 보았다. 그랬더니 작은아버지의 밭이라고 하기에 조부모는 작은아버지의 부모이니 모실 수 있는 자리여서 그 밭에다 모신다면 동의(同意)할 것 같았는데, 승낙(承諾)을 받았고, 마침 그 해 이장하기로 했다.

택일(擇日)을 하여 할아버지 묘를 파보니 붉은 황톳물이 가득 차 있었다. 내광에서 유골을 수습하여 감포를 하였다. 옮길 자리를 찍어서 줄을 띄우고 광중을 파는데 웬 비닐과 쓰레기 같은 것이 나와서 파구터 자리구나 생각하고 있는데, 동네 사람들이 몰려와서 말하였다. 지관의 눈은 다 똑같은가 또 그 자리를 판다고 하여서 나는 처음에 무슨 말인가 하였는데, 마을 사람들이 이 자리가 옛날에 묘지가 있었던 자리라고 말했다.

그러니까 그 자리를 정확하게 파니까 그런 소리를 하였던 것이다. 파다 보니까 석회(石灰)를 다져서 잘 썼던 자리였다. 포크레인을 가지고도 회벽(灰壁)을 드러낼 수가 없어서 바로 옆에다가 붙여서 썼다. 자리는 명당이었다. 마을 사람들에게 물어 보았다. 이 자리 파묘(破墓)하고 시신을 꺼낼 때 유골의 상태가 어떠했냐고 물어보니 유골이 좋았다고 했다. 필자가 보아도 정확한 명당이었다.

조부를 그곳에 모시고 조모 묘는 그 옆에 움푹 파인 곳에 써져 있어 그 자리도 못쓸 자리이니 옮기는 차에 다 옮기자고 하였다. 그런데 친구 동생이 자기가 보기에 할머니 묘는 좋은 자리라고 그냥 두자고 하기에 파묘(破墓)를 하여 자리가 좋으면 다시 원상복구를 시켜줄 테니 걱정 말라고 말하고, 동생에게 말하기를 내가 보기에는 할머니 묘를 열면 유골이 시커멓게 되어있을 것이니 내 말이 틀리나 봅시다. 하고 파보니 검게 변한 유골이었다. 그걸 본 동생이 나에게 죄송하다고 하며 겉으로 봐서는 좋아 보였는데, 이럴 줄은 몰랐다면서 사과를 하였다.

조부를 모신 옆자리 역시 무해지지(無害之地)였다. 다음 해에는 부모 묘를 옮겨주러 갔다. 아버지 자리 아래로 자리가 있어서 모시고, 어머니 묘를 파보고 깜짝 놀랐다. 바다에 바지락 잡으러 가셨다가 돌아가신 것으로 보였다. 팔에 토시를 끼고 손에 코팅장갑도 끼고 마구라를 머리에 씌운 채로 둘둘 말아서 묻은 묘지였다. 세상에 나는 시신을 이렇게 모신 것은 처음 보았다. 상주(喪主)들 없이 바다에서 죽은 시체를 그냥 옮겨서 묻어 놓은 것으로 보였다. 필자가 시신을 다 꺼내서 전부 벗겨버리고 깨끗이 씻어서 창호지에 감포하여 남편 옆에 다시 모셔 드렸다. 부인까지 그 밑으로 모셨다.

묘지 이장 후 큰 변화가 일어났다. 농림부장관 산하에 전업농 단체(團體)가 생겼다. 그때 그 기회를 놓치지 않고 대천 사람이었던 최지도자가 화성시 전업농 회장(會長)에 출마하여 당선(當選)되었다. 전업농 회장이 되면 정책자금을 받을 수 있었다.

최회장은 자금을 받아 농장에서 임대농(賃貸農)을 많이 지었기 때문에 내막을 잘 알고 있는 터라 메자놓는 땅을 많이 사들였다. 그 당시는 농장(農場)이 평당 4만원 갈 때다. 그렇게 몇 만평을 농사짓다가 그 당시에 동탄면이 신도시(新都市)로 지정되어 대규모 아파트 단지가 들어서면서 농민들이 철거(撤去)를 당하여 대토(代土)를 해야 하는데, 가장 가깝고 넓은 지역이 화성농장이었다. 대토를 하려는 사람들이 떼로 몰려오니까 평당 4

만원하던 논 값이 10만원으로 올랐다.

최회장은 농사(農事)를 지은 것이 아니라 소유(所有)하고 있던 토지를 10만원에 팔면 빚을 정산(定算)하고도 6만원이 남으니까 매입(買入)했던 논을 매각(賣却)하여 정부에서 빚을 낸 돈을 갚고, 나머지 돈으로 대천에 5만평의 임야(林野)를 샀다. 평당 5천원에 샀던 임야가 지금은 평당 50만원 간다고 한다. 명당으로 이장을 한 후로 대박이 난 것이다.

최회장 아들은 화성경찰서에서 방위생활을 하였는데, 중소기업을 운영하는 사장의 무남독녀(無男獨女)를 사귀었다. 그리고 결혼을 하여 하루 아침에 부잣집 사위가 되어 장인 회사에 입사하여 총무과에서 재정 관리를 맡게 되면서 돈방석에 앉게 되었다. 조상의 묘지를 명당자리에 모시면 후손은 발복 받는다.

그렇게 잘 먹고 살게 해 주었는데, 그 후로 한 번도 찾아온 적이 없다. 그게 세상사(世上事)인가 보다. 그 친구가 잘된 것으로 나도 보람을 느끼지만 그래도 전화라도 해서 고맙다고 하는 것이 인지상정(人之常情)이 아닌가? 무심(無心)한 친구다.

아들은 거부가 된 것이고, 본인은 대천 땅값만 산출(算出)해도 250억 재산가(財産家)이다. 필자가 이장을 해주고 부자간 된 사람들이 많다. 서산에서는 묘지를 잘 써주었는데, 몸뚱이 하나 가지고 있던 사람이 트레일러 16대를 운영하고 있다.

망지(亡地)에서 병에 걸린 조상을 명당자리에 옮겨주면 조상의 병은 다 낫는다. 그러면 그 후손 중에 중증환자가 있어도 첨단의술을 안 써도 병은 씻은 듯이 낫는다. 그렇게 하여 사경을 헤매는 자손들을 그러한 원리로 고쳐주었다. 환자가 있으면 조상의 묘에 병이 난 것이다. 그래서 병에 걸린 조상의 묘소를 명당으로 옮기면 환자는 저절로 치유된다.

80%의 병이 조상의 묘(墓)에서 생기고, 15%의 병은 가옥(家屋)에서 생긴다. 가옥(家屋)은 특히 문(門)을 잘못 내면 병이 생긴다. 서사택(西舍宅) 집인데 남쪽에 문을 낸 집이 많다. 그런 집에 뱀띠(巳), 닭띠(酉), 소띠(丑) 생이 살면 그 사람은 심장병(心臟病)으로 4년 9개월 안에 사망한다. 동사택(東舍宅) 중에 자좌오향(子坐午向)으로 남쪽을 바라보는 집인데, 대문(大門)이 동북간(東北間)으로 있으면 위장암(胃臟癌)이나 췌장암(膵臟癌)에 걸려 죽는다. 서남간(西南間)에 문(門)을 내도 같은 병(病)이 걸린다.

서사택(西舍宅) 집은 서쪽에서 동쪽을 바라보는 집이다. 문(門)이 동쪽으로 난 집은 사유축(巳酉丑)생이 4년 9개월 안에 교통사고로 죽지 않으면 장애자가 된다. 일반 단독 가정집은 해당이 안 되지만 APT가 많은데, 남쪽을 바라보는 집인데 문이 북으로 나 있으면, 그런 집은 신장(腎臟)과 방광(膀胱)에 질환이 생긴다. 서산도 아파트 단지가 그런 경우가 많다. 일반 빌딩이 기두(起頭)가 남쪽인데 출입문이 서북간(西北間)으로 났다. 그 건물에 장사하러 들어가면 손해(損害)를 보고 나온다. 상생상극(相生相剋)으로 화극금(火克金)이 되어 돈이 다 타버리는 집이니 망할 수밖에 없다.

89

CT촬영으로 신(神)의 병(病)은 찾을 수 없다

　대형병원에서 일반인이나 환자를 대상으로 검사를 할 때 CT촬영을 하는데, 신(神)의 병(病)까지는 찾지 못한다. 현대의학이 병을 다 고칠 수 있다면 죽을 사람은 하나도 없을 것이며, 지하(地下)에서 진시황제(秦始皇帝)가 통곡(痛哭)을 할 것이다.
　환자(患者)가 왜 죽느냐? 그것은 병에 원인을 모르기 때문에 죽는 것이다. 현재(現在)와 미래(未來)의 의학(醫學)은 양자학의 세계로 지평(地平)을 넓혀야 한다. 양자학의 한 부류가 영(靈)의 세계(世界)이다. 양자학으로 환자를 고친다면 이것은 영혼(靈魂)을 치료하는 것이다.
　땅속에 전도체가 있는 곳이 명당(明堂)이다. 시신이 육탈이 되어 남은 유골이 전도체로 변하면 영혼이 도통하는 것이다. 영혼을 가지고 병을 고치는 것은 도통하는 것이다. 영혼의 아래 단계로 도통이 되지 않은 상태에서 병을 고치는 것이 유전자(遺傳子)를 이용하는 것이다.
　인간이 도통하기는 너무나 어렵지만 유골을 도통시키는 것은 돌아가신 조상을 명당에 모시면 되는 것이다. 도를 통한 유골은 어떤 병이건, 어떤 장애건 모두 정상적으로 처리할 수 있게 된다.

수미산 꼭대기에 있는 도솔천까지 가서 미륵보살과 대화를 하고 내려오는 빛의 속도보다 더 빠른 것이 도통한 영혼이다. 그런 영혼을 의술에 접목(接木)시키면 무슨 병이건 다 고칠 수 있다.

필자가 찾아낸 것이 유전자를 활용하는 방법인데 현대의학으로 못 고치는 병을 환자에게 손도 안대고 고쳤다. 그것은 내가 고친 것이 아니라 병의 원인이 된 조상의 유전자를 이용한 것이다. 나는 병을 고칠 수 없지만 명당 혈에 모셔진 조상은 도통을 하였기 때문에 도통한 조상의 힘을 빌리는 것이다.

앞으로는 4차원(次元) 세계의 의술이 나올 것이다. 의술도 한 차원 뛰어넘는 세계로 도약(跳躍)을 해야 한다. 필자는 의술(醫術)을 따로 배운 적이 없다. 그런데 사람 뼈가 부러진 것도 20일이면 원래의 건강한 몸으로 회복(回復)시킨다. 임상실험을 하여 성공시킨 실적이 있다. 이것 또한 사람의 능력으로는 불가(不可)하다. 오직 도통한 부처님이 가르쳐준 것이다.

도인들은 영의 세계에서 살고 있으며 도통한 영혼은 수 만년을 산다. 석가모니(釋迦牟尼) 부처님이 열반(涅槃)한지 2,567년이다. 지금도 부처님의 영감(靈感)은 변하지 않고 있다. 태양이 온 세상에 햇볕을 쪼여 주듯이 부처님의 가피(加被)도 한결같이 받을 수 있는 것이다.

명당이란 어떠한 곳인가? 22개의 특징을 가지고 있는 곳이 명당이다. 명당에는 서기(瑞氣)가 서린다. 땅에서 피어오르는 상서(祥瑞)로운 기운을 볼 줄 알아야 명당을 찾는다. 반룡(蟠龍)자리는 금구렁이가 똬리를 틀고 앉아있는 곳이다. 용이라는 동물은 사람의 눈으로는 볼 수 없다. 영의 세계에서만 볼 수 있기 때문에 주로 꿈에서 본다. 꿈은 영혼을 보는 것이다.

용은 사람을 돕는 것이 아니고 지구상에서 최고의 도를 통하신 부처님을 돕는다. 부처님이 필자의 절집 도량에 들어오시려면 먼저 용이 와서 도량을 깨끗하게 해 놓은 후에 부처님이 들어오시는 것이다. 용은 부처님의 길을 인도(引導)하는 영물(靈物)이며 신(神)이다.

용(龍)은 허공을 날라 다니는 동물이다. 수만리라도 용은 금방 다녀온다. 용은 영혼 속의 길잡이이며 구름을 몰고 다니는 영물(靈物)이다. 지네라는 곤충도 50년을 넘게 사는 지네가 있다. 그 지네가 천년동안 도를 닦아 도통을 하면 백룡이다.

용(龍)에는 오룡(五龍)이 있다. 청룡(靑龍), 홍룡(紅龍), 황룡(黃龍), 백룡(白龍), 흑룡(黑龍)이다. 이것은 우주의 원리가 음양오행(陰陽五行)으로 구성되어 있기 때문이다. 허공은 9천 응원 뇌성 보화 천존께서 계시는 곳이다. 그 천존님이 999용왕을 거느리고 있고, 999용왕이 999용을 거느리고 계신다. 사해용왕(四海龍王)님은 동해(東海)는 연성광덕왕, 남해(南海)는 홍성광리왕, 서해(西海)는 통성광윤왕, 북해(北海)는 충성광택왕이 사해용왕님이다.

90

명당(明堂)자리의 특징(特徵)

　우리나라 산의 원맥(原脈)은 백두대간(白頭大幹)이다. 백두대간에서 소맥(小脈)으로 내려온 것이 한북정맥(漢北正脈), 한남정맥(漢南正脈), 금북정맥(錦北正脈) 등이다. 명당은 이 산(山)의 맥(脈)에서 태조(太祖), 중조(中祖), 소조(小祖), 주산(主山)을 받은 자리이어야 한다.

- 대명당(大明堂)은 백두대간에 정기(精氣)를 받아야 한다.
- 대명당보다 작은 명당은 태조, 중조, 소조, 주산, 안산(案山)의 기운을 받아야 한다.
- 내청룡(內靑龍), 내백호(內白虎), 외청룡(外靑龍), 외백호(外白虎)가 감싸야 하고, 그 밖에 전호(纏護)가 겹겹이 둘러야 한다.
- 청룡(靑龍) 백호(白虎)가 교쇄(交鎖)되어야 한다.
- 물이 빠져나가는 파구처(破口處)가 보이지 않아야 한다.
- 혈(穴) 자리가 높으면 청룡백호(靑龍白虎)도 높아야 한다.
- 모든 팔풍(八風)을 막아주어야 한다.

- 하루 종일 일조량(日照量)이 풍부한 곳이어야 한다.
- 청룡백호에 일자문성(一字文星), 문필봉(文筆峰), 부봉사(富峰砂) 등이 솟아야 한다.
- 주산 아래 내룡(來龍)에 귀봉(貴峰)이 있으면 자손이 세계를 무대로 활동한다.
- 파구처(破口處) 끝에 바위가 있으면 귀(貴)한 자리이다.
- 팔풍(八風)이 친다면 당판(堂板)에서는 온풍(溫風)으로 바뀌어야 한다.
- 당판(堂板)은 오악(五嶽)인 입수(入首), 양선익(兩蟬翼), 혈장(穴場), 순전(脣氈)을 갖추어야 한다.
- 내광(內壙)은 온도(溫度)가 29℃가 유지되어야 한다.
- 입수(入首)는 정돌취기(正突聚氣)로 뭉쳐진 뇌두(腦頭)가 있어야 한다.
- 내룡(來龍)은 지현(之玄)으로 꺾여서 내려와야 한다.
- 내룡(來龍)에 박힌 바위는 30년 운기(運氣)로 산정(算定)한다. 바위는 길석(吉石)이어야지 험석(險石)이면 흉(凶)으로 작용한다.
- 당판(堂板)은 반드시 물을 거수(拒水)해야 한다. 산천(山川)의 정기(精氣)를 막아주는 역할이다.
- 혈토(穴土)는 황골(黃骨) 흙에 양명(陽明)한 빛이 나야한다. 혈토는 달달한 된장 맛이 나고, 비혈토(非穴土)는 녹슨 쇠 맛이 난다.
- 혈(穴) 덩어리는 바위가 삼각형(三角形)으로 된 돌 위에 흙이 덮여서 만들어진 곳이다.
- 혈(穴) 자리는 사람이 누워있는 형상(形狀)을 하고 있다.
- 사상혈(四象穴) 자리이어야 한다.
- 주산(主山) 봉우리는 멀리 있는 것 보다 가까이 있어야 하고, 안산(案

山)은 아름다운 아미사(蛾眉砂), 귀봉(貴峰), 부봉(富峰), 문필봉(文筆峰), 일자문성(一字文星)이 있는 곳이어야 한다.
- 안산(案山) 앞에 논 들판이 있어야 한다.
- 주산(主山)이 삼태봉(三台峰)이고 가운데 봉우리에서 용(龍)이 내려와서 당판(堂板)을 만든 곳을 삼태귀(三台鬼)라 하여 3개의 영혼(靈魂)이 도와준다는 대혈(大穴)이다.
- 주산(主山) 뒤로 8개의 산(山)봉우리가 감싸주면 주역(周易) 8괘(卦) 신(神)이 도와주는 자리이다.
- 주산(主山) 봉우리 주위에 북두칠성(北斗七星) 모양으로 생긴 7봉우리가 연결되어 있으면 북두칠성을 상징(象徵)한다. 천상(天上)의 북두칠성이 도와준다는 의미이다.
- 당판(堂板) 혈(穴)이 높고 안산(案山) 너머에 커다란 노적봉(露積峰)이 있으면 제석천왕(帝釋天王)이 앉아 계신 것으로 본다. 부자(富者)가 연이어 나온다.
- 백호(白虎) 너머로 달을 따라다니는 샛별 같은 바위가 있으면 외손(外孫)에게 빛이 나는 발복(發福)이 온다.
- 청룡(靑龍) 바깥에 옥녀봉(玉女峰)이 있으면, 청룡(靑龍)은 남자이기 때문에 음양(陰陽)의 조화(造化)가 이루어져 자손(子孫)들의 발복(發福)이 순조(順調)롭다.
- 안산(案山) 옆에 역마산(驛馬山)이란 말의 이름을 가진 산(山)이 있으면 말에 오르는 높은 벼슬을 한다.

상게(上揭)한 자리가 명당(明堂)의 특징(特徵)이다.

명당(明堂)은 천지조화(天地造化)가 다 갖추어져 있다. 그런 자리를 찾으면 된다. 풍수지리에 명사가 되려면 먼저 도(道)부터 닦아야 한다. 책지관(冊地官)은 산신(山神)에 작란(作亂)을 받아서 혈(穴)을 볼 수가 없다. 산신에 작란을 뛰어 넘을 수 있는 도(道)가 차야 정확한 혈을 본다. 명당은 1자를 가지고 길흉(吉凶)을 다툰다. 그런 자리 한복판을 정확하게 찍어 낼 정도로 개안(開眼)이 되어야 실수가 없이 혈(穴)을 소점한다.

명당자리를 재혈을 잘못하면 화근(禍根)이 되는 경우도 있다. 이 점을 명심해야 한다. 명당은 신들이 애지중지(愛之重之)하며 산천(山川)에 기(氣)를 받아먹는 곳이다. 그러한 곳을 빼앗아 인간이 사용을 하려면 적확(的確)한 점혈(點穴)이 필요한 것이다. 그래서 고서(古書)에 "탈신공개천명(奪神功改天命)"이란 말이 있다.

그래서 신(神)들이 아끼고 소중히 여기기는 혈(穴)을 쓰고 나면 한번은 광란(狂亂)을 격어야 한다. 그런 일이 생겼다고 파묘(破墓)를 하거나 이장(移葬)을 하면 더 큰 화(禍)를 당한다. 한번에 광풍(狂風)이 지나고 나면, 태풍(颱風)이 불어올 때 바닷가에 집채만 한 파도가 밀려오듯이 발복(發福)을 받는다. 도(道)를 연마(硏磨)한 사람은 약(弱)하게 받는다. 그래서 도(道)부터 닦으라는 것이다.

명당(明堂)은 양(陽)의 기운(氣運)인 천기(天氣)와 음(陰)의 기운(氣運)인 지기(地氣)가 조화롭게 화합하여 만들어진 곳이기 때문에 에너지의 핵(核)이며, 천지자연(天地自然)의 열매이다. 혈(穴)을 파보면 반드시 돌이 박혀있다. 대혈(大穴)에는 정삼각형 모양의 돌이 자리를 잡고 있다. 그런 자리를 찾아 조상을 모시면 누대(累代)에 걸쳐서 발복을 한다.

『금낭경(錦囊經)』에 "천장지비(天藏地祕) 유덕지인(有德知人)"이라는 구절

(句節)이 있다. 해석하면 "하늘이 감추고 땅이 비밀로 해 놓은 자리는 덕이 있는 사람이 차지한다."는 의미이다. 유덕지인(有德知人)이란 평소에 대가(代價)를 바라지 않고 적선(積善)을 실천하는 사람이다. 억지춘향으로 눈을 붉히고 명당을 찾으려 하지 말고 먼저 도부터 닦고, 적덕(積德)과 적선(積善)을 행하라.

죽어가는 사람 살려주고 망(亡)해가는 사람 일으켜 세우려면 도(道)를 닦고 탐진치를 버린 후에 풍수 고전을 공부해야 한다. 망해가는 집을 돈 가지고는 일으켜 세우지 못한다. 그 집 조상 묘가 흉지에 있어서 망하는 것이기 때문에 원인을 고쳐주면 그 집을 다시 일어난다. 원인을 치료하는 것이 조상 묘를 명당으로 옮기는 것이다. 명사(名士)가 실천하는 가장 큰 보시(布施)이다.

91

해수관음(海水觀音)과 천상(天上)에
지리도사(地理道士)님을 받은 이야기

　필자가 18살 때의 일이다. 과천(果川) 관악산(冠岳山) 상불암 밑으로 내려가면 천인암이 있다. 그 작은 암자(庵子)에 금강산(金剛山)에서 불사(佛事)를 하시다가, 6.25전쟁으로 쫓겨 내려와 관악산 자락에 천인암을 짓고 그곳에 부처님을 모신 비구니(比丘尼) 스님이 계셨다.

　연세(年歲)가 86세 셨지만 스님의 피부와 모습은 이제 막 피어나는 소녀(少女)와 같았다. 불도(佛道)의 깊이를 헤아릴 수가 없었고, 스님은 글을 쓰면 범서(梵書)로 써놓으셔서 천학(淺學)했던 필자는 무슨 글자인지를 알 수가 없었다. 참선(參禪)을 하시면서 암자에 모신 부처님과 이야기까지 주고받던 도인(道人)이셨다. 필자가 추측해 보건데, 노스님은 다비식 후에 청정(淸淨)한 사리(舍利)가 많이 나왔을 것이다. 대단한 분이셨다.

　우리 마을에 귀신(鬼神)이 든 여인이 있었다. 1달 넘게 고생을 해서 천인암 스님을 찾아가 보라고 소개를 해 주었다. 스님이 하시는 말씀이 조금만 일찍 왔으면 살 수가 있었는데 늦었으며, 너무 긴 기간을 음식을 먹지 못해서 창자가 다 들러붙어서 귀신을 떼어놓으면 몇 월 며칠 몇 시에 죽는다고 하였다. 남편이 귀신과 함께하는 것이 싫어서 귀신을 떼어 달래서 떼고 나니 노스님이 예언(豫言)을 하신 그날 그 시간에 여인이 임종(臨終)을 했다.

그 후에 남편이 하는 말이 스님이 귀신이지 사람이냐며 어떻게 정확하게 예언을 할 수가 있느냐면서 미리 스님을 알았으면 자기 부인을 살렸을 텐데, 너무나 애통(哀痛)하다고 하였다. 나 역시 미리 알았으면 한 생명을 살렸을 것을 하는 아쉬움이 남았다.

필자가 천인암에서 100일 기도를 하던 중이었는데, 기도(祈禱)를 마치고 나와서 소개를 했기 때문에 그 여인의 이승에 인연이 그때까지였구나 싶었다.

100일 기도 중 98일째 되는 날 밤에 산신(山神)이 계시고, 건너편에 호랑이가 눈에 불빛을 머금었는데, 창문까지 밝게 비추니까 주지스님이 바깥에 나가지 말라고 말씀을 하셨다. 잠시 후 불빛이 사라져서 잠자리에 들었다. 잠을 자는데 꿈에 임금님이 나타나 네가 지금부터 상좌(上佐)다라고 말씀하시며 곤룡포와 익선관, 요대를 받는 꿈을 꾸었다. 스님께 꿈 이야기를 하니까 백일기도(百日祈禱)를 잘 받든 것이라고 말씀해주셨다.

몇 개월이 지나서 무인도(無人島)로 들어갔다. 22살에 섬에 들어갔다가 33살에 나왔다. 그 곳에 들어가 10년 동안 기도를 하면서 천수경, 반야심경, 화엄경, 고왕경, 천지팔양경, 금낭경 등등을 탐독(耽讀)하였다. 낮에는 틈틈이 밭을 개간하여 보리를 파종(播種)하고 고구마를 식재(植栽)하여 일용할 양식을 마련했고, 밤에는 무인고도에서의 두려움이 엄습(掩襲)하여 불경(佛經)을 독송(讀誦)하거나 독서를 해야 잠을 이룰 수 있었다.

불경공부는 "불광불급(不狂不及)"이라는 화두(話頭)를 세우고 미친 듯이 하였다. 불경을 독송하지 않고서는 고도(孤島)에서의 두려움을 떨칠 수가 없었다. 그렇게 10여 년이 되었을 때 밤이면 마귀(魔鬼)가 출현하여 나를 괴롭혔다. 한 20여 일을 싸워서 물리쳤다. 그러자 필자가 지나가야 할 길에 헤아릴 수 없는 수(數)의 뱀이 나타나 막고 있어서 손에 잡히는 막대기로 헤집어 내면서 길을 내어 지나갔다. 이번에는 무당들이 와서 홀리면서 굿판을 벌이는 것이었다.

말끔히 쫓아버리기를 일주일 하고 나니까 또 조상신(祖上神)인지 산신(山神)인지 나를 지켜보고 있기에 나는 부처님 밖에 없으니까 다 물러가라고 호통(號筒)을 치는 일이 반복되고 나니까 붉은 저녁노을 사이로 해수관음보살님이 떠오르시더니 나를 바라보시면서 방긋방긋 웃고 계셨다. 그때 필자가 일어나서 기다리고 기다리던 부처님이 오셨다고 친견(親見)에 감사하며 합장(合掌)을 하고 인사를 하고 나서 긴긴 잠에서 깨었다. 얼마나 혼났는지 옷이 땀에 푹 젖었다.

부처님이 팔부금강신장을 내세워 나를 지켜주신 것이다. 그때 이후로 무서움이 싹 가셨다. 부처님이 오시기 전 밤에 용(龍)이 도량을 며칠을 돌았다. 그리고 산신같은 용모를 하신 분이 오셔서 나를 쳐다보셨는데, 그분이 천상의 지리도사님이었다. 그런 분인지도 모르고 물러가라고 호통을 쳤던 것이다. 나의 잘못을 사죄드렸다.

그 날 이후로 천지팔양경을 읽었다. 그 경문(經文)에 우주의 원리가 함축(含蓄)되어 있었다. 또한 관음경, 고왕경, 천수경까지 모두 외울 정도로 공부를 하였다. 그때부터는 팔만대장경을 훤히 알겠고, 금강어보살이 들어오니까 경문도 읽지 않았는데도 법문설법(法問說法)이 가능하였다. 아쉬운 점은 무인도에서 나 혼자 떠들고 있었다.

무슨 신(神)이 들어왔는지 사람을 보면 오장육부(五臟六腑)와 피부(皮膚) 속에 뼈와 근육(筋肉)의 구조까지 유리 안을 들여다보듯이 보였다. 저 사람은 저 부위가 막혔고, 저 자리에다가 시침(施鍼)을 하면 될 것 같은 정도였는데, 그런데 필자가 활용을 하지 않으니까 그 능력이 없어졌다. 그 후 육지에 보리쌀을 사러 갔는데, 시장 안에서 눈에 들어오는 사람을 보니까 다시 인체의 내부가 보였다. 그래서 질환이 있는 사람을 바늘로 찔러서 피 한 방울만 나오면 아프다던 사람이 나았다. 그것도 며칠을 그렇게 하다 보니 치료를 받은 사람이 소문을 냈는지 한의사에게 전화가 왔다. 침을 놓아 사람을 치료한다는 소문을 들었는데 침구사면허증이 있느냐? 자격증이 없이 그런 시술행위를 하면 고발한다고 엄포를 놓았다.

그런 말을 듣고 나니 마음이 상(傷)했다. 그래서 부처님에게 좋은 일을 하고 고발을 당하느니, 지금 저에게 주신 능력은 거두시고 다른 능력을 달라고 서원(誓願)했다. 그랬더니 부처님의 법력(法力)이 들어간 부적(符籍)을 쓰는 재주를 주셨다. 그래서 부적으로 사람을 살리는 일을 하고 있다.

또한 천상의 지리도사님이 나에게 혈을 찾는 풍수지리 지식을 주셔서, 조상을 흉지에 모셔서 우환을 겪는 후손들이 있으면 조상의 묘를 길지로 모셔 근심과 걱정을 해결하여 주었다. 그 중에 생사(生死)가 경각(頃刻)에 있던 사람 20여 명을 생환(生還)을 시켰는데, 진정으로 고맙다고 인사를 온 사람은 두세 사람뿐이었다.

인사를 하러 온 이는 예산 신양인이다. 그 사람은 국화재배 기술자이다. 대한민국에서는 최고로 입소문이 나서 전국에서 배우러 오고, 여러 곳에서 강의도 하는 사람이다. 그런데 어느 날부터 구안와사가 와서 입이 삐뚤어져서 말을 못하고 얼굴이 일그러져서 심적 고통이 컸다.

대형병원에도 가보고 한의사를 찾아가서 침도 맞아보고 했으나 효과가 없었다. 그런데 내가 말한 대로 하고서 완치가 되었다. 자기가 살면서 최고의 수치(羞恥)와 자괴감(自愧感)에 빠져 있었는데, 스님이 고쳐주셔서 감사하다고 인사를 하러 왔다고 했다. 내 입장에서는 가장 가벼운 병을 치료해준 것뿐이다. 그러나 사경을 헤매던 이를 생환시킨 것이 여럿인데 그들은 감감 무소식(無消息)이다.

92

8대 보궁자리 찾은 이야기

조선시대부터 서산에 대명당이 있다는 소문이 있었다. 그 소문을 듣고 고(故) 손석우 지관이 10여 년을 찾아다녔다. 그 자리가 자미원(紫微垣)이라는 이름으로 불렸다. 손옹은 자미원을 지구상에서 찾았으나 찾을 수가 없다. 왜냐하면 자미원은 도솔천(兜率天)에 있는 이름이다. 부처님이 계신 곳이 자미원이다.

충남 가야산(伽倻山) 밑에 자미원이 있다. 그러나 그 곳에 가면 대명당이 없다. 손옹이 10년을 헤맸다. 그렇게 찾으면 100년을 찾아도 못 찾는다. 도솔천에 자미원이 있으니 부처님이 내려앉은 보궁자리를 찾으면 되는데, 그 분이 그 뜻을 알 리가 없다.

필자가 서산에 경주 김씨 묫자리를 감정하러 와서 보니까, 금강산(金剛山) 아래에 보궁자리가 있었다. 지주(地主)를 찾아 이곳은 불사(佛舍)를 일으킬 자리이니 절을 짓게 해달라니까 바로 승낙하여 농협에서 3천만 원을 얻어다가 땅을 매입하여 2년 후에 절을 짓고 보니 참 보궁자리였다.

산의 이름이 금강산(金剛山)이다. 충남에 금강산이 있다니 강원도 금강산에 계셨던 부처님, 옥황상제님과 천태산에 계신 나반존자가 오셨고, 필자가 이곳에 와서 절을 지으니 전에 내게 오셨다가 다음에 오신다고 바다로 가셨던 부처님도 들어오실 준비를 하는지 며칠 동안 꿈속에서 용(龍)이 도량을 맴 돌았다.

신도회장에게 웅천에 돌 공장을 가자고 하여 갔다. 제작해 놓은 석물 중에 해수관음 석불상(石佛像)이 서 있었는데, 그 모습을 보니까 옛날 무인도(無人島)에서 친견(親見)했던 해수관음이셨다.

얼마나 반가운지 부처님 앞으로 달려가서 인사를 드리니까 부처님도 반가운지 생끗생끗 웃었다. 사장을 불러 부처님의 가격을 물어보니 500만 원이라고 하였다. 예전에 나에게 오셨던 부처님인데 이 다음에 다시 오신다고 하셨는데, 웅천에 와보니 부처님이 여기 계셔서 내 절집으로 모셔 갑니다. 일주일 후에 모셔 달라고 하고 계약금(契約金)을 치렀다.

그 동안 모실자리를 선정(選定)하여 마련해 놓았다. 약속한 날짜에 부처님이 오셨다. 점안(點眼)을 하고나니 도량이 훈훈하게 온기가 돌았다. 밤에 돌아다니다 보면 허전했는데, 해수관음보살이 들어오신 후로는 따스함으로 채워졌다.

부처님도 앉아계시고, 옥황상제도 계시고, 부처님 신장들이 모두 계신다. 사천왕도 계시고, 천하대장군도 계시고, 금조새도 계신다. 금조새 봉황은 절을 짓고 첫날 저녁에 꿈을 꾸었다. 봉황(鳳凰) 한 쌍이 날라 와서 앉더니 군용트럭에 군인들을 엄청 많이 실어 왔다. 꿈이 이상하여 다음날 이 산에 신장(神將)들이 많은가 해서 올라가 보았더니, 보초(步哨)를 서고 있는 초병(哨兵)같은 말뚝바위가 많았다. 꿈에 초병을 실은 트럭이 절집으로 들어 온 까닭과 신장의 위용으로 보아 산의 기운이 얼마나 강한지를 가늠할 수가 있었다.

　필자가 불사를 하고 고관절 수술을 하여서 며칠 치료를 받아야 하겠기에 전라도에서 온 젊은 스님에게 일주일을 맡겼는데, 다음날 전화가 왔다. 도저히 여기에는 못 있겠다고 간다는 말이었다. 신장(神將)의 기운이 세서 견디지 못했구나 생각하고 결국은 내가 병원에서 퇴원했다. 밤이면 누군가 오가는 발자국 소리 등 별의별 소리가 다 난다. 그러니 젊은 스님이 버틸 정도면 도인이지 아무나 지킬 수 있는 자리는 아니다.

　절을 짓고 1년쯤 되었을 때 운주산 천복사 도안스님이 찾아와서 나하고 같이 자면서 과거 이야기를 하였는데, 도안스님이 나에게 대단한 사람이라고 하기에 왜 그러냐고 하니까, 자기도 여러 해 전에 여기에 와서 불사(佛事)를 하려고 텐트를 치고 기도(祈禱)를 하는데, 밤에 무엇인가가 양어깨를 꽉 눌러서 깜짝 놀라 돌아보니 호랑이가 양어깨를 앞발로 누르고 있어서 기절(氣絶)했다가 그 밤으로 하산을 하였다고 하면서 어찌 이런 도량을 누르고 사냐고 하였다.

　나는 무인도에 들어가서 10년 동안 도를 닦고 해수관음부처님을 받아 가지고 나와 무주 적상산과 계룡산 신흥암 보궁자리 석굴에서 10년을 기도한 업력이 있었기에 여기 처음 와보고 내 자리라는 확신이 들어서 불사를 하였다고 하였다.

　이곳은 부처님, 옥황상제님, 나반존자, 해수관음부처님이 계시고, 미륵불, 포태화상도 나와의 특별한 인연으로 계신 곳이다.

　법당(法堂)은 작게 지어 놓았어도 엄청 큰 도량이 될 것이다. 또한 기(氣)가 엄청 강한 곳이다. 그래서 기도도량으로는 최고의 자리이다. 저 위에 나반존자님이 계신 바위에 가서 기도한 이웃한 군부대 중령들 중에 두 사람은 장군 진급을 하였고, 한사람은 대령 진급을 하였다. 이곳은 큰 인물을 출세(出世)시키는 곳이다.

　필자가 풍수지리를 하는데 여기다가 절을 지을 때 천상에서 지리도사님이 내려오셨다. 고관대작의 모친(母親)들 산소에 모실 때 천상에서 지리도사님이 꼭 오신다. 조선시대 서산에 대명당이 있었다고 하는데 이 도량의 국세(局勢)를 보면 그곳이라는 생각이 든다.

　풍수학적으로 국세를 보면 우리나라에서는 오대산 적멸보궁 다음으로 좋은 곳이고, 8대 보궁자리이다. 한국에서는 옥황상제와 부처님이 같이 계신 곳을 보지 못하였는데, 유독 이 도량에 두 분이 계시다는 것을 아는 나를 데려다 쓰시고 앉혀 주신 것이다. 나의 운명이라 생각하며 정말 무거운 짐을 지고 20년 동안 절집을 지키며 조금씩 불사를 하고 있다.

　이 도량의 국세를 보면 한반도(韓半島) 백두대간(白頭大幹)의 좌청룡 끝자락에서 금북정맥(錦北正脈)으로 치고 올라와서 내포(內浦)에 하늘인 가야산(伽倻山)을 세우고, 팔봉산(八峯山)으로 달려가기 전에 산기운을 고르면서 금강산을 세우고 개장천심(開帳穿心)을 하여 만든 곳으로 천상(天上)에서 내려앉은 자리다. 천상의 지리도사님이 여기에 절을 지으라고 내려오신 것이다.

　주봉(主峰)에서 중출맥이 힘있게 내려왔고, 좌청룡(左靑龍) 우백호(右白虎)가 포근히 감싸면서 교쇄(交鎖)가 되었고, 명당이 아름답게 펼쳐져 있다. 주산이 건방(乾方) 서북쪽 자미원에 자리하였으며, 북두칠성(北斗七星)이 내려앉았고, 그 곳을 주역(周易)의 8괘(卦) 신(神)이 8봉(峰)을 만들어 후장으로 둘러주고, 서쪽으로는 천왕별이 내려 앉아 받쳐주고, 남쪽으로는 AB지구 너른 곡창지대(穀倉地帶)를 제석천왕이 안고 있고, 좌청룡 바깥으로는 옥녀봉(玉女峰)이 보조하여 주니 음양(陰陽)의 조화(造化)로 국세(局勢)를 돕고 있다.

성불사의 주산인 금강산은 천태산에 계신 나반존자님이 오셔서 돕고 있고, 외명당(外明堂)에서 바라보면 주산(主山)이 삼태봉(三台峰)으로 가운데 봉우리에서 내룡(來龍)이 내려와 당판(堂板)을 만들었다. 내백호(內白虎)는 가까이서 바람을 막고, 외백호(外白虎)가 멀리 돌아서 파구처까지 감싸주었고, 내청룡은 원진수를 거두고, 외청룡은 외백호를 감싸며 교쇄를 이뤘다. 청룡사에도 삼봉(三峰)이 있고, 백호사에는 역마산(驛馬山)이란 부봉사(富峰砂)가 있으며, 안산(案山)은 일자문성(一字文星)으로 지식인(知識人)과 벼슬을 예고하고 있다.

당판(堂板)은 피풍(避風)이 되어 바위를 양질에 흙이 덮고 있으며, 삼태귀가 붙어있는 귀한 자리이고, 혈장오악(穴場五嶽)인 입수(入首), 선익(蟬翼), 혈(穴), 전순(氈脣)을 모두 갖추었으며, 내수(內水)가 우선수(右旋水)로 흐르는 자리이다.

건좌(乾坐)를 놓으면 법수(法數)에 맞는 자리이다. 전순 밑에는 진응수(眞應水)에 해당하는 용궁(龍宮)에서 물이 나오고, 해수관음보살이 입석(立石)으로 계시고, 옆에 바위에는 포태화상을 모셨으며, 정혈(正穴)에 대웅전(大雄殿)이 앉아 계신다.

안산(案山) 앞과 너머로는 명당(明堂)이 펼쳐져 있고 청룡(靑龍)과 백호(白虎)가 겹겹이 교쇄되어 파구가 보이지 않는다. 파구처가 보이지 않아야 국반급 명당이다. 산에 능선이 도비산에서 내려와 휘감고 돌아 모체산(母體山)을 바라보는 회룡고조형(回龍顧祖形)으로 충신(忠臣)과 유공(有功)이 나오는 자리이다.

이곳 금강산 아래에 절집이 없었던 이유가 있다. 하나는 전게(前揭)한 천복사 스님의 사례였고, 다음은 마을 사람들 말에 의하면 예전에 불사를 하려는 스님들 여러 차례 왔다가 그냥 갔고, 사찰(寺刹)이 있었는데 빈대 때문에 못살고 폐사(廢寺)가 되었다고 한다.

필자가 볼 때 금강산 아래 성불사 터는 땅기운이 엄청 강한 곳이다. 이 산에는 무속인(巫俗人)들이 오지 못하는 곳이다. 산신(山神)이 무속인들을 받아 주지 않는다.

이 금강에 와서 육산이란 산신에게 9마리나 바치고 승낙을 받아서 불사를 한 것이다. 절집을 지으니까 계룡산 산신이 부처님 천불을 모셔야 할 사람이니 천불을 모시라고 하여 모셨다. 지금 닦아놓은 자리에 절을 크게 지으면 삼천불(三千佛)을 모실 계획이다. 삼천불은 모셔야 나의 직심(直心)이 풀린다.

현재는 석가모니불, 아미타불, 천수천안관세음보살, 약사여래, 지장보살 6불을 모셔놓고 관세음보살 소불로 55불, 지장보살 1,000불, 해수관음 입석불, 포태화상을 모셨고, 삼성각(三聖閣)에는 산신(山神), 칠성(七星), 나반존자(那般尊者) 그리고 옆으로 옥황상제(玉皇上帝)를 모셨다.

93

자기 일생에 가장 무서운 것이 조상 묘다

　　곤충이나 파충류도 윤회(輪回)할 때 50%가 다른 동물의 먹이가 된다. 바다에 갑각류인 꽃게, 새우 같은 어패류도 껍질을 한 번 벗으면 사체가 될 비율이 50%다. 역시 다른 물고기의 먹이가 된다.

　　사람도 윤회할 때 그 집안에 흥망성쇠(興亡盛衰)가 좌우된다. 서울에 사는 사람들이 불쌍하다. 왜냐하면 용미리 공동묘지에 가서 보니, 산역하는 인부들 손에 장법에 대한 고려(考慮)없이 짐승 사체를 묻듯이 마구잡이로 매장을 하는 것을 보았기 때문이다.

　　그러한 매장의 행태를 목도(目睹)하고 집집마다 불상사가 안 나는 집이 없겠구나 싶었다. 오살(五殺)을 맞아 죽게 묻지를 않나, 재패(財敗)로 인해 망하게 묻고, 인패(人敗)로 만가지 병에 걸리게 하관(下棺)하고, 관재(官災)인 재판(裁判)이나 소송(訴訟)이 나게 매장을 하고 있는 것이다.

　　그래서 병원에 가보면 환자로 인산인해(人山人海)이고, 법원에 가면 재판(裁判)이 밀리고 밀린다. 오살(五殺)을 맞아죽는 사람은 무슨 병으로 사망했는지 사인도 모르고 잠을 자다가 죽기도 하고, 갑자기 쓰러져 죽기도

하는 것이다.

　장례를 치르고 병이 나면 십중팔구는 신(神)의 병(病)이라 이런 경우는 병원에서 고칠 수가 없다. 신의 병은 의사가 못 고친다. 우리나라에서 장례를 치른 환자의 80%가 신의 병이다.

　용미리 공원묘지에 가보면, 수백기가 수렴(水廉)이 든 묘지이고, 묘소 앞은 절벽이다. 15m 넘는 절벽이 있으면 자손이 끊어진다. 그렇게 매장을 하면 아무리 거부라 할지라도 바로 망한다.

　조상의 무덤이 한 집안의 흥망성쇠(興亡盛衰)를 좌우한다. 필자가 볼 때는 그렇게 장례를 치를 거면 화장을 하여 황토단지에 담아서 공원묘지에 갈 것도 없이 국유지에 묻는 것이 더욱 효과적이다. 주검을 짐승 묻듯이 하면 집안이 절단난다. 100% 장담한다.

　초상(初喪)이 나서 생장으로 모시려거든 과부 땡빚을 얻어서라도 꼭 이름난 지관을 불러서 매장을 하라. 생장은 한 집안의 흥망을 좌우한다. 지관을 부를 형편이 안 되면 화장을 하여 유골함에 모셔라. 유골함도 잘 선택을 해야 한다. 돌로 만든 함, 옥수수로 만든 함, 유리함, 플라스틱함, 나무함 등은 사용하지마라. 조상의 유골을 내버리는 것이다. 함(函)을 살 경우에는 황토(黃土)로 구운 단지가 가장 좋다. 소중히 모신다고 유약을 바른 도자기 함은 황토단지만 못하다. 인간에 육체는 원소(元素)가 흙이다. 흙 중에서 황토성분이 가장 많고 땅속에서 공기와 숨을 쉬어야 한다. 황토단지는 숨을 쉰다. 땅 속의 기(氣)를 받아들인다. 그래서 황토로 제작한 함(函)을 사용하라는 것이다.

　조상을 명당에 모시라는 이유가 있다. 명당에 조상을 모시면 그 조상을 도통시켜주는 것이다. 돌아가신 조상이 도통이 되면 그 위력은 밀려오는 거센 파도와 같다. 그 같은 기(氣)가 몰려오면 고속승진을 하거나, 재물(財物)이 산더미처럼 쌓인다. 만약 조상을 망지에 묻으면 직장에서 쫓겨나거나, 잘 나가던 사업이 하루아침에 부도(不渡)가 난다. 망해서 알거지가 된다.

    살아있는 사람 100명이 죽은 영혼 하나를 못 이긴다는 이야기가 있다. 이 말은 죽은 영혼 하나가 살아있는 사람 100명을 죽일 수 있다는 말이다. 영혼은 보이지 않기 때문에 살아있는 사람에게 무슨 짓을 해도 인간은 알지 못한다. 사업을 하는 사람이면 사기꾼을 붙여주어 사기(詐欺)를 당하게 하고, 학교 선생이라면 교편생활을 못하게 하고, 회사원이라면 공금을 횡령하게 하여 교도소에 가게 만든다.

    이것이 모두 귀신(鬼神)의 작란(作亂)으로 그렇게 만들기 때문에 살아있는 사람들이 죽은 사람 하나를 못 당하고 망하게 된다. 귀신은 인정사정을 안 본다. 자기 자손(子孫)이 제일 먼저 희생물이 된다. 그래서 조상의 묘를 명당에 모셔야 한다. 필자는 50년을 망한 사람들에 묘를 파서 잘 살게 해주었기 때문에 경험으로 말을 하는 것이다.

94

망지(亡地)자리 피(避)하는 방법

- 풀이 무성하게 잘 자라고, 나무도 마디가 길게 죽죽 자라는 곳은 피하라.
- 삽이 쉽게 잘 들어가는 곳은 피하라.
- 흙색이 검은 곳은 피하라.
- 나무 마디가 짧은 곳은 기(氣)가 있다.
- 흙이 단단한 곳도 기(氣)가 있다.
- 비온 뒤 빨리 습기(濕氣)가 마르는 곳은 써라.
- 산 아래 평지는 쓰지 마라.
- 절벽 위는 쓰지 마라.
- 산꼭대기는 쓰지 마라.
- 엉구렁텅이는 쓰지 마라.
- 산속 잡초가 우거진 곳은 쓰지 마라.
- 응달진 곳, 북향, 절벽 밑에 쓰지 말고, 습기가 많은 곳은 피하라.
- 화장한 유골을 나무 밑에 뿌리지 마라.

- 건조한 곳을 찾아라.
- 평지라면 주변보다 솟은 곳을 택하라.
- 묘지를 쓸 자리보다 앞이 높은 곳은 피하라.
- 무연 바다나 큰 호수가 바로 내려다보이는 곳은 피하라.
- 사방이 평지인 곳은 피하라.
- 아카시아 나무가 있으면 피하라.
- 철탑(鐵塔)이나 고압전선 아래는 피하라.
- 산의 맥(脈)이 지(之)자나 현(玄)자로 내려온 줄기에 써라.
- 산의 맥이 직선(直線)으로 내려온 곳은 피하라.
- 흙이 단단하고 양명한 황골 흙에 묘를 써라.
- 묘는 작국(作局)과 법수(法手)에 맞춰서 써라.
- 우렁질 흙은 피하라.
- 산 능선아래 용진처에 꺾인 맥이 보이면 승금혈이다. 새우수염 같은 하수사가 있다.
- 승금혈은 정승(政丞) 판서(判書)가 나오는 자리다.

　사람의 육신(肉身)과 영혼(靈魂)은 다르다. 영혼은 사물을 판단하는 것이다. 육신을 에델체에 끈으로 묶어서 일급비서로 써 먹다가 육신이 망가지고 떨어져서 흙속에 묻히면, 육신에 있던 영혼은 뼈로 뭉쳐져 전도체로 변한다. 이 전도체가 자기의 후손을 점지하는 것이다. 나머지 육신은 지수화풍(地水火風)으로 다시 자연(自然)의 원소(元素)로 돌아간다.
　묘지는 사람 몸에 있던 64괘(卦)의 신이 전도체로 붙어서 후손(後孫)을 만드는데, 64괘의 신이라는 것이 태광과 7백신이다. 사람에 씨앗역할을 하는 것이다. 식물(植物)로 말하면 열매의 씨앗이다. 그럼 그것을 무엇으로 증명하는가? 유전자 검사를 하면 일치한다.

나머지 분비물(分泌物)은 자연의 원소로서 지수화풍(地水火風)으로 되돌아간다. 사람의 씨앗을 식물의 씨앗처럼 심어놓는 것인데, 식물의 씨앗도 기름지고 바람이 없는 곳에 심어놓으면 싹이 나와 나무가 되듯, 인간도 인간의 씨앗을 땅에 심어 놓은 것인데, 인간은 식물과 달라서 영혼이 있기 때문에 땅에 묻는 것까지는 똑같은데 토질(土質)이 달라야 한다.

식물의 씨앗은 유기질(有機質)이 많고 습기가 있는 데가 좋지만, 사람은 반대로 유기질이 없고 무기질(無機質)만 있는 흙이라야 발아도 잘되고 깨끗하게 육탈이 된 후에 전도체로 변하여 후손을 점지한다. 식물은 씨앗 알맹이만 심지만, 사람은 육신덩어리를 묻어서 유기질은 자연에 원소로 보내고 무기질만 남아야 씨앗이 되는 것이다.

식물은 7일만 되면 싹이 터서 솟아오르지만, 사람은 육탈이 되어 황골이 되기까지 3년이란 시간이 필요하다. 그것도 시신을 무기질의 명당에 묻었을 때 3년으로 보지만, 망지에 해당하는 유기질 흙속에 매장을 하면 땅속에 수분과 유기질이 혼합되면 육탈이 안 된다.

인간은 육탈된 인골(人骨)이 전도체이고 씨앗이다. 육탈이 안 된 불완전 전도체 상태에서 후손을 점지하다 보니까 걸출(傑出)한 자손을 만들지 못하고 장애자 자손이 나오는 것이다. 장애자가 있는 가정은 조상을 망지에 묻은 부모의 잘못이다. 부모가 생존해 있으면 조부모가 점지를 하고, 조부모까지 생존해 계시면 증조부모가 점지하는 것이다.

조상의 씨앗인 원자(原子)가 주입(注入)되지 않으면 자손을 생산할 수가 없다. 그리고 산천정기(山川精氣)의 원소가 없이는 또한 인간을 만들 수가 없다. 그래서 우주(宇宙)의 원리(原理)를 통달한 석가모니부처님이 절에 산신각(山神閣)을 짓는 것도 인간을 만드는데 원소가 산이기 때문에 산을 지키며 산천정기의 기(氣)를 받아먹고 있는 산신에게 외호신(外護神)으로 허락하여준 것이다. 산천에서 명당자리의 기를 받아먹고 사는 신이 산신(山神)이다.

자기 밥그릇을 빼앗는데 좋아할 신은 아무도 없다. 명당은 땅속에서 따뜻한 기운이 솟아나오는 곳인데, 따스한 온도에 의해 돌이 노란 황골 흙으로 변한 곳이다. 이렇게 지열(地熱)에 의해 돌이 흙으로 변하면서 명당이 만들어지는 것이다. 명당자리는 인간에 체온(體溫)과 같은 온도가 측정이 된다. 그 온도가 유지가 되어야 육탈이 될 때 수분은 증발이 되고 유골만 남으면, 육체에 붙어있던 영혼이 황골로 자리를 옮긴다. 그것이 전도체이다.

전도체가 되면 후손을 점지하는데, 그 명당자리도 상급(上級), 중급(中級), 하급(下級)이 있다. 풍수지리학으로 분류하면 상은 국반급으로 나라에 동량지재(棟梁之材)가 나온다. 국반급 상(上)이면 대통령이 나오고, 국반급 중(中)이면 국무총리, 장관이 배출되고, 국반급 하(下)이면 국회의원이나 도지사가 나온다. 무해지지(無害之地)가 있는데, 이 정도만 되어도 중소기업 정도는 운영하면서 풍요롭게 산다.

생사(生死)의 길을 달리했다하여 아무데나 매장(埋葬)을 하면 그 종자(種子)는 쭉정이가 되거나 없어진다. 생존해 있던 사람이 죽으면 그 종자는 없어지는 것이다. 그럼 공(空)이다. 실체가 없어졌으니까 씨앗은 남기고 죽어야 하는데, 씨앗까지도 없애버리니까 공이다. 씨앗을 두고 싶어도 못 두는 곳이 있다. 땅 자체에서 씨앗을 못 만드는 곳이 비혈지(非穴地)이다. 이런 것을 찾아 분별하는 사람이 지관(地官)이다.

산세(山勢)와 지엽(枝葉)이 내려오다가 끊어졌다 다시 이어졌는데, 앞이 절벽인 곳에다 묘를 쓰면 목매달아 죽는 사람이 나오고, 자식(子息)도 절손(絶孫)된다. 산에 가보면 사람이 누워있는 형국을 갖춘 곳이 있다. 그런 자리를 찾아 묻으라고 사람 몸에 64괘의 신(神)이 있는 것이다. 그것을 모르고 세상 사람들이 살고 있다.

지금의 교육 제도를 보면 가르쳐야할 교육은 안 가르치고 소위 인간이 만들어 놓은 교육만 받으면서 경쟁(競爭)속에서 박사(博士)까지 만들어 주고 있으니, 필요가 없는 교육을 받느라 많은 돈을 지출해가면서 인위적으로 만들어져 가짜가 활개를 치는 세상이 되었다. 진정 꼭 배워야할 공부는 하나도 배우지 못하고 있다.

풍수지리의 문리(文理)가 트도록 천착(穿鑿)하면 운명이 바뀌고, 나만이 아닌 조상과 후손까지도 영향을 주는 공부가 풍수이다. 그래서 다른 분야에 책을 수천 권을 읽고 공부를 하여도 가족, 조상, 후손까지 운명을 바꿀 수 있는 학문은 없다.

자기 앞가림도 못하고 죽고 나면 집안이 패가망신(敗家亡身)할 수 있다. 그래서 일반 도서를 읽느니 이 책 한권을 읽어보면 깨닫는 것이 있을 것이다. 인간이 어떤 원리를 이용하면 천재(天才)로 태어나고 국가에 재목(材木)이 되고 전생, 이생, 후생까지도 행복하게 잘 사는 비결(祕訣)이 이 책에 담겨있다.

만물의 영장인 인간이 종자를 생각없이 버리고 있다. 그 장소가 각(各) 시(市), 군(郡)에서 만들어 놓은 공원묘지이다. 대한민국 그 어디를 가보아도 인간의 고귀한 종자에 영혼이 깃들지를 못하고 방황(彷徨)하고 있다. 용미리 공원묘지에서는 수만 기의 묘지 중에서 씨앗을 찾으려면 100

여개도 되지 않는다. 신세계공원묘지, 용인 수지면 천주교공원묘지, 성남, 춘천, 천안, 용인, 공원묘지를 다 다녀보아도 제대로 남은 종자를 건지려면 각각 100여기 정도이다. 그 나머지는 조상을 다 버린 것이다.

나라에서 정책적으로 잘못된 교육제도를 시행하고 있고, 50년 후에 대한민국에 인구가 3천만 밖에 안 된다는 등 언론(言論)에 뭇매를 맞아가면서도 지금도 인간이 스스로 뿌리를 버리고 있다.

인간의 뿌리를 찾아야 한다. 지금이라도 함부로 버리지 말고 씨앗의 가치를 인식해야 한다. 조상의 뿌리를 후손이 복(福)되게 잘 살 수 있는 곳에 모시면 후손들은 잘 살 수 있다.

대한민국은 심각하다. 전 국민이 스스로 씨종자를 말리는 짓을 하고 있다. 시골에 가면 시신을 마을로 못 지나가게 하고, 매장은 더더욱 꿈을 꿀 수도 없다. 이것이 조상의 종자(種子)를 말리는 국민운동인 것이다. 그렇다보니 화장을 해서 산이나 바다에 뿌려 버린다. 이러한 행태는 종자를 버려서 대(代)가 끊어지게 된다.

지금부터라도 장례문화를 새롭게 살려서 조상의 씨앗을 보존하는 계기(契機)를 만들어야 한다. 국가의 존재는 국권과 영토 이전에 그 곳에 살고 있는 국민이 많아야 국력(國力)이 신장(伸張)될 수 있다.

장례문화(葬禮文化) 묘지법 부터 새롭게 입법(立法)하여 거리제한 등등의 규제를 완화하고 자연친화적인 장묘를 권장(勸獎)한다면 젊은 세대들의 결혼문화 역시 바뀌는 계기가 되어 자손의 출산(出産)이 늘어날 것은 불보듯 뻔한 일이다.

95

발복(發福)이 되는 법(法)을 알려주겠다

천기(天氣)와 지기(地氣)와 인기(人氣)가 삼합(三合)으로 합쳐져서 땅속의 지수화풍(地水火風)의 기(氣)로 이루어진 것이 사람이다. 인간이 윤회하여 나오는 곳이 땅속일 수밖에 없다. 건물을 지어 납골당을 만들어 놓은 곳에 모시면 종자는 끊어진다. 식물의 씨앗도 용기에 담아 건물 안에 보관하면 시간이 지나도 발아(發芽)가 되지 않는다. 사람에 유골(遺骨)도 똑같다. 윤회(輪回)를 할 수가 없다. 돌로 만든 납골당과 건물을 지어 유골함에 넣어 두는 것도 모두 종말(終末)을 재촉하는 것이다.

특히 사람은 식물처럼 씨앗으로 윤회되는 것이 아니라, 정액(精液)이 물로 윤회시키면서 영혼이 땅속에서 음양(陰陽)에 기(氣)와 산천정기(山川精氣)가 조상의 씨앗이 주입되어야 윤회가 되는 것이다. 조상의 영혼이 주입되어야 자손이 출생한다.

- 인간의 기본이 되고 핵심이 되는 자리에다 64괘(卦)의 영혼을 모셔놓은 것이다. 인간이 잘나고 못나고 하는 것은 무덤 자리에 달렸다. 무덤

자리는 상(上), 중(中), 하(下), 무해지지(無害之地)로 되어 있다.
- 64괘의 신을 모셔놓은 자리에 따라 크게 윤회되기도 하고, 아주 망지는 없어지기도 한다.
- 윤회 장소가 장님, 벙어리, 언청이, 꼽추 등 만병(萬病)이 다 생기는 자리에 묻히면 여러 장애인이 나온다. 그 조상이 먼저 그러한 장애인이 된 것이다. 그래서 후손 중에 똑같은 장애인이 나온다.
- 조상이 재패(財敗)자리에 있다면 그 조상이 재물을 다 치패(致敗)하여 버린다. 그럼 그 후손도 조상을 따라 재산을 잃는다.
- 병폐(病廢)나 관재(官災)가 나오게 모셨다면 만(萬)가지 병이 다 들고, 관재로 시달려 재산을 탕진한다.
- 사람만 그런 것이 아니라 식물도 마찬가지다. 나무에 씨앗이 바람에 날려 산꼭대기 양 바위틈에 떨어져 흙속에 묻히면 자라도 수분이 부족하고 바람에 시달려서 매일매일 아주 억세게 마디가 짧게 죽지 못하여 살다가 몇 달 가물면 말라죽는다. 이치(理致)는 식물이나 사람이나 똑같다.
- 식물이나 사람이나 음양(陰陽)과 오행(五行)에 기(氣)가 얽혀서 태어나는 것이다.

사람들이 죽으면 윤회 장소를 못 찾고 아무데나 짐승 묻듯이 하는 것을 보고 천상(天上)에 대라천에서 무생노모를 시켜서 여와(女媧)와 복희(伏羲)씨를 낳게 하여 복희씨에게 주역(周易) 8괘(卦)의 이론을 심어주어서 복희씨가 하도(河圖)의 그림을 바탕으로 선천(先天) 8괘(卦)를 만들었고, 그 후(後)에 하우(夏禹)씨가 낙서(洛書)를 발견하였고, 주(周)나라 문왕시대(文

王時代)에 와서 후천(後天) 8괘(卦)와 구궁팔괘(九宮八卦)까지 완성하여 무생노모를 시켜 성인(聖人)들을 낳게 하였다.

　3천년 전 주(周)나라 때 강태공(姜太公), 여상(呂翔)과 2천오백년 전 춘추전국시대(春秋戰國時代)에 노자(老子), 공자(孔子), 맹자(孟子) 등 성인들이 쏟아져 나와서 음양(陰陽)과 오행사상(五行思想)을 주역을 가지고 동양철학에 바탕인 천문학, 유학, 풍수지리학 등이 성립되어 주(周)나라 때부터 장례문화가 생겼다.

　주역신, 구궁신, 상시신, 청룡백호신, 현무주작신, 64괘의 신(神)이 사람을 만들었다. 64괘의 신을 모셔놓을 때는 이러한 공식에 의하여 모셔놓으면 인간이 진화되어 태어난다는 이론이 풍수지리이다.

　풍수서적을 보면 음양에 조화를 바탕으로 작국(作局)과 법수(法手)를 맞추어 하관(下棺)을 하면 그 영향으로 인물이 배출된다는 내용이 기술되어 있다.

　풍수고전에 명시되어 있는 그대로 조상을 모시면 불상사가 없이 걸출(傑出)한 후손을 얻을 수 있다. 64괘의 신을 인간의 몸에 넣어준 것은 부여받은 대로 윤회 장소를 찾아 들어가면 사주팔자(四柱八字) 역시도 조화롭게 구성되어 편안하고 윤택한 삶을 영위할 수가 있다. 인간 삶에 근본이 조상을 모시는 윤회 장소이기 때문에 거듭 강조하는 것이다.

　사람이 태어나 생활하는 공간이 양택(陽宅)이고, 생(生)을 마감하고 돌아가는 곳이 음택(陰宅)이다. 음양택을 다 설명하여 놓은 것이 풍수지리 책이다. 음택을 공부하려면 진(晉)나라 때 곽박(郭璞)이 저술한『금낭경(錦囊經)』을 보고, 양택을 공부하고 싶으면 당(唐)나라 때 국사(國師)였던 양균송(楊筠松)이 집필한『감룡경(撼龍經)』과『의룡경(疑龍經)』을 보아라.

풍수를 하려면 음양에 대한 논리를 정리해야 한다. 그리고 음양택으로 접근을 하면 인간사에 길흉(吉凶)를 미루어 짐작할 수가 있다. 사람에 병은 음양택에서 발생하기 때문이다. 음택(陰宅)에서 80%요, 양택(陽宅)에서 15%이고, 5%는 본인 스스로가 몸 관리에 부실함이 원인이다. 음택에서는 유전자에 의해 병이 온다. 양택은 음양오행의 법수가 안 맞은 데서 기인한다.

96

양택(陽宅)을 설명한다

- 가옥(家屋)을 지을 때는 성조운(成造運)이 맞는지 봐야 한다. 가옥을 구입할 때도 마찬가지이다. 자사각(自四角)에 집을 짓거나 매입을 하면 집 짓고 본인이 사망한다. 잠사각(蠶四角)일 경우는 집짓고 병을 얻는다. 처사각(妻四角)은 부인이 죽고, 부모사각(父母四角)일 때는 부모가 사망한다. 제일 먼저 확인해야 할 사항이다.
- 집을 신축(新築)하게 되면 대길(大吉)한 성조운(成造運) 찾아라. 구입도 마찬가지이다.
- 가옥의 기두점(起頭點)을 설정하고 동사택(東舍宅)과 서사택(西舍宅)에 맞게 문(門)을 내고, 가주(家主)의 방(房)과 부엌을 배치해야 한다.
- 양택(陽宅)에 3요소(要素)인 배산임수(背山臨水), 전저후고(前低後高), 전착후관(前窄後寬)에 맞춰라. 배산임수는 산을 등지고 물길이 집 앞을 두르고 흘러야 한다. 전저후고는 안채는 행랑채보다 조금 높게 지어야 한다. 전착후관은 들어가는 입구는 좁고 안에 공간은 넓어야 한다. APT

역시 똑같이 적용한다.
- 문을 낼 때는 서사택(西舍宅)은 서사택 방위(方位)로, 동사택(東舍宅)은 동사택 방위로 문을 내야 한다.
- 풍수 이기론(理氣論)인 음양(陰陽)과 오행(五行)에 맞아야 한다.
- 현관문(玄關門)을 낼 때는 음양오행(陰陽五行)에 맞추어 기두점(起頭點)을 설정하고 문을 내야한다.
- 집이 들어설 자리는 풍수 형기론(形氣論)인 용(龍), 혈(穴), 사(砂), 수(水)에 맞게 터를 잡아야 한다.
- 가옥은 서사택이건 동사택이건 복가(福家)로 지어야 한다.
- 자식이 태어나는 것도 문(門)을 내는 방위에 달렸다. 기두점(起頭點)도 양(陽)이고, 현관문(玄關門)도 양(陽)으로 문을 내면 자식이 없다. 양방은 남자이다. 남자끼리 어떻게 아이를 출산하겠는가?
- 인간은 조상의 기(氣)와 우주(宇宙)의 기를 받지 못하면 자식이 없다.
- 가옥의 좌향(坐向)은 자좌오향(子坐午向)인 정남향(正南向)이 가장 좋다. 터를 중심으로 국세(局勢)가 갖추진 자리를 찾아라. 집터는 서사택인데, 남쪽이 좋다고 동사택으로 지으면 안 된다. 대자연의 순리를 거역하지마라.
- 가옥을 지을 때, 자동차 차고(車庫)나 지하공간을 만들고 그 위에 지으면 흉가(凶家)이다. 왜냐면 사람은 낮에 양(陽)의 기(氣)인 태양(太陽)의 기운(氣運)을 받고 살고, 밤에는 음(陰)에 기운인 지구(地球)의 지자기(地磁氣)를 받고 살기 때문이다.
- 우주(宇宙)의 원리(原理)는 음양오행(陰陽五行)이다. 인간도 음양오행으로 만들어졌다. 지구(地球)에 5대양(大洋) 6대주(大洲)가 있듯이, 인간(人間)도 오장육부(五臟六腑)를 가지고 살아간다. 인간은 소우주(小宇宙)이다.

가옥에서 생긴 병의 사례이다. 후배가 집으로 인해 겪은 이야기다. 집은 서사택인데, 문은 동사택에 해당하는 남쪽으로 낸 집이었다. 그 집에 가상(家象)을 보고 심장약(心臟藥)을 복용(服用)하고 있지 않냐고 하니까 그걸 어떻게 아느냐고 하였다. 이 집에 이사 온지 얼마나 되었냐고 물었더니 2년 넘었다고 하였다. 그래서 출입문을 동북쪽으로 다시 내면 심장약을 안 먹어도 된다고 하였다.

그런데 그 후배는 풍수이론을 미신(迷信)으로 치부하면서 받아들이지를 않았다. 풍수는 동양철학의 한 분야로 우주의 원리를 바탕으로 성립된 학문이라고 설명을 하고 이야기를 이어갔다. 왜 심장에 병이 생겼는지를 설명해 주었다.

당신이 살고 있는 집은 서사택 집이다. 서사택은 숫자 오행으로 4·9 금(金)인데, 출입문은 동사택에 해당하는 남쪽을 향하고 있다. 남쪽은 오행으로 화(火)인 불이다. 음양이 조화가 되어야 하는데 음(陰)끼리 다투고 있다. 주역의 8괘로 보면 서쪽은 태괘(兌卦)(☱, 陰金)로 소녀(少女)이고, 남쪽은 이괘(離卦)(☲, 陰火)이며 중녀(中女)이다. 음(陰)끼리 부딪친다. 화(火)는 인체오행(人體五行)으로 분류하면 심장(心臟)과 소장(小腸)이다. 당신은 심장도 약하지만 소장도 약하다. 화극금(火克金)을 하니 금이 불속에서 타니까 심장이 망가지는 것이다. 문을 옮기지 않으면, 4년 9개월 안에 운명(運命)을 달리할 수가 있다고 설명해 주었다.

그렇게 상세히 설명을 해 주었는데, 그 후배하고 부인은 믿지를 안았다. 4년 8개월 쯤 되었을 때 심장병으로 죽었다. 지금 사람들은 알려주어도 믿지를 않는다. 그것이 문제다. 스스로 죽음을 선택한다. 이 집에 뱀띠[巳], 닭띠[酉, 소띠[丑]가 살면 100% 사망한다. 그 후배가 닭띠이다.

97

양택(陽宅)에서 한 사람을 더 보자

　서산시 인지면 성리 마을에 집이다. 신축(新築)을 하면서 기초를 닦은 것을 보니 동사택(東舍宅) 집이다. 좌향(坐向)은 자좌오향(子坐午向)이었다. 그런데 출입문은 서사택(西舍宅)에 해당하는 서남간(西南間) 방위였다. 건축주는 조씨였다.

　부석에서 지관을 하는 사람이 조씨의 친구였다. 그래서 지관에게 알려주었다. 친구가 그 곳으로 문을 내면 집에 좌가 1·6 수(水)이기 때문에 1년 6개월 안에 죽는다고 문(門) 방향을 바꾸라고 알려주었는데, 조씨가 말하기를 서남간은 도로에 접해있어 현재 출입이 편한데, 동남간(東南間)으로 문을 내면 밭에다가 새로이 도로를 내야 하기 때문에 군이 그렇게까지 할 필요가 있냐고 말을 듣지 않는다고 했다.

　그런데 상량(上樑)을 해야 하는데, 마을을 다 돌아다녀보아도 상량를 써 줄 사람이 없다고 필자(筆者)에게 왔다. 그래서 상량보를 써 주면서 문을 현재 상태로 서남방위로 내면 당신이 죽을 수 있으니, 동남간으로 바꿔서 내야 한다고 재차 말을 했는데, 고지를 듣지 않았다. 소귀에 경(經)읽기였다.

그대로 집을 짓고 행복하게 생활하는가 싶더니, 1년이 지나면서 술을 지나치게 마시고 다녔다. 그러다가 다른 날과 같이 과음(過飮)을 하고 택시를 타고 마을회관 앞에서 내리면서 넘어졌다. 지나가던 마을 사람이 부추겨 보았는데, 인사불성(人事不省)이어서 의료원 응급실로 데리고 갔는데, 이미 사망한 상태였다고 했다.

조씨의 사인(死因)은 과음이었다. 북쪽은 방위오행(方位五行)으로 수(水)이고, 수오행(數五行)으로 1·6은 수(水)이다. 1년 6개월 안에 물로 인하여 사망한 것이다.

풍수지리 이론은 한 치의 오차(誤差)도 허용하지 않는다. 서남간은 목숨을 잃는 방위이다. 조씨가 잠을 자던 방은 서쪽이었다고 한다. 그곳은 육살(六殺)을 맞는 자리다. 육살을 맞는 방에서 잠을 잔 것이다. 서남간은 절명방이요, 1·6 수(水)는 북쪽이다. 자좌오향(子坐午向)으로 건물을 지었다. 누가 사망하느냐? 신자진(申子辰) 생(生)이 죽는다. 조씨가 무자생(戊子生)이다. 그리고 자사각(自四角)에 집을 지었을 것이다. 풍수 이기론(理氣論)에 정확히 맞는다.

98

변호사(辯護士) 집이 흉가(凶家)가 되었다

　우리 마을 사람이 영업용 택시를 사서 영업을 하였다. 한동네 사람이라 그 택시만 이용하였다. 하루는 서산에서 들어오는데 죽사(竹寺) 밑에 차를 세우고, 한 집을 지목하고 복가(福家)인지 흉가(凶家)인지 봐 달라는 것이었다.
　이 집을 보니까 본체에서 멀리 대문을 냈고, 마당이 지나치게 넓으면 칼에 찔려 죽는 집이라고 하니까, 집만 보고 어떻게 아느냐고 묻기에 집에 가상(家相)만 보면 흉가인지 복가인지 안다고 대답했다. 이 집은 변호사가 지어서 사는 집인데, 업무상 남의 변론을 하다가 원한(怨恨)이 생긴 것이 아닌가? 하는 의문이 들었다.
　나중에 이야기를 들어보니 사건이 일어난 날 밤에 변호사는 출장 중이었고, 부친이 잠을 자고 있었는데 괴한(怪漢)이 침입(侵入)하여 아버지를 변호사로 알고 칼로 시해(弑害)를 했다는 것이다. 또한 변호사는 출장을 갔다 오다가 교통사고로 사망했다. 그래서 어떤 사람이 시세보다 싸게 매입(買入)을 하여 자는데, 꿈에 시해사건이 재현이 되어 다시 다른 이에게 팔린 집이라고 하였다. 그 후 건축업자가 다시 사서 건물을 헐어버리고 다시 집을 지었다고 한다.

99

청와대(靑瓦臺) 자리

　　최초로 청와대 자리를 잡아준 사람은 지관이 아니었던 것 같다. 차라리 삼청공원(三淸公園) 안에 쑥 들어간 산 밑에 자리를 잡았으면 지금 자리보다 훨씬 좋았을 것이다.

　　청와대는 북악산(北嶽山) 산봉우리가 배를 내밀어 충(衝)을 맞고, 좌청룡(左靑龍) 우백호(右白虎)가 없는 곳이다. 부채를 펼쳐놓은 것 같이 벌리고 있으니 온갖 살풍(煞風)은 다 맞는 곳이다. 청룡백호가 없으면 울타리 담이라도 쌓았으면 하는 아쉬움이 남는다.

　　중명당(中明堂)에 해당하는 청와대 앞마당은 너무 넓어 밖인 외세(外勢)의 위협에서 자유로울 수 없는 곳이다. 마당은 본 건물의 1.5배 크기가 적당하며 울타리만 쌓았어도 육영수 여사는 돌아가시지 않았을 것이다. 건물의 거실은 남자(男子)이고, 마당은 여자(女子)이다. 마당이 지나치게 넓으면 쇠붙이로 죽는다고 양택(陽宅) 서적(書籍)에 기술되어 있다.

　　청와대가 앉을 만한 곳이 서울에 있다. 애당초 그 자리를 잡았다면 만년대길(萬年大吉)의 길지(吉地)이다. 그 자리는 청룡, 백호, 안산이 또렷하고, 그곳에 지으면 대한민국 대통령의 권위가 바로서고, 정국(政局)이 안정되고, 세계의 강국으로 발돋움할 것이다. 그리고 그 인근으로 국회의사당과 정부종합청사도 이전을 해야 한다. 국회의사당이 들어오면 여야(與野)의 당파(黨派)싸움도 잦아들고, 의원 역시 의정활동에 충실할 것이다. 종합청사가 들어오면 국무총리와 각부 장관들의 행정업무 추진능력이 제고(提高)되고 각 부서는 효율적으로 운용이 될 것이다.

세종시에 정부종합청사를 지은 것은 아주 잘못한 일이다. 그 곳은 수원(水源)이 약해 물이 부족하고 허허벌판으로 냉기(冷氣)가 흐르는 곳이다. 조치원이 우리나라에서 발전이 안 되는 곳 중에 하나다. 옛날 그대로이다. 그럴만한 이유가 있다. 세종 정부청사를 뱀이 기어가는 모양으로 지은 것도 국가의 공공기관의 건물로서는 기대할 것이 없다.

우주의 원리가 주역 8괘이다. 음양오행의 원리로 우주는 돌아간다. 사람도 음양오행의 원리로 만들어졌다. 그런데 이러한 우주의 원리를 무시하고 뱀이 기어가는 모양으로 건물을 지으면 특히 양택(陽宅)에서는 기두점(起頭點)을 찾을 수도 없고, 출입문(出入門)을 어느 방향으로 내야할지도 모호하다. 공공기관을 어린이 놀이기구 만들어 놓듯이 하였으니, 그 공간에서 업무를 보는 이들이 무슨 권위가 설 것이며, 어떻게 합리적(合理的)인 사고(思考)를 할 것이며, 업무의 효율화는 더더욱 기대할 수가 없다.

세종으로 종합청사를 이전하고 나서 나라에 빚이 2천조에 달한다고 한다. 역사가 교훈이 된다. 한강(漢江)을 배후로 삼았던 백제(百濟)가 4세기 근초고왕(近肖古王) 때 꽃을 피웠는데, 공주(公州), 부여(夫餘)로 천도(遷都)를 하고 역사의 뒤안길로 사라졌다. 공주 부여는 한 나라의 도읍지가 아니다. 한반도에서 도읍은 서울일 수밖에 없다. 서울은 북한강(北漢江)과 남한강(南漢江)이 남양주 양수리에서 합수(合水)되어 도성을 힘있게 감싸고 서북(西北)으로 빠지는 명당이다. 서울과 같은 도읍은 세계 그 어디에도 없다.

　세종의 정부종합청사는 하루빨리 다시 서울로 올라와야 한다. 그리고 도읍지 선정(選定)이나 국가기관의 이전(移轉)은 백년을 넘어 천년의 대계(大計)를 보고 선정을 해야지 어느 한 인물이 대통령이 되겠다고 공약(公約)을 앞세워 공표를 해서는 안 된다. 백성이 우선이고, 그 다음이 국가이다. 국가기관은 정부나 여야를 막론하고 바른 터에 자리를 잡아야 한다. 특히 대통령 집무실만큼은 명당에 자리해야 한다.

　세상사는 나름 원칙이 있다. 청와대가 원칙이 되는 자리에 못 앉아서 사건사고가 많았던 것이고, 그 곳에서 나라 일을 보았던 퇴임 대통령들의 말로가 지난(至難)하지 않았던가? 필자는 시골 자그만 절집에 있지만 좌견천리(坐見千里)를 한다. 거듭 말하지만 대통령 집무실만큼은 서울 성곽 안에 보전되어 있으니 그 곳으로 이전하기를 기원(祈願)해 본다.

100

복가(福家)와 흉가(凶家)

가옥(家屋)을 복가(福家)로 지으면 터주신이 들어오신다. 터주신은 조왕신(竈王神)과 8만 사천 신장을 거느리고 다니며 집을 지켜주고 도움을 준다. 우환이 없다. 양택이론은 중국 당(唐)나라 때 양균송(楊筠松)이 완성하였다.

헌원황제(軒轅黃帝)가 치우천왕(蚩尤天王)과 전쟁을 했는데, 안개를 만들어 연막작전을 썼던 치우(蚩尤)에게 계속 패(敗)하자 하늘의 신녀(神女)가 나침반(羅針盤)의 시원(始原)이 되는 12지지(地支)를 내려주어 방위(方位)를 분간할 수 있어서 탁록전투(涿鹿戰鬪)에서 승리를 했다고 한다. 그리고 나침반은 계속 발전되어 오다가 청(淸)나라 강희황제(康熙皇帝) 22년에 성윤도철이 제작되었다.

양택과 음택은 모두 주산(主山)이 있어야 한다. 배산임수(背山臨水)가 되어야 기댈 곳이 있음이요, 청룡(靑龍)과 백호(白虎)가 교쇄(交鎖)가 되어야 재물이 들어오면 나가지 않는다. 가옥 역시 담장으로 울타리를 둘러주어야 기운이 온전히 보존된다.

- 가옥(家屋)에서 앞쪽에 도로가 집을 향(向)하고 있으면 노충(路衝)이 되어 망(亡)한다.
- 골목 안 깊숙이 들어간 막다른 집은 흉가(凶家)이다.
- 이웃한 집에 추녀가 대청(大廳)을 찌르듯이 향하면 대주(大主)가 죽는다.
- 가옥의 모양을 다각형(多角形)으로 복잡하게 디자인하여 집을 짓는데, 그러면 우환(憂患)이 많다.
- 가옥은 동사택(東舍宅)으로 남향(南向)을 한 집이 제일 좋다. 원래 가옥은 지구(地球)가 둥글기 때문에 둥근 집이 좋으나, 그렇게 집을 지으면 출입문을 내기가 모호(模糊)한데, 둥근 원안에 직사각형으로 설계하여 음양오행(陰陽五行)을 적용하면 기두점(起頭點)을 세우기가 편해 충(衝)을 피할 수 있었다.

- 동사택(東舍宅)으로 집을 지었는데, 서사택(西舍宅) 방향으로 출입문(出入門)을 내면 안 된다. 자좌오향(子坐午向)은 좌(坐)가 북(北)이며 중남(☵)이고 수방위(水方位)이며 동사택인데, 동북간(東北間) 문(門)은 서사택 문(門)이 되어 소남(☶)자리이며 토방위(土方位)다. 토(土)는 인간(人間)의 장기오행(臟器五行)으로 비장(脾臟)과 위(胃)에 해당된다. 신자진생(申子辰生)이 사는 집으로 동북간으로 문을 내면 위암(胃癌)이나 비장(脾臟)에 병이 생겨 죽는다. 이 때는 손(☴)방으로 문(門)을 내면 건강(健康)과 생기(生氣)가 넘치는 집이 된다.

101

실화(實話)

　　서산 운산면 거성리에서 있었던 일이다. 노모(老母)와 장애가 있는 아들이 곤궁(困窮)하게 살고 있었다. 붙여먹을 전답이 없는 영세민이라 이장이 추천하여 이웃돕기 성금으로 20여 평되는 조립식 가옥을 지원받았다. 기초 콘크리트를 치고 나서 누이동생이 필자가 풍수를 하는 것을 알고 출입문(出入門)을 내달라기에 갔다.

　　자좌오향(子坐午向)으로 기초를 하였다. 문(門)을 서남방(西南方)인 절명방(絶命方)으로 낼 계획이라고 하기에 그러면 안 되고 동남방(東南方)을 내면 복가(福家)가 된다고 말하고 표시를 해주었다. 그런데 주인이 자기 고집대로 서남간(西南間)으로 문(門)을 냈다. 집을 짓고 봄에 아내는 한방병원에서 치료받다가 3층에서 창문열고 뛰어내려 자살을 하였고, 노모는 요양원에서 가을에 돌아가셨다. 한 해에 2명이 죽었다. 악상(惡喪)이 난 것이다. 고집을 부릴 때가 따로 있지 옛날부터 집짓고 3년 나기가 어렵다는 말이 있다. 절명방(絶命方)으로 문(門)을 내면 사망하는 이가 있다.

102

삼합오행(三合五行)

- 8천간(天干)(甲, 乙, 丙, 丁, 庚, 辛, 壬, 癸)과 4유(維)(乾, 坤, 艮, 巽) 그리고 12지지(地支)(子, 丑, 寅, 卯, 辰, 巳, 午, 未, 申, 酉, 戌, 亥)로써 24방위(方位)를 지정한 것으로 산맥의 유형을 음양정배합(陰陽正配合)으로 기술했다.
- 나침반(羅針盤)의 용법은 오기생성(五氣生成)의 이치이고, 음양조화(陰陽造化)를 축소한 사용범위는 무한한 것이며, 장법(葬法)인 산맥(山脈)의 음양배합(陰陽配合)으로 순리(順理)와 역리(逆理)의 지리법(地理法)을 밝혔다.
- 오행(五行)은 목(木), 화(火), 토(土), 금(金), 수(水)이다. 오행(五行)은 상생(相生)과 상극(相剋)이 있다. 상생은 목생화(木生火), 화생토(火生土), 토생금(土生金), 금생수(金生水), 수생목(水生木)이고, 상극은 목극토(木剋土), 토극수(土剋水), 수극화(水剋火), 화극금(火剋金), 금극목(金剋木)이다. 북(北)은 1·6수(水), 남(南)은 2·7화(火), 동(東)은 3·8목(木), 서(西)는 4·9금(金), 중앙(中央)은 5·10토(土)이다.
- 천간(天干) 삼합오행(三合五行)은 건갑정(乾甲丁) 노부(老父)(☰), 간병신(艮

丙辛) 소남(少男)(☰), 손경계(巽庚癸) 장녀(長女)(☰), 곤임을(坤壬乙) 노모(老母)(☷)이다.

- 지지(地支) 삼합오행(三合五行)은 해묘미(亥卯未) 장남(長男)(☳) 3·8목국(木局), 인오술(寅午戌) 중녀(中女)(☲) 2·7화국(火局), 사유축(巳酉丑) 소녀(少女)(☱) 4·9금국(金局), 신자진(申子辰) 중남(中男)(☵) 1·6수국(水局)이다.

- 상생(相生), 상극(相剋), 삼합오행(三合五行) 수리(數理)로써 남녀노소(男女老少)를 구분하고 모든 길흉화복(吉凶禍福)의 년수(年數)와 수(數)를 추산(推算)하여 풀이하는데 사용하고, 중앙(中央)의 5·10토(土)는 각(各) 방위(方位)에 해당되니 0수(數)를 가산(加算)하여 사용한다.

- 주역(周易)에 천지(天地)를 정음정양(淨陰淨陽)으로 구분(區分)하고, 하늘은 양(陽)이고, 땅은 음(陰)으로 24방위(方位)가 있다.

- 천간(天干)은 갑(甲), 을(乙), 병(丙), 정(丁), 무(戊), 기(己), 경(庚), 신(辛), 임(壬), 계(癸) 10개(個)이고, 지지(地支)는 자(子), 축(丑), 인(寅), 묘(卯), 진(辰), 사(巳), 오(午), 미(未), 신(申), 유(酉), 술(戌), 해(亥) 12개(個)이다.

- 여기에 오행(五行)을 배합(配合)하여 춘하추동(春夏秋冬)과 24절기(節氣)인 입춘(立春), 우수(雨水), 경칩(驚蟄), 춘분(春分), 청명(淸明), 곡우(穀雨), 입하(立夏), 소만(小滿), 망종(芒種), 하지(夏至), 소서(小暑), 대서(大暑), 입추(立秋), 처서(處暑), 백로(白露), 추분(秋分), 한로(寒露), 상강(霜降), 입동(立冬), 소설(小雪), 대설(大雪), 동지(冬至), 소한(小寒), 대한(大寒)이 있다.

- 24방위(方位)는 임자(壬子), 계축(癸丑), 간인(艮寅), 갑묘(甲卯), 을진(乙辰), 손사(巽巳), 병오(丙午), 정미(丁未), 곤신(坤申), 경유(庚酉), 신술(辛戌), 건해(乾亥)로 두 개씩 짝지은 것을 동궁(同宮)이라 한다.

- 건해임자계축(乾亥壬子癸丑)은 겨울, 간인갑묘을진(艮寅甲卯乙辰)은 봄, 손사병오정미(巽巳丙午丁未)는 여름, 곤신경유신술(坤申庚酉辛戌)은 가을이다. 임자(壬子)는 11월, 계축(癸丑)은 12월, 간인(艮寅)은 1월, 갑묘(甲卯)는 2월, 을진(乙辰)은 3월, 손사(巽巳)는 4월, 병오(丙午)는 5월, 정미(丁未)는 6월, 곤신(坤申)은 7월, 경유(庚酉)는 8월, 신술(辛戌)은 9월, 건해(乾亥)는 10월이다.
- 임자계인갑을진오곤신술건(壬子癸寅甲乙辰午坤申戌乾) 12방위(方位)는 양(陽)으로 해가 가장 쪼이는 곳이고, 축간묘손사병정미경유신해(丑艮卯巽巳丙丁未庚酉辛亥) 12방위(方位)는 음(陰)으로 그늘이 지는 곳이다.
- 정음정양(淨陰淨陽)으로 구분하면 임자계인갑을진오곤신술건(壬子癸寅甲乙辰午坤申戌乾) 12방위(方位)는 정양(淨陽)이고, 축간묘손사병정미경유신해(丑艮卯巽巳丙丁未庚酉辛亥) 12방위(方位)는 정음(淨陰)이다.
- 삼합(三合)은 해묘미(亥卯未) 3·8 목(木)이고, 인오술(寅午戌) 2·7 화(火)이고, 사유축(巳酉丑) 4·9 금(金)이고, 신자진(申子辰) 1·6 수(水)이다.
- 상충(相沖)은 자오충(子午沖), 축미충(丑未沖), 인신충(寅申沖), 묘유충(卯酉沖), 진술충(辰戌沖), 사해충(巳亥沖)이다.
- 인신사해(寅申巳亥)는 계절(季節)이 시작하는 생지(生支)이고, 자오묘유(子午卯酉)는 각(各) 계절(季節)의 절정(絶頂)인 왕(旺支)이고, 진술축미(辰戌丑未)는 전(前) 계절(季節)을 거두고 새로운 계절(季節)을 열어주는 고지(庫支)이다.
- 양택(陽宅)은 패철(佩鐵) 육장도에서 동사택(東舍宅)과 서사택(西舍宅)으로 나눈다.
- 동사택(東舍宅)은 감괘(坎卦)(☵) 임자계, 진괘(震卦)(☳) 갑묘을, 손괘(巽

괘)(☲) 진손사, 이괘(離卦)(☲) 병오정 방위(方位)이고, 서사택(西舍宅)은 곤괘(坤卦)(☷) 미곤신, 태괘(兌卦)(☱) 경유신, 건괘(乾卦)(☰) 술건해, 간괘(艮卦)(☶) 축간인 방위(方位)이다.

- 8괘(卦)는 건괘(乾卦)(☰), 태괘(兌卦)(☱), 이괘(離卦)(☲), 진괘(震卦)(☳), 손괘(巽卦)(☴), 감괘(坎卦)(☵), 간괘(艮卦)(☶), 곤괘(坤卦)(☷) 8방위(方位)이다.
- 건괘(乾卦)(☰) 술건해는 할아버지 방위(方位)인데, 조부(祖父)가 사망(死亡)하면 아버지 방위(方位)이다.
- 곤괘(坤卦)(☷) 미곤신은 할머니 방위(方位)인데, 조모(祖母)가 사망(死亡)하면 어머니 방위(方位)이다.
- 진괘(震卦)(☳) 갑묘을은 아버지 방위(方位)인데, 아버지가 유고시(有故時)는 장남(長男)으로 본다.
- 손괘(巽卦)(☴) 진손사는 어머니 방위(方位)인데, 어머니 유고시(有故時)는 장녀(長女)로 본다.
- 감괘(坎卦)(☵) 임자계는 중남(中男)이다.
- 이괘(離卦)(☲) 병오정은 중녀(中女)이다.
- 간괘(艮卦)(☶) 축간인은 막내아들로 본다.
- 태괘(兌卦)(☱) 경유신은 막내 딸로 본다.
- 동사택(東舍宅)은 양(陽)이라 발복(發福)이 크고, 서사택(西舍宅)은 음(陰)이라 발복(發福)이 작다.
- 출입문(出入門)이 양방(陽方)에 있으면 귀한 자식을 낳는다.
- 문(門)을 복가(福家)로 내면 태어나는 자손(子孫)이 사주팔자(四柱八字)를 잘 타고 나온다.

- 지금은 산부인과에서 출산(出産)을 하니 복가(福家)로 지은 병원을 찾아라.
- 살풍(煞風)이 들어오는 방위로 문(門)을 내면 망(亡)한다.
- 대문(大門)은 기두점(起頭點)을 중심으로 음양(陰陽)과 오행(五行)에 맞게 내야한다.
- 가옥은 배산임수(背山臨水)에 살풍(煞風)을 피(避)해야 한다.
- 주산(主山)이 어병사(御屛砂)이고 청룡백호(靑龍白虎)가 교쇄(交鎖)된 곳이 명당(明堂)이다. 재물(財物)이 들어와 쌓인다.
- 강(强)한 바람이 닿지 않는 곳, 직선(直線)으로 보이는 개천은 피(避)하라. 거수(據水)가 되고 수맥(水脈)이 없는 곳이 좋다.
- 빌딩이나 아파트 동(洞)과 동 사이는 살풍(煞風)이 지나가는 곳이니 피해야 한다.
- 사찰(寺刹)도 주변이 소음, 진동, 악취, 탁(濁)한 기운이 있는 자리는 피해야 한다.
- 집터는 생기(生氣)가 있는 자리에 집을 지으면 건강하고 정신이 맑아진다. 그런 곳에서 자식을 낳으면 인재(人材)가 나온다.
- 가옥 바로 옆에 지하수(地下水)를 개발하면 사는 사람이 병들고 망한다.
- 가옥을 중심으로 빙 둘러서 울타리를 심지마라. 크게 자라는 나무나 등나무, 백일홍은 심지마라.
- 도로가 집 앞으로 치고 들어오는 곳에 집을 짓지 마라.
- 집 주위 건물의 장추녀나 용마루가 거실을 찌르듯 하면 가주(家主)가 사망한다.

- 가옥의 밑으로 지하실이나 주차공간을 만들지 마라.
- 방(房)에 잇대어 화장실(化粧室)을 만들지 마라.

103

음택(陰宅)에서 꼭 지킬 것

- 사강기(四强氣)인 을신정계(乙辛丁癸) 좌(坐)에 사정맥(四正脈)인 자오묘유(子午卯酉) 파구(破口)면 손재(損財)난다.
- 사순기(四順氣)인 갑경병임(甲庚丙壬) 좌(坐)에 사포맥(四胞脈)인 인신사해(寅申巳亥) 파구(破口)면 자손이 요수(夭壽)한다.
- 사유기(四維氣)인 건곤간손(乾坤艮巽) 좌(坐)에 사장맥(四藏脈)인 진술축미(辰戌丑未) 파구(破口)면 자손에게 백병(百病)이 난다.
- 축맥(丑脈)에 간기(艮氣)를 범(犯)하면 자손에 백병(百病)이 생긴다.
- 신맥(申脈)에 간기(艮氣)를 범(犯)하면 자손이 단명(短命)한다.
- 자맥(子脈)에 계기(癸氣)를 범하면 자손이 가난(家難)을 면치 못한다.
- 묘맥(卯脈)에 을기(乙氣)를 범하면 불배합(不配合)이라 자손이 번창(繁昌)하지 못한다.
- 술살(戌煞)이 전체를 범하면 술건해(戌乾亥)로 불배합(不配合)으로 과부(寡婦)와 홀아비가 난다.

- 임자(壬子) 정배합(正配合)에 계살(癸煞)을 만나면 자손에게 관재구설(官災口舌)이 생긴다.
- 분금재혈(分金裁穴)을 할 때는 입수정기(入首正氣) 초발지처(初發之處)에서 관(棺)을 닫도록 해라.
- 백호작국(白虎作局)이면 혈(穴)은 좌측(左側)에 있다. 청룡작국(靑龍作局)이면 혈(穴)은 우측(右側)에 있다.
- 유혈(乳穴)에 선익(蟬翼)이 없으면 허화(虛花)다.
- 돌혈(突穴)에 병풍(屛風)처럼 안아주는 산세(山勢)가 없으면 허화다.
- 와혈(窩穴)에는 공과 같은 귀성(鬼星)과 지붕 처마 같은 선익(蟬翼)이 없으면 허화다.
- 겸혈(鉗穴)에는 선익(蟬翼)에 쇠뿔 모양의 지각(枝脚)이 있어야 한다.
- 안산(案山)에 금상자, 옥도장, 일자문성(一字文星)이 있으면, 벌들의 모임과 개미떼와 같아 금(金)과 옥(玉)이 모인다.
- 안산(案山)에 산사태 붕괴(崩壞)가 있거나 석산개발을 하면 살기(殺氣)를 품어 위험이 따른다.
- 산세(山勢)가 험(險)해도 그 속에는 길(吉)한 혈(穴)이 있다.
- 입수(入首)는 정돌취기(正突聚氣)하고 선익(蟬翼)이 있어 양명(陽明)하고 윤택(潤澤)해야 한다.
- 정기(精氣)가 입수(入首)에 응결(凝結)되었는지 세심히 살펴라.
- 명당(明堂) 길지(吉地)에 조상을 모시면, 산속에서 소리치면 메아리가 오듯이 속발한다.
- 백호(白虎) 바깥에 7개의 봉우리가 있으면 문무(文武)과 급제자(及第者)가 그치지 않는다.

- 청룡사(靑龍砂) 밖에 허리가 끊어지면 남자(男子)가 목이 잘리는 형벌을 받는다.
- 혈전(穴前) 물이 양수양파(兩水兩破)이면 골육상쟁(骨肉相爭)이고, 황토(黃土)물이면 음란(淫亂)한 일이 생긴다.
- 혈맥(穴脈)이 우선맥(右旋脈)이면 혈은 좌(左)에 있고, 좌선맥(左旋脈)이면 혈(穴)은 우(右)에 있다.
- 당판(堂板)이 귀혈(貴穴)이고, 안산(案山)에 쌍태봉(雙胎峰)이 있으면 쌍둥이를 출산하고 모두 급제(及第)한다.
- 안산(案山)이 사람 인(人)자 모양의 물이 벌려오면 오역죄(五逆罪)를 범한다.
- 안산에 산봉우리가 백개천개(百個千個)보이면 대대(代代)로 삼공(三公)이 난다.
- 안산에 독봉산(獨峰山)이 있거나 결항사(結項砂)가 있으면 목매달고 죽는다.
- 안산에 깃발과 북 같은 사격(砂格)이 있으면, 명장(名將) 자손(子孫)이 난다.
- 안산에 뾰족이 충(衝)하는 암석(巖石)이 있으면 자손(子孫)이 상(傷)한다.
- 안산 밖에 3봉(峰)이 있으면 삼대(三代)가 높은 벼슬을 한다.
- 당판(堂板) 주위에 여러 산들이 호위(護衛)하며 감싸주면 길지(吉地)다.
- 산은 굴곡(屈曲)이나 기복(起伏)이 있어야 혈(穴)이 형성된다.
- 혈(穴) 앞에 깊은 물이 있으면 유속(流速)이 느려야 한다.
- 물은 재물(財物)이기 때문에 맑고, 잔잔하고, 거울같이 깨끗해야 부자가 난다.

- 생기(生氣)가 와서 쌓이고 모아지는 곳에 조상을 모심은 부귀(富貴)의 예약이다.
- 사태(四胎)인 건곤간손(乾坤艮巽)과 사포(四胞)인 인신사해(寅申巳亥)가 정배합(正配合)되면 다자손(多子孫)하고 영달한다.
- 사정(四正)인 자오묘유(子午卯酉)에 사순(四順)인 갑경병임(甲庚丙壬)은 정배합(正配合)이 되어 귀기(貴氣)가 응결(凝結)하여 인물(人物)이 난다.
- 사장(四藏)인 진술축미(辰戌丑未)에 사강(四强)인 을신정계(乙辛丁癸)가 정배합(正配合)되어야 부자가 난다.
- 사장(四藏)인 진술축미(辰戌丑未) 입수(入首)에 사포(四胞)인 인신사해(寅申巳亥)는 백자천손(百子千孫)에 충신효자(忠臣孝子)가 난다.
- 내룡(來龍)이 속기(束氣), 기복(起伏), 굴곡(屈曲)되어 내려오면 가장 강(强)한 혈(穴)이다.
- 혈장(穴場)이 길면 혈(穴)에 정기(精氣)가 설기(泄氣)되는 곳이다.
- 정기(精氣)가 모이면 뇌두(腦頭)가 되고, 뇌두(腦頭)가 없는 곳은 찾지 마라.
- 명당(明堂)은 발복(發福)이고, 망지(亡地)는 바로 망(亡)한다.
- 발복(發福)은 안산(案山)에 있으니 안산이 좋아야 한다.
- 백호작국(白虎作局)이 좌선(左旋)되었으면 혈(穴)은 좌측(左側)에 있고, 청룡작국(靑龍作局)이 우선(右旋)되었으면 혈(穴)은 우측(右側)에 있다.
- 파구처(破口處)에 비록 천개(千個)의 화표(華表)가 있더라도 혈(穴)에서 보이지 않아야 한다.
- 물이 전혀 없는 곳에서 혈(穴)의 아름다움을 자랑하지 마라.
- 당판(堂板) 앞에 물이 많이 모이면 재물(財物)이다.

- 뇌두(腦頭)에 꼭지가 여문지 보아라.
- 산을 많이 다녀야 혈(穴)을 찾는다. 많은 경험 속에서 기묘(奇妙)한 서기(瑞氣)와 정기(精氣)를 본다.
- 청룡백호(靑龍白虎)가 높으면 혈(穴)도 높이 맺는다.
- 지세(地勢)가 동쪽을 향(向)하면 진산오행(鎭山五行)이 목(木)이다.
- 지세(地勢)가 서쪽을 향하면 태산(太山)이 되니 오행(五行)이 금(金)이다.
- 물이 멈추는 곳에 진산(鎭山)을 얻으면 목(木)이 상생(相生)하고, 물이 멈추는 곳에 태산(太山)을 얻으면 금기(金氣)가 모인다.
- 장사(葬事)를 지낼 때는 지맥(地脈)이 처음으로 일어나는 곳을 찾아라. 그리고 멈추는 곳에 생기(生氣)를 타야한다.
- 혈혈단신(孑孑單身) 산봉우리는 기(氣)가 흩어지고, 산(山)이 감싸 돌아준 곳에 기가 모인다.
- 건조(乾燥)하고 메마른 땅에는 시신(屍身)을 얕게 묻어라.
- 가슴같이 돌출(突出)된 용맥(龍脈)에는 얕게 매장(埋葬)하며, 유혈(乳穴)에는 기(氣)가 얕게 흐른다. 깊게 파면 혈(穴)이 깨진다. 천수(天水)만 받는다.
- 진술축미(辰戌丑未)는 모두 토(土)다. 사계절(四季節)에 나뉘어 왕성(旺盛)하고, 오기(五氣)는 모두 땅속으로 흐르고 있다. 오행(五行)에 생기(生氣)는 스스로 생성(生成) 성장(成長)할 수 있으니, 흙의 기(氣)는 몸통으로 한다. 기는 돌을 타고 다니지만, 흙이 있는 곳을 따라가고 흙이 머무는 곳에 기도 멈춘다. 기가 멈추는 곳에 물도 있다. 기는 음양(陰陽)의 조화(造化)로 기가 뭉치는 것이다.
- 사포(四胞)인 인신사해(寅申巳亥) 입수(入首)에 사정(四正)인 자오묘유(子

午卯酉)는 충신효자(忠臣孝子)가 연(連)이어 배출된다.
- 강부지룡(强富之龍)이란 첩첩산중(疊疊山中)을 말한다.
- 중강첨부(重强添附)는 첩첩(疊疊)이 같은 산(山)에 있는데, 특이한 곳을 택하여야 한다. 엎드려 죽은 시체(屍體)와 같아야 한다. 그러한 산(山)을 찾아라.
- 용(龍)이 내려가면 지(地)이고, 지(地)가 내려가면 강(岡)이요, 강(岡)이 내려가면 부(富)이다.
- 여러 개의 산이 모두 크면 당연히 작은 산을 취(取)함이 특이(特異)함이다.
- 여러 개의 산이 작으면 큰 산을 찾아라.
- 형상이 여러 개 있어서 세(勢)가 복잡하고, 주인 현무(玄武)가 주작(朱雀)과 동등(同等)하면 장사(葬事)지내지 마라. 산잡(散雜)하면 장사(葬事)지내지마라.
- 큰 산의 용(龍)은 멀리서 와서 높이 치솟아 활동하지 않고, 안정을 이루면 정룡(正龍)이다.
- 지상(地上)에 높이 치솟아 안연부동(安連不動)하여 모가 지면 청룡(靑龍)이다.
- 지(地)와 용(龍) 앞에는 명당(明堂)이 손바닥처럼 평평(平平)하여야 한다.
- 평양룡(平壤龍)인 지룡(支龍)과 산룡(山龍)인 농룡(壟龍)은 진행(進行)하다가 머물러야 결혈(結穴)이다.
- 지룡(支龍)과 농룡(壟龍)이 멈춘 땅은 손바닥처럼 평평(平平)해야 한다.
- 크고 넓은 평지(平地)에 좌청룡(左靑龍) 우백호(右白虎)가 없어도 물길이 나 연못, 호수가 안아주면 가히 혈(穴)을 맺을 수 있다.

- 연못이나 호수(湖水)로 명당(明堂)을 삼으면 물은 세차게 흘러가지 말아야 복(福)을 누린다.
- 보국(保國)이 단단하고 혈지(穴地)가 높으면 뚫리고 베이고 쏘이지 않는다.
- 금성화표(金星華表)가 수요(水曜)만 못하고, 물이 둘러 감싸준 것이 물이 모인 것만 못하다.
- 물이 모이면 명당(明堂)을 하수(下水)로 역(逆)하여 거둬주고, 명당이 역하면 재물(財物)을 부른다.
- 물길이 혈(穴) 앞을 휘감아 돌면 기(氣)가 보존되고, 기가 완전(完全)하므로 발복(發福)이 장구(長久)하다.
- 혈(穴)이 높은데 있으면 충사(衝砂)는 논할 필요가 없고, 물이 광활(廣闊)하면 어찌 살(煞)이 될 것인가?
- 맥(脈)이 큰 곳은 어찌 베일 것을 염려할 것이며, 수구(水口)가 잘 교쇄(鎖)되면 임의로 경사된 것을 끌어당기고 굴곡(屈曲)은 돌릴 염려가 없고, 혈(穴)이 높고 커서 우러러 보이면 등천(登天)함이다.
- 지룡(支龍)이 박힌 돌을 얻으면 혈(穴)을 이루고, 농룡(壟龍)이 평지(平地)를 만나면 결혈(結穴)한다.
- 지룡(支龍)이 단단하면 귀(貴)한 혈(穴)이고 그렇지 못하면 천혈(賤穴)이다.
- 용(龍)은 물을 따르고, 기(氣)는 물을 따라 멈춘다.
- 조산(朝山)이 명당(明堂)에 모이면 중남(中男)이 발복(發福)한다.
- 산룡(山龍)인 농룡(壟龍)이 묶이면 결혈(結穴)하고, 묶이지 않으면 결혈(結穴)하지 못한다.
- 현무(玄武)에서 입수(入首)로 기(氣)를 보내면 좌의정(左議政), 우의정(右議

政) 같은 영화를 누린다.
- 물이 직수(直水)로 교쇄(交鎖)하면 혈(穴) 앞뒤를 불문(不問)하고 아름답다.
- 용(龍)이 물을 따르고, 물이 용(龍)을 따르면, 돌아보아 사랑하니 참된 혈(穴)이다.
- 물이 많으면 기(氣)가 길(吉)하고, 물에는 팔살(八煞)이 있으니 유의해야 한다.
- 혈(穴)의 크고 작음은 용(龍)이 생긴 조종산(祖宗山)을 관찰하고, 혈(穴)이 귀(貴)하고 천(賤)함은 혈판(穴板)에 달렸다.
- 용(龍)이 한번 일어나고 한번 엎드리고 하면 마디마디 재혈(裁穴)이 가능하다.
- 용(龍)이 덩어리가 없고 단단하지 못하면 혈(穴)을 맺지 못한다.
- 세(勢)가 멈추고, 형(形)이 우뚝하고 앞에 물이 흐르고 뒤에 산(山)이 받쳐주면 지위(地位)가 왕이나 제후(諸侯)이다.
- 형(形)이 멈추고, 세(勢)가 추악(醜惡)할 지라도, 앞에 안산(案山)들이 돌아서 감싸주면 재물과 곡식이 보물을 구하리라.
- 세(勢)가 멈추고 용(龍)이 머물고 형(形)이 우뚝 솟으면 기(氣)가 성(成)함이다.
- 앞에 물을 만나 멈추고, 뒤에 용(龍)이 연접(連接)한 이런 땅이면 가히 귀(貴)하리라.
- 안산(案山)이 돌아서 감싸주어 손님과 주인(主人)이 너무 가까우면 큰 부자(富者)는 되나 귀(貴)하지는 못하다. 인물은 없다.
- 산에서는 교쇄(交鎖)함이 제일(第一)이요, 평지에서는 물로써 주(主)를 삼는다.

- 산의 기(氣)는 아들과 같고, 물은 어머니와 같으니 어머니가 가면 아들도 따른다. 아들이 머무르면 어머니도 머문다. 진행하면 호위하고 머무르면 감싸준다. 많이 감싸주면 아들도 귀(貴)하고 조금 감싸주면 아들은 천(賤)하다.
- 산이 따르고, 물이 곁에 있으면서 멀리서 오는 산맥(山脈)의 흐름이 잡아당기고 붙으면 혈(穴)이 고개를 돌린다. 그래서 회룡고조(回龍顧祖)가 된다. 충신유공(忠臣有功)이 난다.
- 천기(天氣)가 내려오고 모든 하천(河川)이 한 곳으로 모여 돌아오는 곳에 참된 용(龍)이고, 용(龍)이 머무니 누가 깊고 미묘(微妙)함을 변별하리요. 강(江) 부근에서 바닷물을 영접하는 땅이다.

104

현무(玄武)에 대하여

- 주산봉(主山峰)이 아름답고 둥글면 복록(福祿)이 오고 장수(長壽)한다.
- 태을봉(太乙峰)이 높이 솟아 바라보면, 혈(穴)은 높은 지위에 올라 명성(名聲)이 나고 귀(貴)한 인물(人物)이 나온다.
- 둥근 주산봉(主山峰)이 높고 높으면 무병장수(無病長壽)하고 부귀(富貴)한다.
- 묘지(墓地) 뒤가 허(虛)하여 호수(湖水)가 넘겨다보이면 악질(惡疾) 간질병(癎疾病)에 걸린다.
- 주산(主山)에 칼 같은 돌이 있으면 목을 잘리는 자손(子孫)이 나온다.
- 주산봉(主山峰)이 북과 같은 암석(巖石)이면 대대(代代)로 국왕(國王)이 태어난다.

105

래용맥(來龍脈)에 대하여

- 래용맥(來龍脈)은 머리를 들은 듯, 숨은 듯 하는 곳을 찾아라. 평야지대(平野地帶)에 있다.
- 용(龍)이 끊어질듯 하면서 다시 이어지고, 다시 가는 듯 하고, 머무는 듯 하는 자리는 천금(千金)을 주고도 사기 어려운 곳이다.
- 혈(穴)은 연(蓮)뿌리 끊으면 그 속에 구슬이 꿰매진 듯 진액(津液)이 떨어지고, 빈 곳을 막아주고 터진 곳을 채워주고, 하늘이 만들어 놓은 땅이 펼쳐놓으니 하늘이 감추어 놓은 혈(穴)은 3대(代)를 적선(積善)한 덕(德)이 있는 사람에게 돌아가고, 덕이 없는 사람은 바라지도 말아야 하는 혈이다.
- 사람이 귀(貴)하고 천(賤)한 것은 조상(祖上) 유골(遺骨)이 명당(明堂)에 있느냐?, 망지(亡地)에 있느냐로 가려진 것이다.
- 귀(貴)한 명당(明堂)은 적고, 부유(富裕)한 땅은 많이 있다.
- 귀(貴)하고 귀한 땅은 만나기 어려우니 선심적덕(善心積德)을 쌓아야 그러한 귀한 자리를 만나게 되리라.

- 여러 사람들이 좋아하지 않는 터가 대귀(大貴)한 땅이 된다는 말이다. 이처럼 기이(奇異)한 땅은 천금(千金)을 주고도 구(求)하기 어려우니 개안(開眼)이 되어야 본다.

106

용(龍)이 묘지(墓地)의 근본(根本)이다

- 험(險)한 용이나 경사(傾斜)가 급(急)한 곳은 도적(盜賊)을 만나 패가망신(敗家亡身)한다.
- 내룡(來龍) 정상(頂上)에 웅덩이가 있거나, 샘물이 나오면 장자(長子)가 중풍(中風)을 맞는다. 정상은 장자(長子)이다.
- 혈(穴) 머리에서 물이 나오는 곳은 과부(寡婦)가 난다.
- 혈(穴) 앞이 급경사(急傾斜)이거나, 혈 뒤가 끊어진 맥(脈)은 결항사(結項砂)라 자손(子孫)이 목매달아 죽는다.
- 용(龍) 위에 험(險)한 바위가 있으면, 장자(長子)에게 해(害)가 있고, 전순(氈脣) 끝에 험한 바위가 있으면 교통사고가 두렵고, 내룡(來龍)에 험한 돌들이 산란(散亂)하면 가세(家勢)가 빈한(貧寒)하다.
- 삼강(三綱)의 기(氣)가 온전하면 팔방(八方)에서 세(勢)가 모이고, 앞산이 가려주고 뒷산이 감싸주면 상(想)스러운 일들이 모두 다 이루어지느니라.
- 흙이 귀(貴)하려면 지맥(地脈)이 있어야 하고, 혈(穴)을 취(取)하려면 안

정되고 멈추어야 하고, 물을 취(取)하려면 띠를 두른 듯해야 하고, 용맥(龍脈)이 벗어나지 않아야 한다.

- 앞을 가려주고 뒤를 감싸주는 곳은 주인(主人)이 있다는 뜻이고, 혈(穴)이 맺혔다는 뜻이다.
- 당판(堂板)에 앞이 허(虛)하고 돌이 난잡(亂雜)하면, 지네와 쥐 같은 염(廉)이 관(棺) 속에 가득하다.
- 당판(堂板)에 넓은 암석(巖石)이 있으면 박수무당의 가문(家門)이 된다.
- 혈전(穴前)에 괴이(怪異)한 암석(巖石)이 있으면 삭발한 스님이 나온다.
- 안산(案山) 꼬리 근처에 암석이 충(衝)하면 자손(子孫)이 상처(喪妻)한다.
- 입수용맥(入首龍脈)이 험(險)한 돌로 되었다면, 자손(子孫)이 심장병(心臟病), 위장병(胃腸病) 통증(痛症)에 견디기 어렵다.
- 당처(當處) 양방(兩方)이 음침(陰沈)한 암석(巖石)으로 되어 있으면, 광중(壙中)에 거미가 가득하고 파충류(爬蟲類)도 있다.
- 음습(陰濕)한 산이고 죽은 흙에 묘(墓)를 쓰면 수렴(水廉), 모렴(毛廉), 목렴(木廉)이 든다.
- 당판(堂板) 혈전(穴前) 앞에 뾰족한 암석(巖石)이 서 있으면서 충(衝)하면 살인(殺人)하는 자손(子孫)이 나온다.
- 당판(堂板) 묘(墓) 봉분(封墳) 양(兩) 옆에 바위가 있으면 장님이 나오고, 협곡살풍(峽谷煞風)과 삼곡풍(三谷風)에 노출(露出)되면 벙어리 자손이 나온다.
- 당판(堂板) 주위에 험(險)한 돌들이 많으면, 흉(凶)하고 패(敗)하는 일들이 많고, 귀(貴)한 돌이 입수(入首)에 있으면 장자(長子)가 권력(勸力)을 잡는다.

- 당판(堂板) 혈(穴) 아래에 넓은 암석(巖石)이 있으면 무과(武科)에 등과(登科)하고, 좌우(左右)에 귀(貴)한 암석(巖石)이 있으면 장군(將軍)이 난다.
- 양쪽 파구처(破口處)에 두 개의 개(犬)모양의 암석이 있으면 혼인(婚姻)하는 날 밤 신혼여행지서 이별(離別)하고 골육상쟁(骨肉相爭)이 난다.
- 검은 돌이 쌓인 것이 많이 보이면, 관(棺)속에 거미나 개미가 가득 들어 있다.
- 파구처(破口處)에 귀(貴)한 암석(巖石)이 있으면 높은 벼슬에 연(連)이어 오르고, 재물(財物)도 축재(蓄財)한다.
- 장군(將軍)바위 같은 암석이 전순(氈脣) 옆에 특이(特異)하게 서 있으면 무과(武科)에 급제(及第)하고 장군(將軍)이 나온다.
- 눈썹 같은 산(山)이나 검은 돌이 많이 있는 곳에 장사(葬事)지내면 백일(百日) 내에 파산(破産)한다.
- 간룡(幹龍)과 지룡(枝龍)을 구분하자면 바른 것이 간룡(幹龍)이고, 붙어 나간 것이 지룡(枝龍)이다.
- 간룡(幹龍)에 혈(穴)이 생기면 큰 혈로 부귀(富貴)와 발복(發福)이 오래 간다.
- 지룡(支龍)에 혈이 생기면 작은 혈로 부귀와 발복이 짧다.
- 용호(龍虎)가 높고 험한 암석(巖石)이 있으면 음주(飮酒)로 망(亡)하고 객사(客死)한다.
- 청룡(靑龍) 백호(白虎)가 톱날과 같은 형상(形狀)이면 장님이 난다.
- 용호(龍虎)가 험하고 골짜기가 길면 상(喪)을 당하는 자손(子孫)이 나온다.
- 삼곡풍(三谷風)을 맞고 계곡이 길면 벙어리가 유전(遺傳)된다.

- 당판(堂板) 위 용호(龍虎)의 어깨가 톱날 같으면 자손이 칼로 인하여 죽는다.
- 용호(龍虎) 끝이 배신하여 돌아가면 자손이 옥(獄)에 갇혀 죽는다.
- 용호(龍虎)에 있는 암석에 푸른 이끼가 끼면 문둥병이 대대로 나온다.
- 용호(龍虎) 허리에 이빨 같은 돌이 있으면 소년(少年)이 이가 빠진다.
- 내룡(來龍)에 뾰족한 바위가 있고, 안산(案山)이 현군사(懸裙砂)면 눈이 썩어 들어가는 자손이 있다.
- 우측(右側)이 낮으면 홀아비가 많고, 좌측(左側)이 낮으면 과부(寡婦)가 많고, 동쪽이 높고 서쪽이 낮으면 노인(老人)이 없는 집안이 된다.
- 용호(龍虎)가 공허(空虛)하면 충렴(蟲廉)이 든다.
- 혈판이 보잘 것 없으면 목렴(木廉)이 든다.
- 풍살(風煞)을 맞으면 광중(壙中)에 유골(遺骨)이 검다.
- 용호(龍虎)가 여러 번 겹쳐서 배반(背叛)하면 횡사(橫死)와 옥형(獄刑)이 두렵다.
- 청룡(靑龍) 허리에 사태(沙汰)가 나면 직손(直孫)이 다리가 잘려 절뚝거린다.
- 청룡(靑龍)이 배반(背叛)하고 파구(破口)가 두 곳이면 객지(客地)에서 이별(離別)한다.
- 백호(白虎)가 배반(背叛)하면 딸이 속 썩이고 도망(逃亡)간다.
- 백호(白虎)에 물이 충(衝)하고 비치면 복통(腹痛)에 시달리는 자손이 나온다.
- 길고 긴 용(龍)은 한 개의 덩어리만 못하고, 높은 산은 평지(平地)만 못하다.

- 음(陰)은 양(陽)을 보아야 시행(施行)하고, 양(陽)은 음(陰)을 얻어야 발육(發育)한다.
- 은은(隱隱)한 기맥(氣脈)이 기이(奇異)한 자취로 끊어질 듯하면서 끊어지지 않고 이어져 있으면 부부(夫婦)가 헤어질 듯하면서도 다시 합친다.
- 낮은 들은 당(堂)을 이루고, 높은 들은 사(砂)를 이룬다.
- 사면(四面)이 높은 산으로 막혀있고, 한복판에 묘(墓)를 쓰면 천옥(天獄)이라 옥살이 한다.
- 대지(大地)냐? 소지(小地)냐? 는 조종산(祖宗山)의 역량(力量)에 달렸고, 귀(貴)하냐? 천(賤)하냐? 는 혈(穴)의 본신(本身) 응결(凝結)에 달렸다.
- 맑고 청수(淸秀)한 것은 귀(貴)를 주장하고, 완만(緩慢)하고 후부(厚附)한 것은 부(富)를 주장한다.
- 평지룡(平地龍)은 기(氣)를 얻는 것이 참되고, 혈(穴)은 반드시 물이 감싸주어야 한다.

107

당판(堂板) 혈(穴)자리

- 혈(穴)이 기룡(騎龍)으로 설기(洩氣)되면 자손(子孫)이 빈곤(貧困)함을 면치 못한다.
- 기룡(騎龍)으로 되어 있으면 운(運)이 반짝하고, 기(氣)가 다 빠져나가서 빈혈(貧穴)이다.
- 혈(穴)이 단단하고 작국(作局)이 양명(陽明)하면 부귀한 기운이 오래간다. 운이 올 때는 태풍 불 때 바다의 파도와 같다.
- 명당(明堂)의 암석에서 샘물이 나오면 부귀(富貴)가 아주 크고, 혈(穴) 뒤의 암석에서 샘물이 나오면 쌍둥이를 출산한다. 명당은 50m 전방에서 물이 난다.
- 용솟음치는 샘물이 나는 자리에 집을 지으면 남자가 죽고, 좌우(左右)에 연못이 있으면 자손(子孫)이 없고, 마당에 연못이 있으면 아이들이 물에 빠져 죽는다.
- 혈 앞에 연못물이 황색(黃色)이면 자손(子孫)에게 내장병(內臟病)이 생긴다. 혈 앞 가까운 연못은 좋지 않다.

- 혈 앞이나 혈 뒤에 흰 차돌이 있으면 과부(寡婦)가 난다.
- 혈 앞으로 물이 곧게 나가면 모든 재산(財産)이 하루아침에 없어지고, 파구(破口)가 자오묘유(子午卯酉)에 닿으면 자식(子息)이 죽는다.
- 혈장(穴場) 앞이 무너지거나 파여진 곳이 있으면, 후손(後孫)의 입술이 일그러지고 치아(齒牙)가 드러나 보인다.
- 광중(壙中)에 빙 둘러 돌이 박혀있으면, 해목혈(蟹目穴)로 당대 발복(發福)이 온다.
- 당판(堂板)이 삼곡풍(三谷風)을 맞으면 유골(遺骨)이 검게 타고, 물이 충(衝)하면 유골(遺骨)이 소골(消骨)되어, 그 후손(後孫)은 벙어리 자식이 나오고, 재물(財物)도 날아간다.

108

당판(堂板)은 반드시 맥(脈)이 있어야 한다

- 맥(脈)이 있어야 혈(穴)이 보존(保存)된다. 체(體)는 스스로 활동하고 기(氣)가 발생하여 체가 보존된다. 스스로 살아있는 혈(穴)이다.
- 맥(脈)이 맑은 기(氣)를 받으면 참되게 살아 있고, 흙이 두툼하면 맥이 숨어 있고, 그래서 혈(穴)을 정하는데 윤곽(輪廓)으로 경계를 지어야 한다.
- 혈처(穴處)에 와서 상하좌우(上下左右)에 기(氣)가 있는지? 박환(剝換)된 입수(入首)가 있는지를 살펴 생기(生氣)가 있는 곳을 찾아야 맥(脈)이 있는 것이다.
- 가늘고 희미하게 활동하고 연약(軟弱)하게 보이는 것이 맥(脈)이고, 전순(氈脣)이 살찌고, 당판(堂板)에 서기(瑞氣)가 서린 것을 찾으면 그것이 혈(穴)이다.

109

승금혈(昇金穴)

- 승금혈(昇金穴)은 정돌취기(正突聚氣)하고 수려(秀麗)하면 정승자손(政丞子孫)이 나온다. 승금혈은 평지(平地)에 맺히고, 개안(開眼)이 되어야 찾을 수 있다.
- 승금혈(昇金穴)은 전순(氈脣) 5m 앞에 물이 돌아준다. 당판(堂板)에 기(氣)가 도망가지 못하게 잡아준 것이다.
- 입수(入首)가 솟고, 전순(氈脣)이 빈약(貧弱)하면 빨리 흥(興)하지만 오래 가진 못한다. 속발속패(速發速敗)한다.
- 입수(入首)가 기울고 혈판(穴板)이 허(虛)하면 반드시 홀아비 과부(寡婦)가 되어 외롭게 산다.
- 내룡입수(來龍入首)에 험한 암석이 서 있으면, 흉(凶)하기도 하고 발복(發福)도 되지만 풍파(風波)가 심하다.
- 입수(入首)가 공허(空虛)하면 수렴(水廉)이 들고 여인을 여럿 거둔다.
- 입수(入首)가 공허하면 자손이 질병(疾病)에 걸리고, 사업은 실패하고 곤궁(困窮)하다.

- 입수(入首)가 바람을 맞으면 시신(屍身)이 이동하고, 3군데 팔요풍(八曜風)을 맞으면, 풍살(風煞)에 유골이 새까맣게 된다. 풍살을 맞은 묘는 자식이 결혼도 못하고 죽고 재패한다.

110

간룡(幹龍) 지룡(支龍)

- 간룡(幹龍)이 변하여 지룡(枝龍)이 되고, 지룡이 변하여 간룡이 되기도 한다.
- 간룡(幹龍)이 봉우리를 일으키지 못하면 지룡(枝龍)의 세(勢)가 크지 못하다. 봉우리를 일으켜야 그 때 용(龍)이 머물고자 한다.
- 세(勢)가 크면 간룡(幹龍)으로 변화하나, 지룡(枝龍)이 왕(旺)하면 용(龍)이 가고 간룡이 늙으면 쉰다. 혈(穴)이 오래된 자리는 약(弱)하다.
- 혈을 찾을 때는 정간룡만 찾을 필요가 없다.
- 조종산(祖宗山)은 여러 산 중에서 뛰어나게 빼어나 용신(龍身)의 기가 왕(旺)하게 된다. 멀리서 보아도 땅에서 풍기는 서기(瑞氣)가 있다. 명당(明堂)의 서기다.
- 산과 물이 모이면 대지(大地)를 이룬다.
- 곧은 골짜기에 샘물이 보이면 도둑이 나고, 선익(蟬翼) 아래 샘물이 나면 안질이 생긴다.
- 선익(蟬翼)이 없거나 허(虛)하면 화렴(火廉)이 들고, 전순(氈脣)이 허(虛)

하면 수렴(水廉)이 든다. 광중에 수렴(水廉)이 들면 흙을 쌓아 놓거나, 물이 드나들면서 유골을 한군데로 모은다.

- 산(山)에 고산룡(高山龍)이나 평지(平地)에 평양룡(平洋龍)이나 기(氣)가 묶이면 결혈(結穴)된다.
- 용(龍)이 왕(旺)함은 맥(脈)이 왕함만 못하고, 맥(脈)이 왕함은 기(氣)가 왕함만 못하다. 그래서 용도 중요하고 맥도 중요하지만 기가 왕한 곳을 찾아야 한다.
- 기(氣)가 나타나면 맥(脈)의 생사(生死)를 관찰하고, 맥(脈)이 나타나면 용(龍)의 생사(生死)를 관찰해라. 밝은지 어두운지를 보아야 한다. 재혈(裁穴)을 할 때는 한 치의 차이가 결혈(結穴)과 실혈(失穴)로 나뉜다.
- 묘지(墓地) 앞에 긴 골짜기가 보이면 재물(財物)의 손실(損失)이고, 여자는 음란(淫亂)하고 구설(口舌)이다.
- 당판(堂板) 좌우(左右)에 계곡(溪谷)이 벌어지면 자손(子孫)들이 흩어지고 도망간다.
- 당판(堂板)이 비록 작아도 맑고 밝으면 남쪽으로 가서 작은 고을 현령(縣令)은 한다.
- 명당(明堂)이 높이 있으면 장원(壯元)하고, 귀(貴)한 사격(砂格)이 있으면 영웅(英雄)이 난다.
- 산(山)에 형세(形勢)는 갖추었어도 덩어리가 없으면 귀(貴)한 자리가 아니다.
- 덩어리는 있으나 형세(形勢)가 없으면 대지(大地)를 얻을 수 없다.
- 수구(水口)에 물이 백리(百里), 오십리(五十里), 십리(十里)일지라도 자리가 되는 곳은 모름지기 높고 크게 포옹(抱擁)하고 간관(間關)되면 안에는

병(病)이될 염려가 없고, 수구(水口)인 문호(門戶)가 없으면 비록 모였어도 가재(家財)는 넉넉하지 못하다. 겨우 산다.

- 산(山)은 원래 변화해야 묘(妙)한 기(氣)가 돌고, 물은 굴곡(屈曲)해야 길흉(吉凶)이 생기니, 그것을 밝히려면 오묘(奧妙)한 곳까지 살펴야 한다. 당판(堂板)은 몇 번이고 유심히 살펴야 한다.
- 무지(無知)한 사람들은 산천정기(山川精氣)의 기(氣)와 맥(脈)으로 근본(根本)을 삼지 않고, 천성이기(天性理氣) 생왕(生旺)의 논리로 사람들을 현혹(眩惑)한다.
- 나침반(羅針盤)으로만 제일로 삼고, 용(龍)을 가리키고, 향(向)을 가리키며 달콤한 말로 사람의 마음을 현혹시키니 애처롭고 슬프다. 그러하니 산천(山川)이 스스로 생(生)하고 왕(旺)함이 있으며, 명당(明堂)은 산 스스로 만들어 놓았다. 그러한 자리를 찾는 사람이 명사(名師)이다.
- 평지(平地)에서 승금혈(昇金穴)을 찾을 정도면 개안(開眼)이 된 사람이다. 평지라도 좌청룡(左靑龍) 우백호(右白虎)가 있고, 안산(案山)도 있다. 다만 밑에 있을 뿐이다.
- 명당(明堂)은 천지조화(天地造化)로 만들어졌다. 개안이 되면 다 보인다.
- 요컨대 용(龍)과 맥(脈)과 봉우리인 만두(巒頭)로 근본(根本)을 삼고, 사(砂)와 수(水)를 사용하고, 박환(剝換), 순역(順逆), 앙부(仰俯), 생사(生死), 완급(緩急), 동정(動靜), 향배(向背)의 성정(性情)을 살피면 선사(先師)의 학문에 근본을 얻음과 같다.

111

당판(堂板) 인목(印木)

- 혈판(穴板)이 무력(無力)하고 공허(空虛)하면 관(棺)이 뒤집어지고, 전순(氈脣)이 없거나 공허하면 수렴(水廉)이나 목렴(木廉)이 든다.
- 전순 좌우에 큰 계곡이 있으면 가내(家內)에 재산이 불성(不成)이다.
- 전순 밑에 샘물이 나오면 우물에 빠져죽고, 백호(白虎) 아래에 샘물이 나오면 여자가 음란(淫亂)하다.
- 득수처(得水處)에 우물이 보이면 성현군자(聖賢君子)가 나오고, 전순 아래에 샘물이 보이면 부귀가 크다.
- 나뉨[毬, 구]이 있으나 합함[簷, 첨]이 없으면 재혈(裁穴)하기 어렵고, 합함은 있으나 나뉨이 없으면 혈(穴)을 찾기가 어렵다.
- 여러 겹으로 용(龍)의 마디에서 지각(枝脚)이 나와서 혈을 감싸 주어 박환(剝換)된 곳에 가히 재혈(裁穴)할 수 있다. 박환이 되었다는 것은 기(氣)가 솟아 뜨거워서 풀이 다 죽어서 박환이 되는 것이다.
- 은은(隱隱)한 입수(入首)와 선익(蟬翼) 아래인 처마 밑이 적당하니 혹 번쩍번쩍하고 혹 언덕진 풀 사이로 뱀이 재(灰) 위에 선(線)을 그린 듯(草

蛇廻線) 한 맥(脈)을 찾아라.
- 산룡(山龍)인 농룡(壟龍)은 얇은 것을 의지(依支)하고, 평양룡(平洋龍)인 지룡(支龍)은 두툼한 곳을 따른다.
- 지룡(支龍)은 농룡(壟龍)을 얻으면 귀하고, 언덕인 용은 지룡으로 변화하여 왕(旺)해진다.
- 지룡(支龍)은 양(陽)이 극하여 음(陰)을 이룸이요, 농룡(壟龍)은 음(陰)이 극하여 양(陽)을 이룸이요. 양극성음(陽極成陰)은 귀혈(貴穴)이고, 음극성양(陰極成陽)은 양택(陽宅)에 많다.
- 안산(案山)에 엿보는 봉미(鳳眉)가 있으면 재물(財物)을 도난(盜難)당하거나 사기(詐欺)를 당한다.
- 안산(案山) 방향에 허리가 가늘면 목매달아 죽는 자손이 나온다.
- 조산(朝山)과 안산이 아름다운 눈썹 같으면 도장(圖章)을 차는 자손(子孫)이 나온다.
- 안산(案山) 정상(頂上)이 일자문성(一字文星)이면 장원급제(壯元及第)한다.
- 안산이 갈라지는 모양이면 교통사고(交通事故)로 죽는 사람이 나온다.
- 안산이 뾰족뾰족한 화형산(火形山)이면 형벌(刑罰)을 받거나, 화재(火災)가 난다.
- 경복궁(景福宮) 광화문(光化門) 앞에 해태상은 관악산(冠岳山)이 화형산(火形山)이기 때문에 화재(火災)를 막고자 세웠다.
- 음택(陰宅)에서 바라보아 안산(案山)과 조산(朝山)이 가로놓인 시체 같으면 소년횡사(少年橫死)가 있는데 좌향(坐向)에 따라 해당되는 자손(子孫)들이 견디기 힘들다.
- 안산(案山)이 암석으로 된 일자문성(一字文星)이고, 서기(瑞氣)가 서려 있

으면 대대(代代)로 삼정승(三政丞)이 나온다.
- 묘지(墓地)를 써 놓은 산이 낮고, 안산(案山)이 높고 험하면 유골(遺骨)을 도난(盜難)당한다.
- 안산(案山)은 묘에 흥망성쇠(興亡盛衰)를 좌우한다. 안산이 굴곡(屈曲)이 있으면 흉(凶)하다. 양택(陽宅)도 마찬가지다.
- 안산(案山)에 골이 많으면 현군사(縣裙砂)로 여자는 음란(淫亂)하고, 남자는 이름 모를 병(病)으로 죽는다.
- 맥(脈)은 기(氣)에 근본(根本)이고, 기(氣)는 혈(穴)을 정(定)한다.
- 용(龍)에 맥(脈)이 없으면 혈(穴)이 나타나지 않고, 맥(脈)에 기(氣)가 없으면 혈(穴)이 되지 않는다.
- 맥(脈)을 알면 용(龍)을 볼 수 있다. 기(氣)를 알면 혈(穴)을 찾아 묘(墓)를 쓸 수 있다.
- 사룡(死龍)은 보지 마라.

방향(方向) 안배(案配)

- 나침반(羅針盤)으로 좌향(坐向)을 정함에 결코 음양오행(陰陽五行)의 사리(事理)에 어긋나지 않게 해야 한다.
- 작국(作局)을 정할 때 1mm만 잘못 놓으면 안산(案山)은 몇cm의 차이가 난다.
- 혈(穴)의 좌측(左側)은 양(陽)이고, 우측(右側)은 음(陰)이다. 좌혈(左穴)은 양향(陽向)을 하고, 우혈(右穴)은 음향(陰向)을 해라. 이것을 맞추어야 한다. 작국법(作局法)이다.
- 당판(堂板)에 혈(穴)의 기(氣)가 없거나, 법수(法手)가 맞지 않거나, 망지에 묘를 쓰면, 광중(壙中)에 물이 차고, 염(廉)이 들어서 그 집안은 패가망신(敗家亡身)한다.
- 혈판(穴板)에서 수구(水口)가 가까우면 소년등과(少年登科)한다.
- 양택(陽宅)이나 음택(陰宅)에서 폭포(瀑布)나 시끄러운 물소리가 들리면 청상과부(靑孀寡婦)가 나오고 벙어리도 나온다.
- 수구(水口)에 한 물줄기가 나뉘어 둘로 보이는 곳에 안장(安葬)하지 마

라. 부부(夫婦)가 한 날 한 시에 사망한다.
- 양득(兩得) 양파(兩破)에 묘(墓)를 쓰면 가정불화(家庭不和) 골육상쟁(骨肉相爭)이 난다.
- 수구(水口)에 들판 논이 보이면 자손(子孫)들이 공직자(公職者)가 많다.
- 수구(水口)에 깊은 연못이 있으면 대대(代代)로 부자자손(富者子孫)이 난다.
- 수구(水口)에 큰 산봉우리가 있으면 대대(代代)로 과거급제자(科擧及第者)가 난다.
- 팔방(八方)이 허(虛)한 곳에 묘(墓)를 쓰면 시신(屍身)이 없어지거나, 화렴(火廉)이 들거나 사렴(蛇廉)이 들어 단명(短命)하고 패가(敗家)한다.
- 법수(法手)가 맞고 혈장(穴場)에서 보아 사방(四方)에 귀봉(貴峰)이 많이 서 있으면 반드시 귀(貴)한 자손(子孫)을 얻는다.
- 묘지(墓地)를 선택할 때 술법(術法)에 맞추면 벼슬하는 자손(子孫)을 얻는다.
- 자리를 정(定)함에 한 가지라도 옳지 못하게 잡으면 간난(艱難)하고 천(賤)하게 산다.
- 재상(宰相)이 나오는 산에는 수(繡)를 놓은 듯 얽혀서 가까이 있다.
- 큰 물이 밀려오는 바닷가에는 귀(貴)한 혈(穴)이 없다.
- 산이 높고 군사(軍士)들이 에워 감싸듯하며 영접(迎接)해도 청룡(靑龍)과 백호(白虎)가 교쇄(交鎖)해야 큰 혈(穴)이다.
- 혈(穴) 주위에 필봉(筆鋒)이 크게 옆으로 가로지른 서까래같이 생긴 산은 죽은 산이다.
- 수(繡)를 얽어놓은 듯한 산이 있으면 재상(宰相)이 나오고, 권부(權府)를

장악(掌握)한다.

- 한문(門)에 있는 기산(奇山)은 높게 솟은 곳을 취해 군사(軍士)가 주둔(駐屯)하듯이 우뚝 솟아 밟고 서 있는 듯하고, 관하(關下)가 벌려져 있듯이 하고 귀하게 생긴 산들이 맞이하듯 하고 주위에 산들이 교쇄(交鎖)되어 있고, 우측에 둔덕이 있고 산이 감싸주어 있고, 낮은 곳에 빗겨 줄지어 있으면 판사(判事)가 나오는 자리이고, 혈 앞에 바위가 있으면 판검사, 사격에서 귀한 산봉우리가 광채(光彩)나고 서기(瑞氣)하면 반드시 귀한 자손이 나온다.
- 혈(穴) 앞에 안산(案山)이 창고사(倉庫砂)인 부봉(富峰)으로 있으면 대대(代代)로 부자(富者)가 난다.
- 수구(水口) 밖에 둥근 봉(峰)이 있으면 자손(子孫)이 연(連)이어 마패(馬牌)를 찬다.
- 파구처(破口處)에 산과 바위가 쌍(雙)으로 있어 문(門)을 막고, 독봉(獨峰)까지 있으면 벼슬을 한다.
- 비록 길지(吉地)라도 뾰족한 화살촉 같은 산이나 바위가 있으면 흉(凶)하니 안장(安葬)하지 마라.
- 비록 혈(穴)이 아니더라도 사격(砂格)이 수려(秀麗)하고 귀(貴)하게 생겼으면 무해지지(無害之地)이니 길(吉)하다.

113

금어대(金魚帶) 차는 자리

- 나라에 녹(祿)을 먹을 자리로 안산(案山)에 문필봉(文筆峰)이 서 있고, 어대(魚帶)는 쌍(雙)으로 이어져 경금방위(庚金方位)에 있으면 관복(官福)이 있어 귀(貴)함이요, 남방(南方)에 있으면 화어대(火魚帶)로 의가(毅家)를 주관(主管)하고, 동방(東方)에 있으면 목어대(木魚帶)로 승도(僧徒)를 주관하고, 북방(北方)에 있으면 수어대(水魚帶)로 어부(御府)를 주관한다.
- 좋은 기(氣)가 있는 곳은 양명(陽明)하다.
- 길(吉)한 기운(氣運)이 있는 땅은 방위(方位)로 주인(主人)을 만난다.
- 문필봉(文筆峰)이 있는 땅은 붓 모양으로 뾰족하여, 끝에는 복(福)이 따르지 않아 재물(財物)은 없으나 서예가(書藝家)는 나온다.
- 안산(案山)이 문필봉(文筆峰)이면 총명(聰明)과 재주를 주관하고, 옆에 길한 산이 붙어 있으면 귀(貴)한 인물을 배출한다.

114

빈부(貧富)자리

- 안산(案山) 너머로 초승달이 떠오르는 듯한 형상(形狀)이면 사기(詐欺)를 당한다.
- 주산(主山)에 아미사(蛾眉砂) 눈썹 같은 산이 넘겨다보면, 후손(後孫) 중에 사기(詐欺)꾼이나 도둑이 나오고, 붓 같으면 화재(火災)로 망한다.
- 안산(案山)이 불꽃같은 화형산(火形山)이면 화재(火災)가 난다.
- 양택(陽宅)을 지을 곳 앞에 안산(案山)이 화형산(火形山)이면 집 짓지 마라. 화재(火災)로 망한다.
- 안산(案山)에 쌍칼 같은 검살사(劍煞砂) 봉우리가 있으면 피살(被殺) 당한다. 음양택(陰陽宅) 대동소이(大同小異)하다.
- 재혈(裁穴)을 할 때 안산(案山)에 높은 봉우리는 피(避)하라. 바라보면 충(衝)을 당한다.
- 삼태(三台) 귀봉(貴峰)이 충(衝)하면 무당(巫堂)이 나고 장애(障碍)를 가진 후손(後孫)이 나온다.
- 안산(案山)에 칼 같은 봉우리가 귀봉(貴峰)으로 있으면 과장(科場)에서

피살(被殺)당한다.

- 험(險)한 돌이 톱날같은 규사(窺砂)가 있으면 애꾸가 많고, 당판(堂板) 옆에 험한 돌이 가깝게 있으면 역시 애꾸가 나온다.
- 혈(穴)은 길(吉)하나 장사(葬事)를 지내는 년(年), 월(月), 일(日), 시(時)가 흉(凶)하면, 흉지(凶地)에 묘(墓)를 쓰는 것과 같다.
- 음양(陰陽)이 부합(符合)하고 천지(天地)가 상통(相通)하면 땅속에 생명(生命)이 싹트고 지상(地上)에서는 형상(形狀)을 이룬다.
- 당판(堂板)에 혈(穴)이 따뜻하면 만물(萬物)이 싹트는 것과 같다.
- 눈으로 경계(境界)를 살피고, 마음으로 모임을 이해하면 천하(天下)에 꺼릴 것이 없다.
- 개안(開眼)이 되면 명당(明堂)을 마음대로 찾는다.
- 당판(堂板)에 혈기(穴氣)는 태조산(太祖山)에서부터 내려오는 것이니, 태조(太祖), 중조(中祖), 소조(少祖), 주산(主山)을 보아라.
- 사세(四勢)란 인신사해(寅申巳亥)이고, 팔방(八方)은 건감간진손리곤태(乾坎艮震巽離坤兌)이다. 팔방(八方)은 사세(四勢)에서 시작(始作)되고, 기(氣)는 팔방(八方)에서 온다.
- 풍수(風水)의 모든 시작은 사세(四勢)에서 시작된다.
- 사세(四勢)는 해묘미(亥卯未), 인오술(寅午戌), 사유축(巳酉丑), 신자진(申子辰)이다.
- 물은 흐르니까 양(陽)으로 보고, 산은 고요하니 음(陰)으로 본다.
- 산천정세(山川情勢)는 기괴(奇怪)하니 변화무쌍(變化無雙)하여 하나도 똑같은 것이 없다.
- 용(龍)이란? 맥(脈)이다. 생기(生氣)가 없으면 정기(精氣)도 없고 맥(脈)도

없다.
- 정기(精氣)가 길(吉)하면 산이 맑고 수려(秀麗)하고 혈(穴)이 반드시 길(吉)하다.
- 정기(精氣)가 흉(凶)하면 산도 거칠고 물이 빠져나가서 상혈(傷穴)이다.
- 산은 본래 고요하나 활동하면 용(龍)을 이루고, 물은 본래 활동하는데 고요하면 결혈(結穴)한다.
- 용(龍)이 변화(變化)하지 못하면 용(龍)이 아니다.
- 승강기(昇降氣)는 음양(陰陽)에 기(氣)가 뿜어내면 바람이 되고, 하늘로 오르면 구름이 되고, 땅으로 떨어지면 비가 되고, 땅 속에 들어가서 돌아다니면 생기(生氣)가 되고, 음기(陰氣)와 양기(陽氣)가 분출(噴出)하여 바람으로 변하고, 기(氣)가 상승(上昇)하여 구름이 되고, 하강(下降)하면 빗물로 변(變)한다. 차가운 기(氣)와 따뜻한 기(氣)가 합(合)하면 물이 되고, 물은 만물(萬物)을 생장(生長)시키는데 역할을 하며 생기(生氣)가 된다. 당판(堂板) 혈(穴)에도 득수(得水)가 중요한 것이다. 땅속에 기(氣)는 오행(五行)이다.

115

모든 기(氣)는 바람을 타면 흩어진다

- 음택(陰宅)이나 양택(陽宅)이나 사방(四方)에 바람을 막아주어야 생기(生氣)가 흩어지지 않는다.
- 혈(穴)자리는 주산(主山)이 막아주고, 좌청룡(左靑龍) 우백호(右白虎) 안산(案山)이 막아주고, 용호(龍虎)가 교쇄(交鎖)되는 자리는 팔풍(八風)이 닿지 않아 생기(生氣)가 머문다.
- 땅속에 기(氣)가 돌아다니다가 고요함을 만나서 기(氣)가 분출(噴出)하는 곳이 박환(剝換)된 혈(穴)이다.
- 득수(得水)가 멈추는 경계가 없고, 내룡(來龍)이 춤추듯 가버리면 용(龍)이 땅에 없으니 이런 곳에 장사(葬事)지내지 마라.
- 풍수(風水)에 법술(法術)은 득수(得水)가 으뜸이요, 장풍(藏風)이 다음이다.
- 혈(穴) 앞에 물을 얻지 못하면 기(氣)가 멈출 수가 없으니 혈(穴)이 맺지 않는다.
- 물이 가면 산(山)도 간다. 물이 멈추면 산(山)도 멈춘다.

- 음(陰)이 양(陽)을 떠나지 않아야 하고, 양(陽)이 음(陰)을 떠나지 않아야 한다.

116

천혈(天穴)은 메마르고 건조(乾燥)하니 얕게 묻어라

- 바가지를 엎어놓은 것 같은 땅에는 얕게 묻어라.
- 유혈(乳穴)에 얕게 묻어라.
- 메마르고 건조하며 돌출(突出)한 용맥(龍脈)이 결혈(結穴)하면 생기(生氣)가 위로 부상(浮上)한다. 천수(天水)를 받아 이용한다. 물을 얻으면 기(氣)가 머문다.
- 앞에 물이 없으면 생기(生氣)는 항상 흙을 따라 달아나 버린다.
- 배토장(培土葬)도 있다. 시신(屍身)을 놓고 흙을 북돋는 법(法)이다.
- 평평(平平)한 수형산(水形山)은 혈(穴)이 깊이 있다. 깊게 매장(埋葬)한다.
- 혈(穴)을 보고 깊게 묻던지 얕게 묻는 것은 판단한다.
- 오행(五行)은 물로 근본(根本)을 삼으니, 기(氣)는 물에 모체(母體)이다.

117

수화(水火) 생기(生氣)

- 활동(活動)하는 생기(生氣)는 훈(暈)이 둥글고, 둥근 것은 생기(生氣)이다.
- 훈(暈)이 둥근 것은 생기(生氣)가 돌고 있는 것이고, 활동(活動)함을 살피고 생기(生氣)가 활동함을 알 수 있다.
- 목(木)이 가늘면 기(氣)가 좋음이요, 경구한 기(氣)가 응결(凝結)함이다.
- 생기(生氣)가 밑에 잠겨 있으면 훈(暈)이 위로 올라온다.
- 물속에서 물고기가 꼬리치면 훈(暈)이 생긴다. 그것을 비유(比喩)하여 보면 된다. 활동(活動)하지 않는 자리는 냉혈(冷穴)이다.
- 맥(脈)은 기(氣)의 근본(根本)이고, 기(氣)는 맥(脈)의 정기(精氣)다.
- 혈(穴)이 기(氣)를 붙잡지 못하면 유골(遺骨)은 물에 잠긴다.
- 산속에서 밝게 나타나는 곳이 맥(脈)이고, 땅속에서 살찌고 활동(活動)하는 것이다.
- 귀(貴)한 용(龍)은 스스로 많은 장(藏)의 중심을 뚫고 나오고, 부(富)한 용(龍)은 다만 결(結)을 따라 높이 생긴다.

- 창고사(倉庫砂)가 청룡백호(靑龍白虎)에 있으니 부귀쌍전(富貴雙全)하고 참으로 사랑스럽다.
- 혈(穴)이 높이 있으면 안산(案山)도 멀리 있어야 하고, 혈(穴)이 낮으면 안산(案山)도 가까이 있어야 한다.
- 안산(案山)에 패인 골이 있으면 음행(淫行)하는 자손(子孫)이 나오고, 이름 모를 병(病)에 걸린다.
- 도장(圖章) 모양의 작은 봉우리가 있으면 대대(代代)로 관직(官職)에 오른다.
- 안산(案山)에 긴 계곡이 있으면 열병(熱病)으로 죽고, 상(祥)스럽지 못하다.
- 안산(案山)에 숨은 듯한 규봉(窺峰)이 있으면 급살(急煞)한다.
- 안산(案山)에 암석이 호랑이가 앉아있는 것 같으면 산신(山神)한테 놀라고 군왕(君王)이 두렵다.

118

장사(葬事)를 지내는 이유(理由)

　산천정기(山川精氣)가 응결된 곳에 장사(葬事)를 지내면 3년 안에 살과 근육(筋肉)은 다 썩어 육탈(肉脫)이 되면서, 기(氣)는 유골(遺骨)로 모인다. 유골은 전도체(傳導體)가 되어 산천정기와 우주(宇宙)의 기(氣)를 받는다. 그것이 영혼(靈魂)이다. 기가 모여 응결된 곳과 유골은 인간(人間)을 만드는 원소(元素)가 들어가 있다. 유골의 전도체가 흙 속의 원소와 돌 속의 기를 받아서 응결되면 영혼이 오래간다.
　명당자리에 따라 다소 차이가 있는데, 우주의 기(氣)를 가장 많이 받고 지기(地氣)를 간직한 곳이 명당(明堂)이다. 그런 곳은 조상(祖上)의 유골이 수천 년까지 보존되는데 가덕도에서 발굴된 신석기시대 유골이 그것이다.
　KBS방송국에서 방영한 내용은 유전자(遺傳子) 검사에 의한 결과 값은 우리조상이 아니고 유럽인으로 비정(比定)하였다. 무려 40여 기(基)가 나왔다. 가덕도에 비행장을 만들기 위해 그곳에 있는 묘지(墓地)를 전부 파묘한 것이다.

119

인간(人間)에 한계(限界)는 정해져 있다

　인간의 한계 수명은 정해져 있다. 128년이다. 그럼 그 나이를 살고 가느냐? 거의 못살고 죽는다. 이 숫자는 어떻게 나왔냐면 사람은 누구나 자기 몸 속에 64괘(卦)의 신(神)을 부여(附與)받았다. 그것이 하나는 음(陰)이고, 다른 하나는 양(陽)이다. 그래서 합(合)하면 128이라는 숫자가 된다.

　남자(男子)는 처음에 양(陽)을 가지고 살고, 여자(女子)는 음(陰)을 가지고 산다. 왜 그러냐? 새끼를 낳기 위함이다. 음은 온순(溫順)하고 조용하다. 양은 강하고 활동적이다. 여자는 임신(姙娠)을 하면 정서적으로 편안하고 즐거워야 태아(胎兒)가 그러한 성정(性情)을 가지고 태어난다.

　61세가 되면 음인 여자는 양으로 바뀌고, 남자는 음으로 바뀐다. 그 원리는 체내에 64괘신 중에 현무(玄武), 주작(朱雀), 태양신(太陽神), 태음신(太陰神), 주역(周易) 8괘신, 구궁신(九宮神), 상시신, 청룡신, 백호신 등이 64괘를 가지고 있어, 8괘의 신(神)에서 음이 다되면 양으로 바뀌고, 양이 다되면 음으로 바뀌는 이치가 인간의 몸체에 내재(內在)되어 있는 것이다. 그러나 우리는 그것을 알지 못하고 사는 것이다.

살아있는 생명체(生命體)는 다 그렇게 살아간다. 다만 모르고 살 뿐이다. 그럼 왜 다 못살고 일찍 죽느냐? 모든 생명체를 가진 동식물(動植物)이 다 윤회(輪回)할 때 반(半)은 죽다시피 한다. 새우나 꽃게 같은 갑각류(甲殼類)들은 껍질을 벗고 껍질이 다시 굳어지면서 성장(成長)을 한다. 껍질을 벗으면 말랑말랑한 살덩어리이다. 그 때는 자기방어 능력이 없어서 다른 어류(魚類)에 먹잇감이 된다. 그렇게 생(生)과 사(死)의 과정을 겪는다.

인간(人間)은 조상(祖上) 무덤에서 병(病)이 오는 것이 80%다. 가옥(家屋)에서 15%이고, 5%는 스스로 몸 관리를 못하고 음식(飮食)과 계절병(季節病)에서 수명(壽命)이 단축(短縮)된다. 그래서 자기 명(命)대로 살지 못하고 윤회과정에서 상령은 조상신이라 나간다. 상령이 나갔다고 죽은 것이 아니다. 치매(癡呆)가 온다. 그리고 유정이 나가는데 유정은 천체(天體)에서 만들어 준 영혼(靈魂)이라 죽기 전에 천상(天上)으로 간다. 저승사자가 데려가는 영혼이다.

그 때 영혼이 에델체에 끈으로 묶어서 육신(肉身)을 부려 먹다 끊어버리면 육신을 바꾸는 시기(時期)다. 영혼에서 떨어졌어도 태광이란 영혼과 7백이란 영혼이 다시 배양(培養)하러 땅속에 들어간다. 흙속으로 들어가야 배양된다. 왜냐하면 사람의 육신은 흙의 원소로 되어 있다. 사람 몸을 분해하여 보면 지수화풍(地水火風)이다. 땅속에 다 들어 있다.

화장(火葬)을 하여 돌이나 건물에 넣어 두는데, 그곳은 윤회가 안 되는 곳이다. 그곳은 지수화풍이 없다. 그래서 납골당이나 봉안당에 모시는데, 그것은 인간의 종말(終末)을 자초하는 것이다. 영원히 윤회를 못하고 그 종자(種子)는 없어지는 것이다. 무덤이 윤회 장소다.

그러나 아무데나 마구 묻어버리면 장애를 가진 자손(子孫)이 태어나기 때문에 명당(明堂)을 찾아야 한다. 명당은 우주의 원리가 모인 곳이다. 그 곳에 들어가면 자손(子孫)은 전생(前生)에 누구보다도 훌륭하게 태어난다. 그래서 대통령도 될 수 있고, 국무총리나 장관의 자리에 오를 수 있는 자격을 갖게 되는 곳이 무덤이다. 64괘의 신을 다시 배양시키는 신당(神堂)이다. 그 자리에 따라 배양되는 것이다.

망지는 기형아가 태어나거나 짧은 수명(壽命)을 받아가지고 나온다. 다시 윤회하여 태어나는 자리인데 세상 사람들은 이 과정을 모르니까 한번 죽으면 영원히 없어지는 것으로 알고 화장을 하여 산이나 바다에 뿌린다. 그러면 영원히 종자가 없어진다. 화장을 시킨 골분(骨粉)이라도 흙으로 만든 단지에 모시면 윤회가 된다.

명당(明堂)이란 곳은 어떤 곳인가? 땅속에서 29°의 온도가 나오는 곳이 명당이다. 망지는 온기(溫氣)가 없다. 그래서 윤회가 안 된다. 법수(法手)를 못 맞춘 무덤은 장애자가 나온다. 윤회는 되는데 모자라는 후손(後孫)이 나온다. 그래서 사람 몸에 가지고 있는 64괘의 신 자리를 찾아서 법수에 맞게 매장(埋葬)을 하라는 것이다. 화장을 한 단지도 법수에 맞춰 명당에 들어가면 수재(秀才)로 환생(幻生)이 된다.

화장을 한 재(灰)일지라도 명당에 묻으면 생장(生葬)만은 못하더라도 발복(發福)은 한다. 생장과 화장(火葬)은 일장일단(一長一短)이 있다. 화장의 좋은 점도 있다. 장점은 살아있는 후손들이 우환(憂患)이나 잔병치레가 거의 없다. 생장은 더욱 큰 발복은 받을 수 있으나, 법수에 정확히 맞추고 하관시(下棺時)까지 정확하게 정해 묻어야 크게 발복한다. 생장을 잘못하면 흉이 크다.

유골함(遺骨函)은 황토(黃土)로 제작한 둥근 단지가 좋고, 매장시 좌향만 작국에 맞추면 된다. 풍수(風水)의 생명(生命)이 작국(作局)이다. 지금 공원묘지에 작국에 맞춰서 묻는 사람이 몇 명이 있나? 그나마 풍수지리를 배운 이가 있으면 가능한 일이지만, 이미 조성된 장소에 획일적(劃一的)으로 매장을 한다. 그것은 다음 생(生)을 포기하고 자기 영혼을 없애는 짓이다. 생의 마감이다.

윤회 장소인 무덤은 64괘의 신을 모셔 놓고 다음 생에 다시 태어나는 장소이다. 그 영혼이 손자나 증손자로 태어나는 장소이다. 그렇기 때문에 묫자리는 일생일대(一生一代)에서 가장 중요한 장소를 찾는 것이다. 세상살이에 부귀빈천(富貴貧賤) 있듯이 땅속도 길지(吉地)와 흉지(凶地)가 있는 것이다.

사람은 살아가면서 부귀영화(富貴榮華)를 누리기를 원한다. 땅속도 그런 곳이 있다. 그곳이 명당이다. 기왕이면 빈한(貧寒)하게 사느니 풍요롭게 사는 것이 좋지 않은가? 그러면 명당을 찾아 그곳에서 윤회하여 나오면 된다.

풍수지리를 바로 알면 다음 생을 풍요롭게 기약한다. 지상에서는 죽었다가 깨어나도 도저히 이룰 수 없지만, 명당은 운명(運命)을 바꿀 수 있다.

마무리하면서

　천당(天堂)과 지옥(地獄)이 어디 있는지 아는가? 자기 마음에 있다. 자식이 부모를 천당과 지옥으로 보내는 것이다. 부모를 아무데나 묻어서 물이 가득차면 탕수지옥(湯水地獄)에 모신 것이고, 산상봉(山上峰) 팔풍(八風)이 몰아치는 자리는 유골이 새까맣게 타는 화타지옥에 부모를 모신 것이다. 어떤 이는 부모를 구렁텅이에 넣어서 온갖 염(廉)이 들게 한다. 그러면 그 자손들은 유전자가 일치하기 때문에 부모는 자식이 그런 곳에 묻었다고 자손들을 망(亡)하게 만들고 병들어 죽게 한다. 조상과 자손 간에 불편한 동거(同居)가 시작되는 것이다.

　그래서 성인(聖人)들이 나온 것이다. 부처님의 말씀에 자업자득(自業自得)이라 하였다. 자기가 잘못 뿌린 죄로 자식 손자 대대로 가간(家間)속에서 벗어나지 못하고 사는 사람이 허다(許多)하다. 그 사람들 조상을 보면 헌신짝 버리듯 조상을 버렸다. 조상 묘를 아무렇게나 짐승을 묻듯이 하고 그 곳에 가보지도 않는다. 그러한 집안이 있는가 하면, 성심성의껏 조상을 좋은 자리에 모시려고 조선팔도(朝鮮八道)를 다 찾아다니는 사람도 있다. 그런 집안은 부귀(富貴)를 누리며 살고 있다.

　개인(個人)과 한 집안의 운명을 바꾸는 것은 조상 묘지이다. 이 책을 읽어 보고 운명을 바꾸는 계기가 되길 기원한다. 거듭 이야기하지만 이 세상에 그 무엇도 운명을 바꾸는 것은 없다. 오직 나하고 연결된 조상을 명당에 모시면 당대(當代)에 바뀔 수도 있고, 후대에 바뀔 수도 있고, 자손 대대로 바뀔 수 있는 것이 명당이다.

　필자(筆者)는 270년 동안 발복하는 명당을 잡아 주었다. 그 자리는 9대(代)가 발복하는 자리다. 그리고 대통령이 나오는 자리도 잡아 주었고, 장관, 판사, 검사가 나오는 자리도 무수히 많이 잡아 주었다. 그런 자리를 찾으려면 명사(名士)를 만나야 한다. 대한민국에서 남을 그렇게 발복시켜 주는 사람이 있나? 인연(因緣)이 되시는 분은 나와 살아생전에 만날 것이고, 인연이 없으면 못 만나는 것이다. 그래서 그 분들을 위해 미흡하나마 그간 필자가 경험한 내용과 이론을 정리하여 집필(執筆)하였다. 이 책을 보시고 조상을 명당에 모시어 운명을 바꿔보아라.

　한 시대를 들어다 놨다 했던 황우석 박사는 줄기세포를 활용하여 동물과 인간을 복제(複製)하는 연구로 박사를 받았지만, 필자는 세상 사람들의 운명을 바꿔주는 것을 부처님과 천상(天上)의 지리도사님으로 부터 부여받았다. 또한 대학원에서 동양학(東洋學) 풍수지리 전문가 과정을 이수(履修)하였다. 그러면 누가 더 큰 것을 받은 것인가?

　줄기세포로 대통령을 배양시켰다고 그 사람이 똑같이 대통령이 되는 것이냐? 운명까지도 바꾼 것이냐? 아니면 사람에 상(象)만 바꾼 것이냐가 중요한 것이다. 여기서 차이가 나는 것이다. 상만 바꾼 것은 의미가 없다. 바꾸려면 운명(運命)까지 바꿔야 한다.

　필자는 운명까지 바꿔주어 사주팔자(四柱八字)를 바꿔주는 것이다. 같은 면도 있는데 줄기세포나 필자도 유전자를 가지고 바꾸는 것이다. 유전자가 없이는 바꿔질 수가 없다.

　조상을 대통령이 나올 자리에 모셔서 후손이 대통령이 된다면 대통령의 그늘에서 여러 사람의 운명도 바뀌는 것이다. 줄기세포는 한 사람만 만드는 것이다. 여러 사람의 운명을 바꿔주는 것과 어느 것이 더 큰일인가?

필자는 현대의학으로 못 고치는 병을 고친다. 최첨단 의학 장비로 검사를 해도 병증을 찾지 못해 고치지 못하는 병에 걸린 환자(患者)를 고친다. 병원에서 희망이 없다고 선고를 받은 사람만 고친다.

필자는 선고받은 환자의 조상 무덤 유전자를 가지고 고치는 것이다. 그 집의 자식들은 조상들이 데려가는 것이다. 그 집의 환자는 조상하고 같은 병이 걸린 것이다. 그럼 조상의 유전자를 고쳐주면 환자는 저절로 치료(治療)가 된다.

먼저 환자는 조상이다. 조상을 먼저 치료하면 자손은 자연히 낫는다. 조상과 자손을 동시에 고치는 것이다. 세계 의학계가 놀랄 일이다. 세계 어디서도 찾아볼 수 없는 치료법이다. 이것이 필자가 시도(試圖)하고 있는 것이다.

이것은 특허(特許)를 낼 수도 없다. 유전자에 의해 고치는 것이고, 영(靈)의 세계에서 고치는 것이다. 사람을 살려 놓은 것이 유일한 근거이다. 영혼의 세계에서 이루어지는 것이다. 학문화시킬 수도 없다. 영혼(靈魂) 치료술이다. 죽어가는 사람 살리고 운명을 바꾸는 것이 풍수지리이다. 풍수지리에 도가 트이면 4차원 세계까지 볼 수 있다. 얼마나 신비(神祕)한 철학(哲學)인가? 이것은 물리학까지 통한다.

그것뿐 아니라 필자는 고관절(股關節)을 포함한 모든 뼈가 부러진 것을 20일이면 감쪽같이 붙게 하였다. 몇 사람의 실례(實例)를 말하는 것이다. 세계 의학계에서 놀랄 만할 일이다. 임상실험까지 마친 상태이고, 우리 집안에 의사가 없어 묻어두고 있는 것이다.

이러한 비법을 필자가 개인에게 주지는 않는다. 국가에 주고 거기서 발생하는 수익을 국가기금으로 적립하게 만들고 싶다. 이것은 세계 각국에서 돈을 받을 수 있는 것이라 나라에서 세계특허를 내어 국가 재산으로 하겠다면 국가에는 내어줄 것이다.

이것은 백년(百年)이 지나도 의학계(醫學界)에서 찾을 수 없을 것이다. 필자가 부처님에게 전수받은 의술이라 인간들은 알지 못하는 것이다. 국가에서 관리를 해야 무한 재화(財貨)를 만들 수 있다.

앞에서 사람을 살리고 운명을 바꾸는 것을 강조한 이유가 있다. 사람이 거부(巨富)가 된들, 대통령이 된들, 인간으로서 역할을 다하지 못하고 일찍 죽는다면 명예(名譽), 권력(權力), 부귀영화(富貴榮華)가 일순간(一瞬間)에 지나갔다면 아무 의미가 없을 것이고, 올바른 인생을 산 것이 아니다. 높은 벼슬을 하고 큰 부자가 되었다 하여도 그것을 누리지 못하고 바로 인생을 마감하였다면 마찬가지인 것이다.

필자는 파란만장(波瀾萬丈)한 산전수전(山戰水戰)을 겪으며 85년을 살았다. 그동안 명예를 쌓았다면 명예를 가지고 갈 것인가? 백만장자(百萬長者)가 된들 돈을 가지고 갈 것인가?

빈손으로 왔다가 빈손으로 가는 것은 인간들이 다 같은데, 일체의 괴롭고 슬픈 것은 마음에서 일어나는 것이니 그 마음을 부처님같이 닦아야 한다. 그러면 도량(度量)에서 부처님을 친견(親見)하면 항상 자비(慈悲)한 얼굴로 계시지 않은가?

부처님은 눈이 있어도 나쁜 것, 좋은 것 보지도 않고, 귀가 있어도 귀를 뚫어놓지 않았다. 코가 있어도 콧구멍을 뚫지 않았다. 입이 있어도 입을 벌리지 않고 있다. 그 뜻을 알면 참 나를 보는 것이다. 가질 것도 없고 버릴 것도 없는 아무 실체가 없는 공(空)이다. 공으로 왔다가 다시 공으로 돌아가는 것이 인간이다.

지구상에서 가장 위대하고 존귀(尊貴)한 분은 부처님 밖에 없다. 부처님도 사람이 도를 닦아 되었고, 우주천상에 계시는 신들은 인간이 도를 닦아 되신 분들이다. 원래 사람을 만들 때는 부처가 되라고 만든 것이다.

사람 몸에 음양(陰陽)을 너무 강하게 넣어 주어서 부처님이 되라는 도(道)의 길은 까맣게 잊어버리고 권력욕(權力慾), 재물욕(財物慾), 명예욕(名譽慾), 애욕(愛慾)에 빠져서 모든 사람들이 그 길로 빠져 버린 것이다. 지옥이건 멸망이건 아랑곳하지 않고, 당장 나만 배부르면 된다. 지금 살아있는 것은 자기 인생에 반쪽만 산 것인데 그걸 모르니까 죽으면 무엇이 있겠는가?

지금 살고 있는 것은 다음 생애의 전초(前哨) 생활이다. 지금 살고 있을 때 어떤 행동을 하느냐에 따라 진짜 삶은 다음 생(生)이다. 현생에서 도(道)를 많이 닦은 사람은 죽어서 윤회 장소인 명당으로 들어가서 산천정기를 받아서 유골이 전도체로 모아져서 도통(道通)을 하는 것이다.

도통을 한 윤회 장소는 다시 인도환생(引導幻生)되어 국반급에서 왔다면 대통령도 하고, 아니면 다시 도의 길로 들어가면 명성이 높은 도인이 되고, 그 도인이 또다시 윤회 장소에서 또 인도환생을 반복하여 부처님이 되신 것이다. 석가모니 부처님도 그렇게 500번을 윤회(輪回)하면서 도(道)를 닦아서 부처님이 된 것이다.

한번 태어나서 도를 닦아 부처님이 된 분은 없다. 땅속에서 도를 닦을 때에 임금이 될 자리에서 도를 닦은 분은 인도환생이 되면 임금의 아들이나 딸로 태어나는 것이다.

임금인 아버지의 대(代)를 이어받아 왕이 될 수 있었는데, 그 삶을 포기하고 도(道)를 닦은 분이 석가모니다. 석가모니도 임금의 아드님이었고, 일곱 번째 부처님이신 옥황상제도 임금의 아들이었다. 지장보살도 임금의 아들이고, 천수천안관세음보살도 임금의 딸이다. 달마대사도 임금의 세 번째 아들이다. 우리들이 아직까지 몰라서 그렇지 모든 부처님들은 모두 임금의 아들과 딸이었다.

우주공간에 사람이 살고 있는 곳이 네 군데 지구(地球)가 있어도 네 군데 지구에서 지구를 지키는 천왕인 사천왕이 부처님을 보좌하고 계신다. 그럼 부처는 누구냐? 사람이 도(道)를 닦아서 되신 분이다. 사람이 부처이다.

사람한테는 누구나 똑같이 64괘의 신을 넣어 주었다. 자기 몸에 넣어 준 신(神)대로 윤회 장소를 찾아서 살아가면서 도를 닦으면 누구나 다 부처가 될 수가 있는데, 64괘의 신도 모르고 살고 있는 사람이 지구촌에 99%이다.

내가 이런 이야기를 하면 오히려 나를 힐난(詰難)할 것이다. 그러나 사람 몸에 64개의 신이 각각의 이름을 가지고 있는 것을 알고, 자기 운명을 자기가 가지고 있는 신의 이름대로 살아가는 사람은 차후(此後)에 부처님이 되는 지름길을 가고 있는 사람이다.

인도를 비롯하여 유럽 일대를 통일시키려 하였던 알렉산더대왕은 나라를 모두 빼앗고 보니 결코 그것이 내 것이 아니고 다 허망(虛妄)한 것을 깨닫고 부처님의 도를 닦아서 나중에는 동진보살로 사천왕 밑에서 부처님을 받들고 있다. 나라의 대통령이나 임금은 언젠가는 바뀐다. 자기 것이 아니다.

그러나 가지고 있는 것이 아무것도 없어도 지구상에서 가장 존경받고 계신 분이 누구인가? 바로 부처님이다. 부처님은 자기가 천하통일(天下統一)을 시키려면 얼마나 많은 인간을 죽이겠는가를 깊이 고민하였을 것이고, 그렇게 사람을 많이 죽이고도 단 100살도 못 살고 거품같이 사라지는 삶이 실체가 하나도 없다는 것을 깨달은 것이다.

우주(宇宙)는 자기 것이 될 수 없고, 수억만 년 우주일 뿐이다. 허망한 꿈속에서 허덕이다 보면 자기도 실체(實體)가 없어진다. 크나큰 대륙은 자기 것이 아닌데 만리장성(萬里長城)을 쌓은들 수많은 사람만 죽인 것이지 자기하고는 아무런 관계가 없는 만리장성일 뿐이다. 머리를 깨치지 못한 사람들이 하는 짓거리다. 천하통일을 한들 자기 것은 하나도 없고 한 사람의 탐진치의 욕망이 수많은 사람의 주검에 무덤을 쌓은 것 밖에 없는 것이다.

만약 지구촌에 사람들이 하나도 없고 온 지구가 자기 것이라면 그것으로 무엇을 하랴? 자기 혼자 지구를 다 가지고 있다 한들 혼자서 살 수 있겠는가? 다 같이 더불어 사는 것인데 내가 있음으로 네가 있고, 내가 없으면 너도 없는 것이다. 세상 사람들을 다 죽이고 혼자 독차지 하고 산들 고독(孤獨)하여 얼마나 살겠는가? 수많은 사람들 죽이지 말고 수많은 사람을 살려 그들에게 존경받는 삶이 올바른 삶이다. 그것을 설명한 것이 팔만대장경(八萬大藏經)이다.

허공에 떠서 돌고 있는 것이 지구이다. 대자연 그대로이지 내 것이라고는 하나도 없다. 우주공간에서 같이 돌다가 죽는 것이다. 우리나라 사람들이 머리가 좋은 이유가 있다. 세계에서 두뇌가 가장 특출한 이유는 묘지 문화가 세계에서 일등(一等)이기 때문이다. 명당자리에 묘를 써서 우주의 원리인 산천정기를 받은 결과물이다.

풍수지리를 중국에서 들여와서 5천 년간 풍수문화를 발전시켜 왔기 때문에 두뇌(頭腦)가 우수한 인물이 많이 나왔다. 손(巽) 파구처의 유좌(酉坐) 명당에 묘를 쓰면 천재(天才) 신동(神童)이 나온다. 한반도(韓半島)는 신동이 나오는 자리가 많이 있다. 운명(運命)을 바꾸고, 자손에 두뇌까지 바꿀 수 있는 것은 풍수지리학 밖에 없다.

용어해설

대라천: 도교에서 말하는 서른여섯 층의 하늘 중 가장 높은 곳에 위치한 하늘.

분금(分金): 양택과 음택의 터를 정한 뒤, 좌향(坐向)을 결정하고 나반(羅盤)의 이십사 향을 각각 다시 세 가지로 세분한 것.

재혈(裁穴): 하관을 하기 위해 생기(生氣)가 흐르는 지맥을 정확하게 정하는 행위.

삼자불배합(三字不配合): 배합이 되지 않는 세 글자가 무리를 지어 형성된 흉방위(凶方位)의 산.

광중(壙中): 시체가 놓이는 무덤의 구덩이 부분

감포: 묘지를 이장할 때 칠성판을 넣고 시신을 묶는 것

파구처(破口處): 혈장을 중심으로 하여 전후좌우의 물이 한곳으로 모여 빠져 나가는 물목

내룡(來龍): 혈(穴) 기운은 주봉(主峰)에서 내려온 기운이 용(龍)을 통하여 모이는 과정에서 이루어지며, 주봉에서 혈로 연결된 능선(稜線)을 말함.

팔요풍(八曜風): 패철 4층의 방향으로 용맥(龍脈)이 뻗어 왔을 때, 그 칸의 2층 방향에서 음풍(陰風)이 불어오는 것을 팔요풍(八曜風)이라고 한다.

상시신: 조상신

중상운(重喪運): 묘지를 쓰고 나서 3년 안에 거듭 초상이 나는 것.

도반급 자리: 고위 관직의 후손이 나올 명당자리.

전순(氈脣): 묘지 당판의 앞부분.

정돌취기(正突聚氣): 내룡이나 혈장의 뒤에 기가 모여 불룩 솟은 것.

선익사(蟬翼砂): 당판의 좌우측으로 매미 날개 모양으로 붙어 있는 것.

삼태귀(三台鬼): 당판에 바위 3개가 붙어 있는 것.

배토장(培土葬): 지기가 땅의 표면 가까이 흐르는 특별한 장소가 있는데, 이러한 곳에 장(葬)하는 것을 배토장(培土葬)이라 한다.

무연바다: 섬이나 바위가 있지 않은 망망대해를 말함.

현군사(懸裙砂): 산에 골이 많이 진 형상으로 한복 치마를 빨랫줄에 걸어 놓은 모습과 같은 산세.

박환(剝換): 지열로 인해 깎이고 바뀌는 땅.

입수(入首): 내룡(來龍)이 혈 속에 생기를 주입시키기 위해 마치 땅속으로 머리를 들이미는 것과 같다고 해서 붙여진 이름이다.

아미사(蛾眉砂): 초승달 모양의 안산.